21世纪法学系列教材

通选课系列

法学通识九讲
（第二版）

主　编　吕忠梅
副主编　李振华　张　功
撰稿人　（以撰写内容为序）
　　　　吕忠梅　李振华　张　功
　　　　王凌翔　方照明

图书在版编目(CIP)数据

法学通识九讲/吕忠梅主编. —2版. —北京:北京大学出版社,2014.8
(21世纪法学系列教材)
ISBN 978-7-301-24602-3

Ⅰ.①法… Ⅱ.①吕… Ⅲ.①法学—高等学校—教材 Ⅳ.①D90

中国版本图书馆CIP数据核字(2014)第184186号

书　　　　名:	法学通识九讲(第二版)
著作责任者:	吕忠梅　主编
责 任 编 辑:	白丽丽　王　晶
标 准 书 号:	ISBN 978-7-301-24602-3/D·3644
出 版 发 行:	北京大学出版社
地　　　　址:	北京市海淀区成府路205号　100871
网　　　　址:	http://www.pup.cn
新 浪 微 博:	@北京大学出版社　@北大出版社法律图书
电 子 信 箱:	law@pup.pku.edu.cn
电　　　　话:	邮购部 62752015　发行部 62750672　编辑部 62752027 出版部 62754962
印 刷 者:	北京宏伟双华印刷有限公司
经 销 者:	新华书店
	730毫米×980毫米　16开本　15.75印张　279千字 2011年8月第1版 2014年8月第2版　2017年1月第4次印刷
定　　　　价:	32.00元

未经许可,不得以任何方式复制或抄袭本书之部分或全部内容。
版权所有,侵权必究
举报电话:010-62752024　电子信箱:fd@pup.pku.edu.cn

第二版修订说明

《法学通识九讲》自2011年首次出版以来,日益得到认同,陆续有不少院校开始采用它作为非法律专业的通识课教材。今年我到台湾访问,有台湾的法学教授告诉我,他们也选用了《法律通识九讲》,作为法律入门教材。近2万册的发行量以及越来越多学校的选用,是对作者最好的肯定与最大的鼓舞。

《法律通识九讲》的作者,都是站在讲台上的法律课教师。不仅自己在课堂上使用这本教材,感受着它的成功与不足;而且在每学期课程结束时,还会向学生、教师发出问卷,征求学生、教师对教材的具体意见。本次修订,既有作者自己的反思,也吸纳了学生和教师的意见建议,在保持初版教材体例、内容的基础上,进行了全面修订。此次修订,主要包括三个方面:

第一,增加了国家法治建设的一些最新观念、新理论的介绍。贯彻了党的十八大、十八届三中全会关于法治国家、法治政府、法治社会建设的论述;介绍了社会主义市场经济建设和网络时代的一些新的权利和制度,如"网络信息遗忘权""网购后悔权""公益诉讼"等。

第二,更新了一些法律内容与基本信息。如根据2013年修订的《商标法》更新了相关条文;再如增加了全国人大常委会《关于加强网络信息保护的决定》等新的法律规定。

第三,修正、核实、改定了一些观点、表述和案例,特别注意了近三年来司法实践的成果,以方便学生了解到最新的情况。

本次修订由各章原作者先行修订,后由张功总稿,最终由我核定完成。

虽然作者们已经付出努力,但由于水平能力所限,加之通识课教材体例、内容尚处于探索之中,疏误之处,在所难免。我们愿与师生一道,切磋琢磨,共求真知。并深望读者与学界先进,不吝赐教,使这部教材更趋完善。

吕忠梅
2014年6月29日于湖北经济学院

前　言

社会主义市场经济必须是法治经济,学法、懂法、守法、依法维护自身的正当权益是当代社会对公民的基本要求。大学作为"社会人"的训练场,按照社会主义市场经济的发展要求,培养合格的预备"社会人"义不容辞。大学生学习法律的目的,不仅仅在于掌握一些基本的法律知识,更重要的是通过学习法律,提升自己的公民意识与法治素养。因为这种素养可以帮助同学们更好地认识社会,理解所学专业知识在社会生活和工作中的意义,有利于同学们走出校门后能够顺利地融入社会,成为经济社会秩序的维护者而不是破坏者。

因为这是一本为非法律专业学生编写的"法律通识课"教材,所以我们力求理论联系实际,贴近社会生活、贴近非法律专业学生知识结构、贴近人生成长经历,打破法律专业学生课程体例,阐述作为社会成员的公民必须了解和熟悉的基本法律知识,内容包括:法律是什么、法律的基本表现、法律规范的基本特征、法律与个人、法律与国家、法律与财产、法律与婚姻家庭、法律与犯罪、法律与纠纷解决等。通过梳理知识,交代规则,讲透关节,说明方法,指出路径,让同学们既可以看到法律大厦的庄严,又能感受到法律规则的亲切实用,不会望而生畏,成为同学们学习的负担。

为了让同学们看得懂、记得住、做得到,我们力求在写作方法上有所创新。从学生的立场出发,以发生在我们身边的事情为导引,用通俗的语言告诉同学们,法律为什么是成年人都必须遵守的"游戏规则"? 这样的"游戏规则"都包括了哪些内容? 应该如何利用"游戏规则"保护自己的权利,如何规范自己的行为、承担违法的不利后果,如何应用法律防止和处理与他人的纠纷? 如何从知法者的角度观察和理解各种社会现象? 本教材根据内容分为九讲,每一讲的内容既自成体系又互相配合;开篇有导读,对每一讲的内容进行简要介绍;正文有案例研究、法学小知识等形式帮助学生理解法律;最后有关键概念、思考题、拓展阅读等,为启发同学们的思考、方便教师延伸教学内容预留一些空间。

我们希望,通过本教材的学习,同学们能够在今后的生活与工作中多一分理智、少一分盲动;多一些规则意识,少一些投机冲动;多一些对法治的信仰,少一些对秩序的破坏……

本教材由湖北经济学院法学系的教师们完成。其中，吕忠梅负责确定写作思路、框架和主要内容并撰写了导言部分，李振华撰写了第一讲、第二讲，张功撰写了第三讲、第八讲，王凌翔撰写了第四讲、第五讲、第九讲，方照明撰写了第六讲、第七讲。全书由李振华、张功统稿，吕忠梅审定。

本教材也是适应当前中国高等教育改革的需要，实施人才培养模式改革，加强通识教育、培养学生人文精神而进行的实践。尽管我们有着良好的愿望，也尽力对稿子多次修改、完善，但由于是改革之作，难免"摸着石头过河"。这样的教材，本身较之于过去按法律专业学生培养模式的写作内容与方式，更加困难。作者们虽然都是长期在法学教育的一线教师，但以生活化的语言来阐释法律，对于他们已经形成的法律专业思维是一种挑战，因此，对于一些问题的处理，不可能完全妥当。加之作者们能力与条件的限制，可能使得最后的结果与设计的目标之间还有很大的距离。

感谢北京大学出版社和本教材的出版策划人、编辑对于我们教学改革的鼎力支持和辛勤的劳动！感谢使用本教材的同学和老师们，为我们的教学改革助力！更感谢对我们的教材提出批评和建议的每一位读者，每一条建议、每一次批评都将使我们受益，鼓励我们不断完善，把教材做成精品，真正成为学生终身的良师益友。

吕忠梅

2011 年 7 月 9 日于北京

目 录

导言——致学生 ··· 1
  一、法律是社会生活的"游戏规则" ·· 2
  二、法律是成年人的"游戏规则" ·· 5
  三、法律是让人成为好人的"游戏规则" ·· 8
  四、法律是解决纠纷的"游戏规则" ··· 10

第一讲 法律是什么 14
  一、什么是法律 ·· 15
  二、法律是规则 ·· 18
  三、谁创造了法律 ·· 22
  四、法律为谁服务 ·· 24
  五、法律可有可无吗 ·· 27

第二讲 法律的形式 37
  一、法律体系 ·· 38
  二、法律部门 ·· 40
  三、法律的形式 ·· 43
  四、法律的效力层次 ·· 50
  五、法律的效力范围 ·· 54

第三讲 法律规范 63
  一、法律规范 ·· 64
  二、法律行为 ·· 67
  三、法律关系 ·· 74
  四、法律责任 ·· 83

第四讲 法律与国家 90
  一、国家的要素 ·· 91
  二、国家的统治形态 ·· 94
  三、政府的权力与职责 ·· 102

第五讲　法律与个人 …………………………………………………… 111
 一、公民 ………………………………………………………………… 111
 二、公民权 ……………………………………………………………… 114
 三、权利与义务 ………………………………………………………… 124
 四、如何维护公平正义、保障公民合法权益 ………………………… 129

第六讲　法律与财产 …………………………………………………… 132
 一、什么是财产 ………………………………………………………… 133
 二、不一样的财产权 …………………………………………………… 135
 三、财产权如何取得和变动 …………………………………………… 141
 四、财产权如何保护 …………………………………………………… 157

第七讲　法律与婚姻家庭 ……………………………………………… 161
 一、合法婚姻如何成立 ………………………………………………… 162
 二、如何离婚 …………………………………………………………… 169
 三、生育的法律规定 …………………………………………………… 175
 四、谁来继承遗产 ……………………………………………………… 178

第八讲　法律与犯罪 …………………………………………………… 190
 一、何谓犯罪 …………………………………………………………… 191
 二、罪名 ………………………………………………………………… 203
 三、刑罚 ………………………………………………………………… 208

第九讲　法律与纠纷 …………………………………………………… 220
 一、纠纷是如何产生的 ………………………………………………… 220
 二、谁来解决纠纷 ……………………………………………………… 222
 三、当事人如何解决纠纷 ……………………………………………… 225

导　言

——致学生

过去,在给非法律专业的学生讲法律课时,会听取同学们的意见和建议。有的同学说,选这门课是学校的要求,我们不是法律专业的学生,不需要学这门课,老师不用太认真了,送我们学分就好。有的同学则说,老师把法律专业课堂上的内容搬到这里来讲,我们像听"天书",虽然很想学好这门课,但太难了。

同学们的意见,实际上提出了两个问题:一是为什么要在大学里给非法律专业的学生开设法律课?二是法律专业学生所学的法律课与非法律专业的学生学习的法律课有什么不同?如果这两个问题不能得到很好回答,这门课程的"教"与"学"都不可能实现预定目标。

对学生,法律真的与你们无关或者学习这门课程只是为了获得学分吗?

对教师,开设这门课是为了让学生听不懂法律是什么吗?

如果是这样,教师与学生都在浪费本来就很紧张的大学教学资源和同学们宝贵的学习时间,这显然不是大学应该出现的情况。于是,我试图回答为什么要在大学里给非法律专业的学生开设法律课,以及如何开好法律课。其实,这应该是一个来自于我们的生活也可以用生活常识解释的问题。

我那个年代的小孩子,都会玩一种游戏——"官兵抓强盗"。夏天的晚上,小朋友们聚集到一个院子里,由年龄大的或者是有什么特殊才能的孩子当"官",他会指定哪些人是"兵",哪些人是"强盗"。然后,"强盗"们各自找地方躲起来,由"官兵"把他们一个一个抓住。记忆最深的是,我总是被"官兵"最先抓住的"强盗",早早就坐在"大本营"里看别人游戏了。多年后,与朋友说起来,他们笑了:"你根本不懂规则,老喜欢穿颜色鲜艳的鞋子,又不知道把自己的脚藏好,我们一眼就可以看到你。"原来如此!这让我回想起小时候,和大六岁的表哥一起住在外婆家,喜欢跟在一帮大哥哥的屁股后面凑热闹,他们不屑于和我玩,也从来没有告诉过我规则是什么。

现在,我的小孩们也喜欢玩游戏,他们当然不会玩"官兵抓强盗",而是玩网络游戏。我发现,他们最喜欢一款足球游戏,常常把自己变成某个球星,踢得不亦乐乎。我问:你们为什么只当球员,不做裁判?他们问:你懂不懂游戏规则?我们只能做运动员,不可以做裁判。我问为什么。他们说:裁判需要有执行规则的特别技术,电脑比我们的判断更准确。

这就告诉我们,无论是"官兵抓强盗"还是网络足球,都需要有规则,否则,游戏无法玩。在游戏中,运动员和裁判员都要懂得游戏规则,但他们对规则的理解、运用能力和要求又是不同的。运动员懂游戏规则,是为了自己能够按照规则踢球;裁判员懂游戏规则,则是为了判断他人是否按规则踢球。所以,运动员和裁判员学习的游戏规则的内容是一样的,但他们对于规则的运用却不一样,不一样的运用方式必然反过来对学习者提出不同的要求。

我们通常说,法律是成年人的"游戏规则",大学是"成年人培训场"。大学在把一名高中毕业生培养成为能够独立面对社会的成年人时,当然要讲成年人的"游戏规则"。只有让学生通过学习,正确地了解规则并掌握规则的运用方式,在进入社会后才可能按规则行事,参与社会竞争。只不过,大学里既要培养"运动员",也要培养"裁判员"。在这个意义上,法律专业学习的是如何做"裁判员",而非法律专业学习的是如何做"运动员"。

因此,可以说"法律通识课"就是专门为"运动员"开设的"游戏规则"课,这门课的教学目的是让每一个"预备社会人"都能够在进入社会之前,了解社会的基本"游戏规则"及其运用方式,并进行必要的练习。使同学们在大学毕业后,能够按照规则行事,在社会这个最大的"游戏场"上成为优秀"运动员",取得良好的成绩。

要让"运动员"取得好的成绩,首先要知道是什么"游戏"的"规则"?各种不同"游戏"的"规则"有哪些不同?"游戏规则"应该如何遵守?出现了不守"游戏规则"的人和事应该如何处理?等等。这就是我们"法律通识课"的教学内容。

一、法律是社会生活的"游戏规则"

我们小时候,都看过《鲁滨逊漂流记》,许多人都表示要学习鲁滨逊的勇敢、智慧和坚毅。其实这种说法并不准确。不要忘了,小说中还有另一个重要人物——"礼拜五"。虽然他是一个"野人",只是一个奴仆。但是,如果没有"礼拜五",鲁滨逊无法在孤岛上生活28年并且最终成功离开。小说作者正是出于对人的社会性的深刻认知——人作为社会性动物,必须在与他人的交往中生存,才创造了"礼拜五"。因为鲁滨逊在一个荒无人烟的孤岛上,必须有一个"野人"和他一起,才能形成"社会"。只有在鲁滨逊与礼拜五的交往中,我们才能发现鲁滨逊的勇敢、智慧、坚毅等美德。

我们看到:即便是鲁滨逊和礼拜五两个人的"社会",也存在着一些最基本的"规则",鲁滨逊是主人、礼拜五是仆人;鲁滨逊有绝对的权力指挥礼拜五,礼拜五必须服从……正是这些规则确定了礼拜五与鲁滨逊的身份、地位、权利义务关系。如果我们用鲁滨逊与礼拜五的故事来观察我们的生活,不也是我们正在遵循的社会规则吗?

正是因为有了这些规则,社会才得以正常运行,秩序也才得以形成。这些规则中的相当部分,就是法律。我们到自由市场买东西,讨价还价,是签订合同的过程;双方讨价还价后达成一致并成交,这就是《合同法》上规定的及时清结合同。我们到商场买东西,所有商品必须明码实价,必须有产品说明;商品打折必须告知,顾客有时候也可以在一定程度上讨价还价;这些都是《合同法》《价格法》《产品质量法》《消费者权益保护法》的规定。我们大学毕业了,要找工作,各种不同性质的就业和不同的岗位也有不同的"规则",公务员必须按照《公务员法》的规定进行考试和录用;企业则要按照《劳动法》《劳动合同法》的规定签订劳动合同。我们结婚,必须达到法定婚龄,并且不能与三代以内的旁系血亲结婚。我们要购买商品房,按照《物权法》的规定,不仅要签订商品房买卖合同、缴纳房款,而且必须进行房屋产权登记;否则,当出现房屋产权纠纷时,即使你签订了合同、缴纳了房款、甚至已经住进了房子,都不能对抗另一个就该房屋进行了产权登记的人,因为你没有按照法律规定的方式获得该房屋的所有权。

这样的例子,还可以举出很多,它们无一不在告诉我们:法律规则就在我们身边,我们只有知道并懂得了这些规则,才可能在社会中更好地生存和发展。

许多人认为,法律是一些抽象的法律条文,远离我们的日常生活;也有人认为,法律只是法律专业学习的东西。这些想法不仅是对法律的误解,而且这种排斥法律的态度可能会给自己的生活带来许多不必要的麻烦。虽然法律的表现形式是一些抽象的条文,但这些条文来自于日常的社会生活,立法者只是根据人世生活的现实需要,对人间事务而作出的规定,法律的职责、功能与宗旨在于规范、料理人事,服务人世,造福人生。因此,法律的要旨在于为生活本身提供一个"说法",而让人世有一个"活法",使日子过得下去,过得更好。

大家一定知道拿破仑是谁。中学教科书上的拿破仑,讲得更多的是他在军事、政治方面的才能,对于拿破仑在法律方面的巨大贡献,着墨不多。其实,他所主持制定的《法国民法典》,是法律史上的一座丰碑。拿破仑曾自豪地说:"我的光荣并不在于赢得了40场战役,因为滑铁卢一役就使得这些胜利黯然失色。但是我的民法典却不会被遗忘,它将永世长存。"在拿破仑的墓旁有雕塑家西马尔的一副浮雕,上面铭刻着《法国民法典》和拿破仑的名言:"我唯一的、因其简明性而给法国带来了比此前一切法律都要多的益处的法典。"

我们知道,拿破仑可以从教皇手上夺过皇冠直接给自己加冕,但在民法典制定的时候,他却十分谦逊,并且富有政治智慧,将自己的生活经验应用到了立法之中。

民法典开始制定的时候,拿破仑还是一位年轻的执政官,他并没有拥兵自重,而是在专家委员会的面前,非常谦虚,他希望能够真正调动起专家们的积极性,把他们的法学智慧充分地展现出来。他说,你们要详细完整地记录法学权威们的观点,这是非常必要的,我宁愿保持本色,也不想硬充高明。在出现他自己的观点与起草委员会的多数委员意见不相吻合的时候,拿破仑说:先生们,你们并非是来赞同我的意见的,而是请你们来发表你们的看法。

拿破仑不是法律专家,他对于法律、法律的历史、法律的原则、法律如何表述、如何表达也并不精到。但他的理想是让法律能够解决社会生活中的实际问题,所以,他给委员会的命令是:要让我的农民在他们的油灯之下,也能读懂他们的权利。他要求专家委员会起草的法典,在表达上要通俗、要精炼、要准确。拿破仑说:我自己就不是一个法律专家,我对很多法律的术语也不了解,但是你们首先得过我这一关,你们所起草的草案,要让我一看就能明白、就能懂,不产生歧义。为此,他经常主持专家委员会的会议到深夜,对专家们提出的条款,一条一条地问,这一条公正吗?它是正确的吗?这一条实用吗?

拿破仑在婚姻法的制定方面,提出了自己的看法,他反对过多的教会法对婚姻的干涉,主张婚姻应该是一种世俗的、自由的、合意原则的制度安排。这个主张缘于他自己的生活经历。拿破仑的妻子约瑟芬,在婚前和婚后曾经多次与他人有染。有一次,他从埃及回到法国,因为对约瑟芬行为的愤怒,晚上将她拒之门外。约瑟芬守在拿破仑门前痛哭了一夜,请求原谅。拿破仑也的确原谅了约瑟芬,此后她不仅对拿破仑绝对忠贞、忠诚,而且运用她高超的社交手腕,拉拢民心,为拿破仑称帝立下了汗马功劳。对此,拿破仑记在心中,非常感谢,所以后来约瑟芬成为了皇后,但是约瑟芬跟拿破仑没有子女,在继承人方面又遇到了问题。在制定《法国民法典》时,拿破仑对于自己的婚姻记忆犹新,他希望法国人民在未来处理自己的婚姻家庭方面的法律依据更为符合人情、符合人道;同时他也考虑,如果不经过教会,而是能够按照民法典来处理婚姻,从结婚到离婚,尤其是离婚,既可以降低婚姻成本,更可以通过双方协商,达到离婚的结果。因此,由于他个人的遭遇、考虑和私人因素,使得《法国民法典》的婚姻篇非常世俗化,他全力支持的合意离婚制度、收养制度都对后世产生了巨大的影响。当然,这两个制度,也解决了他个人在婚姻方面可能导致的政治丑闻和继承人的有关问题。

虽然我们大多数人不可能像拿破仑那样去主导立法或者直接制定法律,但是,《法国民法典》之所以能够"征服世界",其根本原因在于它对社会生活的深刻理解和归纳,以通俗、准确、平易的方式告诉了人们生活的"游戏规则"。同时,它也告诉我们,法律来自于生活,来自于人们的生活经验。因此,才有人将法律称为"生活的百科全书"。

二、法律是成年人的"游戏规则"

我们都经过了童年、少年时代而逐渐长大成人。现在,还有很多地方在举行成人礼,用隆重的方式提示:你已经成年! 在我国,法律规定,年满18周岁的自然人为成年人。你们想过吗,为什么要举行成人礼?

成年代表着人生中一个最重要阶段的开始。在法律上,一个智力健全的人到了18周岁,就具备了完全的行为能力与责任能力。到这个时候,我们可以独立地享有法律权利,履行法律义务,也要完全地承担自己行为所造成的不利后果。因此,"成年"既意味着"独立",也意味着"责任"。从此以后,你就要按照成年人的规则去"游戏"。而法律是所有成年人都必须遵守的"游戏规则"。

小孩从出生到14周岁之前,不仅和家长生活在一起,而且家长是孩子的法定监护人,孩子的行为都要有家长的同意,当然,孩子的行为后果也要由家长负责。年满14周岁到18周岁,虽然大多数孩子依然和家长生活在一起,但这时已经可以处理一些自己的小事情,如可以自己到商店买东西,也可以用自己的劳动获得一定的报酬。回想一下,在小学或中学时代,我们在学校里和同学发生冲突了、学习不好了,老师都会"请家长";每有重要事情,老师也都要召开家长会,把学校的一些决定通过这种方式告诉家长。但是到了大学,请家长的情况就会变得很少,也不开家长会。这是因为,大学生中的绝大多数都是已经年满18周岁的智力健全的人,应该是对自己的一切行为后果独立负责的成年人。

这些生活常识,体现在法律上,就是规定14周岁以下的儿童是未成年人,他们要受到《未成年人保护法》的特别保护:任何人不得虐待儿童、不得雇用童工,对未成年女性实施性侵犯要加重惩罚,等等。14周岁到18周岁的少年,法律认可其一定的行为能力,可以独立地从事一些活动并承担一定的法律责任,比如可以自己决定购买适当金额的商品,年满16周岁不满18周岁的自然人犯杀人罪,不得适用死刑,等等。但年满18周岁后,只要一个人的智力正常,他(她)就要为自己的行为后果负完全责任,除非有法定原因,不得免责。

法律之所以这样规定,就是因为法律是成年人的"游戏规则"。

人是社会性动物,刚刚出生的时候,懵懂无知,无法无天。我们在成长的过程中,从开始一头雾水地听外婆讲故事,到自己看电视、看童话书。慢慢的,我们可以看得出大人们的一些情绪和情感变化,如结婚的喜悦、亲人离去的悲伤、争吵以致殴打的愤怒;我们也有了随父母出去旅游的愉快记忆、有自己和同学们一起参加夏令营的初次体验;我们中的一些人也许还经历了父母不和甚至离婚、家族矛盾不得解决时的煎熬,也许在买东西时受过骗、在同学不注意时拿过别人的铅笔。虽然这其中有很多是在长大以后才逐渐理解其中的意义,但都是随着年龄增长所经历的事情,见过的世面,积累的经验;在耳濡目染中习得的风俗习惯,在日常交往中懂得的人情世故,在学校生活中获得的社会知识,是我们逐渐被社会化,走向成熟的过程。成年是一个人能够独立在社会中生活的标志,而一个成年人日常生活行为也就是法律的核心内容——不得盗窃、童叟无欺、诚信做人,等等,社会交往和市场交易中的习惯是法律的最初来源,法律来自于人情、来自于经验,是人生的法则。

有一次,儿子和父亲相约一起外出吃饭。父亲在电话里告诉儿子,自己先穿好衣服,等一会到家接他。儿子痛快地答应了。但等父亲到了家里,孩子还是出不了门。父亲问:"怎么还不走呢?"儿子说:"爸爸,等一等,我还在找鞋子!"父亲着急地埋怨:"不是让你穿好衣服等的吗?"儿子非常委屈:"我不是穿好衣服了吗?你说的是衣服,又不是鞋子!"父亲无语。有一天晚上,母亲让儿子饭后洗碗,结果儿子就只洗了碗。母亲问:"还有筷子呢?"儿子说:"你只安排我洗碗,又没让我洗筷子!"母亲十分生气却又无奈。为了让孩子明白,父母决定给孩子一次教育。第二天早餐时,母亲喊儿子:"过来吃——饭",就特意把"饭"这个字说得特别清楚!儿子过来,举箸就捡菜。父亲拦住了他,儿子很吃惊地看着父母。母亲说:"我说的是吃——饭,不是菜!"儿子明白了。

我们在成长过程中,可能也遇到过类似情形。这对父母其实就是在教育孩子懂得人情世故,教给孩子一些生活的法则。同一个词汇在不同的语境下所具有的含义是不一样的。学校也在通过各种传授前人经验的方式教给我们知识，让我们理解社会的一些基本规则。法律其实也就是合乎人之常情、常理、常态的一些规则，这些规则是我们成年时必须懂得的。

法律是人的行为规则，它告诉人们可以做什么，不能做什么，一个人做了不能做的事情以后应该受到什么样的惩罚。法律就是用事先告知行为后果的方式，使得人们可以预测自己的行为后果。一个人只有成年后，才可以做到基本正确地选择自己的行为，预测自己的行为后果，对自己的行为负责。

但在现实生活中，并不是所有的成年人对于这种规则都十分清楚。尤其是在当今社会，一方面是法律的迅速发展，人们日常生活中的法律日新月异；另一方面是中国在发展市场经济的过程中，与之相适应的社会法律意识并未得到有效提升，很多人对自己的行为及其后果并不知晓。

近些年来，大学生陷入传销的案件不断发生，许多人都是到了法庭上，才知道自己的行为是违法的。

前几年，媒体报道了华中科技大学的一名法学硕士协助警方在广东茂名捣毁了一个自己曾经被困其中的传销窝点的经历。他告诉记者是被一位同学骗到传销窝点的，到了那里，发现该团伙专门针对刚毕业的高学历人群进行欺骗。这位同学说："刘某曾是我读研时最好的朋友，他离开武汉时，路费不够，找我借钱，我把银行卡和密码都给了他，让他自己去取。当他打电话让我去茂名工作时，我丝毫没有防备。"

在那个传销组织里，大部分人都是被同学骗来的，"家长"（即 C 级主任，属传销组织中级别较高的头目）让成员们反复阅读和背诵的材料中，有一段话是——"随着高校的扩招，大学生就业问题面临重重困扰，这就为我国民族直销业提供了大好时机"。

这段话其实是在偷换概念，把传销说成直销，混淆两者之间本质的差别。但因为大学生的确面临着就业问题，加之缺乏法律的基本常识，对于传销和直销之间的差别并不清楚，甚至也没有想过要去弄清楚，非常容易上当。

他们被骗到传销窝点以后，为了能够晋升成"家长"，也开始欺骗别人。并盲目地认为，欺骗同学、朋友是善意的，是让大家一起来"创业"，两年就能赚取180万元。"创业"初期，生活清贫、节俭是应该的，所以一日三餐都吃老茄子、萝卜，也没人抱怨。幻想着180万，大家都激情飞扬。实际上，许多人在组织里呆了大半年，一分钱没赚到，还要交加盟费和生活费。

传销组织最厉害的一招，就是封锁一切信息来源，不准成员们看报纸、看电视、上网、听收音机,只准接受他们灌输的东西。在里面每天听的、讲的、读的,都是关于传销的信息和所谓"成功学"。当周围的人都认为传销是合法的,时间一长,就很容易被"洗脑",在传销的泥潭里越陷越深,在犯罪的道路上越走越远。

许多同学陷入传销是由于自己年轻而付出的代价,但这不是年轻所能承受的生命之重,如果我们多一些社会生活的经历,多了解一点法律的基本常识,这种惨痛是可以避免的。我们知道,人年龄越大,经历的事情越多,阅人无数、历事无数,才会变得见多识广、经验丰富起来。孔子曰:"七十而从心所欲,不逾矩。"就是说人活到七十就真正活明白了,可以随心所欲且不逾越规则。这一方面是说法律必须来源于生活;另一方面,也告诉我们,法律就像一位饱经风霜、见多识广、老成持重的智慧老人,在用一些家常话语对我们进行谆谆教诲。法律是生活的百科全书,它在告诉我们为人处世之方,待人接物之法,安身立命之道。

三、法律是让人成为好人的"游戏规则"

2007年,美国《时代》周刊年度人物评选,当选《时代》年度人物的不再是一个人,而是一群人——"网民"。今天,我们中的大多数人都是其中的一员。这期杂志的封面很有意思,主图是一台电脑,显示器可以当作一面镜子。上面写着一个单词:"You"。意味着镜中人物就是你自己。但是,要看清楚"你"的面孔,却并不容易。"你"也许是一个亿万富翁,也可能是一个穷学生;"你"也许每天匆忙奔波于上海的外滩,却也可能徘徊在北京、西安或者哈尔滨、长沙、武汉的任何一个角落。那么,"你"到底是谁?"你"在哪里?

"网民"不过是当今这个社会中穿上了"马甲"的"你"。"你"在法律上是个好人还是坏人呢?法律把"你"假定为一个"坏人"。它认为"你"的本性是"恶",只要是人就会自私自利,为追求自己的利益不顾他人利益,还有"搭便车"、占便宜的习惯。其实,法律上的"你"和经济学上的"你"——"经济人"是同一个人。

因为人性恶,"你"是一个坏人,当然就会做坏事。为了不让坏人做坏事或者要让坏人做不成坏事,就有了各种法律规则。比如,"你"经常会为追求个人利益背信弃义,法律就规定各种商业行为必须要诚实信用;"你"常常会出尔反尔、不守承诺,法律就规定各种交易都必须签订合同,一旦出现问题,合同就是最好的证明;"你"会损人利己、侵占他人利益,法律就规定损害必须赔偿,使得"你"不仅不能得到侵害他人所获得的利益,而且还要拿出自己的利益用以补偿；"你"还会杀人越货、谋财害命，给社会带来威胁，让我们生活在没有安全感的环境中，所以法律就规定严重危害社会秩序的行为是犯罪，对于犯罪的人要剥夺自由以致生命，等等。可以说，有坏人才有法律，法律是一套对付坏人的规则制度。

但另一方面，正是因为有了针对人性恶，禁止坏人做坏事的规则，法律又可以让"你"变成"好人"。如果"你"背信弃义，就会遭到法律的惩罚；"你"违反合同，就要承担违约责任；"你"损人利己，就要损害赔偿；"你"杀人越货，就会付出自由乃至生命；等等。因为有了这样的规则，人们就不背信弃义，不违反合同，不损人利己，不杀人越货了，结果是人们弃恶从善，坏人变成了好人。在这个意义上，法律是一种克服人性恶的工具。法律催人向善，因为有了法律，人们才成为好人。当然，我们的社会中还有道德、宗教，也是引导人们向善的规则。

如果法律认为人性都是"善"的，把人都看成是好人，"你"绝对不会背信弃义，诚实信用就没有了意义；"你"不会出尔反尔，签订合同就成了笑话；"你"也不会损人利己，损害赔偿就不再需要；"你"更不会杀人越货，刑法也没有存在的必要。换句话说，如果世界上都是好人，根本就不需要法律。好人虽然也有矛盾纠纷，但只是小打小闹，不需要法律来解决。好人不需要法律，法律是对好人的不敬。

另一方面，因为好人不会做坏事，用不着法律规则，人们的行为也没有规范。因而，如果"你"背信弃义，不会受到惩罚；"你"违反合同，不用承担违约责任；"你"损人利己，不需损害赔偿；"你"杀人越货，不要罚当其罪；等等。既然如此，人们何不选择背信弃义，违反合同，损人利己，杀人越货呢？结果是鼓励人们弃善从恶，好人变成了坏人，所以古人说："圣人不死，大盗不止"。如果没有法律，每个人都可能成为坏人。

法律的这样一个假定，也是对社会生活的一种深刻认识。它告诉我们，"害人之心不可有，防人之心不可无"，在日常交往中，要区分善恶。在各种经济活动中，"先小人后君子"，而不是"先君子后小人"。因为在社会中，有坏人，会做坏事，我们必须提高警惕，谨防坏人，就不会轻易上当受骗，让自己遭受不必要的损失了。

但在现实生活中，恰恰相反。记得三年前，有一位新生晚上到学校报到，刚刚下车，在校门口遇到一个人，主动上前说是可以帮助办理报到手续，他就把自己从家里带来的钱全部交给了那个人，并且没有向那个人索取任何证明。第二天，正式办理报到手续时，才发现自己受骗，痛哭不已。这是一位来自农村的新同学,家里借钱为他准备的学费,却因为轻信他人而被骗走了。虽然学校为他办了困难补助,但这个教训却是深刻的。如果同学们能够多一点法律意识,懂得在社会生活中自我保护,骗子就很难得逞。

其实,在我们的日常生活中,许多事情都是因为相信人性善,误以为是好人,轻信于人,放松警惕,最后上当受骗的。善良的人们往往缺乏法律意识,最主要的是缺乏"坏人意识"。如果我们有了这种意识,就会知道有坏人会做坏事,进而才知道用法律去防范坏人,保护自己。这是法律的态度,也是我们对待生活的态度。

如果我们用这种"好人"与"坏人"的观点来观察国家,也是如此。如在西方,一般都将国家视为"恶"甚至是"祸害"。他们这样认为,并不是在谩骂国家,也不是鼓吹不要国家,而是要提醒人们必须对国家这个"坏人"保持必要的警惕,因为国家是一个强权组织,拥有任何私人都无可匹敌的强大暴力,是侵犯公民权利、破坏社会自由的最大危险。因此,他们提出,"一切权力都易于滥用是万古不易的一条真理","绝对的权力绝对导致腐败"。正是为了防止国家做"坏事",才需要用法律约束国家的权力、对政府的行为进行监督。相反,如果认为国家超凡至圣,全知全能,大公无私,那么就不需进行权力制约和权力监督。结果可能完全相反,国家有可能真正成为人们的"祸害"。也可能是好的出发点导致坏的结果,历史反复证明:通向地狱的道路常常是由善良愿望铺成的。

我们理解了这些道理,就能够对国家、对社会、对自己都有一个新的认识,理解在我们现实社会中的许多事情。我们所说的"坏人"无处不在,并不意味着法律认为个人乃至政治家都是只追逐利益的"坏人",而是认为应该有一种对付只关心自己利益的"坏人"的办法。尽管我们有许多善良纯朴的愿望,但是把个人的安全建立在对他人的轻信之上、把整个社会制度的良好运行建立在掌权人的高尚动机的假设之上,比把高楼大厦建立在沙滩之上还要危险。"先小人后君子"的法律远比"先君子后小人"的制度更稳健,因为它具有对抗风险的能力。世界上有两种悲剧,一种是高估了人性,另一种是对人性失去信心。所以美国人说:"人性是善的,所以民主是可能的;人性是恶的,所以民主是必要的。"

四、法律是解决纠纷的"游戏规则"

看过《宰相刘罗锅》的人,应该记得其中的一个情节:群臣随着乾隆去逛御花园,看着满园鲜花,乾隆诗兴大发,摘下一朵花,一边揪花瓣一边吟到:"一片两片三四片,五片六片七八片,九片十片十一片……"群臣都在安静地听着,乾隆到了第三句再也接不下去了,十分为难。刘墉加了一句:"飞入草丛都不见。"这首诗终于完成了,乾隆如释重负,群臣则给乾隆猛拍马屁。到了老年,刘墉和乾隆都出版了诗集,刘墉把这首诗收入了自己的诗集,乾隆的书里也有这首诗。于是,和珅向乾隆告密,说刘墉大不敬,把乾隆的诗据为己有。乾隆一怒之下把刘墉下了大狱。

这里显然发生了一个纠纷——乾隆与刘墉的著作权之争。这场纷争要解决,法律上的两个问题必须得到回答:

问题1,这首诗到底是谁的?用法律的话说就是著作权人是谁?

问题2,应该由谁来判断著作权的归属?乾隆因为是皇帝,可以用将刘墉下大狱的方式捍卫自己的著作权,那么,刘墉呢,他有什么方法来捍卫自己的权利?乾隆可以自己做自己的法官吗?

这首诗的著作权应该属于谁呢?从他们都把这首诗收入自己的诗集的行为看,两个人都认为属于自己:乾隆认为他享有著作权,因为这首诗一共四句,有三句是他写的;而刘墉则认为著作权是他的,因为如果没有第四句,就不能成为一首诗,也正是有了第四句,前三句才有了意义。按照著作权法的规定,这首诗是一个合作作品,乾隆和刘墉是共同著作权人,他们都享有法律上的相应权利。但在清朝的时候,既没有著作权法,也不是法治社会。乾隆作为皇帝,享有"朕即法律"的绝对权力,只要他认为刘墉"大不敬"成立,有权直接将他送进大狱。刘墉只能接受,到大牢里待着,等着皇帝"开恩",放他出来。刘墉既没有资格也没有能力与皇帝抗争。

乾隆皇帝的行为是典型的"自己做自己的法官",他可以判断自己的行为是否合法而将刘墉的权利弃之不顾。可见,在皇权之下,即便如刘墉这样一人之下、万人之上的宰相,也没有资格享有什么权利,而且"伴君如伴虎",整天过着提心吊胆的日子。出现了与皇帝的纠纷,是无法用法律保护自己的。法律面前人人平等、人格尊严等完全是梦想。

由此可见,在出现纠纷的情况下,任何人都不得"自己做自己的法官",这是非常重要的一条法律原则。否则,不仅纠纷无法得以顺利解决,而且我们的权利有可能被武断地侵犯。我们可以假设这个纠纷的另外一种情形:在法律对于著作权作出了规定的情况下,乾隆和刘墉将纠纷告上法庭,由中立的第三方来进行判决,乾隆与刘墉就可以平等地进行陈述、辩论,提出自己的主张并提供证据。而第三方则可以根据事实和法律对于纠纷进行判断。根据著作权法的规定,将乾隆和刘墉都认定为著作权人。这样,刘墉的权利就得到了保障。

在今天,这个中立的第三方就是我们已经知道的法院、仲裁机构、调解委员会,等等。它们是由法律赋予解决纠纷职能的专门机构。从乾隆皇帝自己断案到专门法官断案,似乎是一个很小的变化。但这个小的变化中却蕴涵着完全不同的法律观念——人治与法治。在"人治"观念下,皇权凌驾于法律之上,"普天之下莫非王土,率土之滨莫非王臣";而在"法治"观念下,任何人、任何组织都必须在宪法和法律的范围内活动,没有超越法律之上的权利。

因为有了专门的司法机关以及各种解决纠纷的专门机构,需要有专门从事法律应用工作的人,按照法律来判断是非曲直,才有了法律专业、法律系、法学院。这些专门从事法律工作的人,按照纠纷产生的过程与解决的程序,也有了不同的分工——如律师,既为防止纠纷的产生而为社会公众提供法律咨询与服务,也在纠纷产生后充当代理人或辩护人;如检察官,既在犯罪行为发生后代表国家提起公诉,也在法院审理案件过程中实施法律监督;如法官,既为纠纷当事人断案明理,又为法律的不断完善而贡献智慧。

为什么需要专门学习法律的人呢?因为,法律条文是不变的甚至是僵硬的,但社会生活却是千变万化的,法律需要专门的人去应用,并且,不同的人对于法律的认识也可能是不完全相同的。比如,美国有这样一个案例:一个年轻人在牛仔裤的屁股下面缝了一面美国国旗,并穿着这条裤子在街上走,警察逮住了他。检察官以滥用国旗罪将他控告到了法院,地方法院的法官以轻蔑地滥用国旗的罪名判处这个年轻人8个月的监禁。年轻人不服,上诉到了美国联邦最高法院。最高法院有两位大法官都认为这个年轻人无罪。但是他们对法律的理解是不一样的。一位大法官认为,年轻人把国旗缝在裤子屁股下面,是要表达某种意愿,而表达意愿是表达自由,表达自由是宪法赋予公民的神圣不可侵犯的权利,所以,他应该无罪。另一位大法官认为,为什么把国旗缝在裤子屁股下面就要处罚?缝在胸口上或者拿在手里,甚至插在汉堡包上都不被处罚呢?到底国旗应该怎样用才是正当,怎样才是轻蔑地滥用国旗?这是立法者必须明确地告诉公民的,公民没有揣度立法目的和意图的义务。因此,他认为判决这个年轻人有罪违反了美国法律中的正当程序原则,这个年轻人不仅无罪,并且还要给他高额赔偿金,以补偿他所受到的法律不公正判决。

虽然我们不是法律专业的学生,将来也不会去做律师、检察官、法官。但是,我们每一个生活在社会中的人,都有可能与他人产生矛盾和争议,在出现纠纷的时候,我们必须知道为什么不能"自己做自己的法官",必须知道法院、仲裁机构是干什么的,知道在经济活动中必须先聘请律师以避免产生不必要的纠纷,更要知道诉讼是有风险的。这些就是我们要讲授法律通识课的重要理由。

现代大学鼓励同学们走创业之路。创业,在法律上就是成立一个企业法人,经过我们的投资、经营、管理,让这个"法人"逐渐成长。这个"法人"从成立之初,就会遇到谁来投资、谁来经营、如何投资、如何经营等一系列法律问题。这些问题如果不在企业设立协议中明确约定,往往会埋下纠纷的种子。我们看到有许多的创业者可以共苦,但很难同甘。许多企业经过无比艰难的初创期,刚刚走上正轨,就纠纷不断,曾经的合作者不仅分道扬镳,而且你死我活。产生这些纠纷的一个非常重要原因就是缺乏法律知识,不懂得在企业经营管理过程中应用法律手段,明确约定权利义务,理性决定合作者之间的关系,不知道采取防范纠纷产生的自我保护措施。如果有了基本的法律知识,我们在创业的道路上可以走得更加顺利,成功的机会也将大大增加。

正是因为我们都是生活在社会中的成年人,我们希望自己能够成为一个"好人",我们要防范"坏人",我们会遇到纠纷,所以必须正确地理解法律、合理地应用法律,而不是简单地排斥法律、随意地滥用法律,这就是我们的法律通识课所要实现的目标。我们在这本教材中,为同学们提供了关于法律的全景式素描,并且采用场景设计、案例列举、事件分析、图表示意等灵活多样的方式,展示法律的不同方面。我们还在每一章的最后,设置了延伸阅读的内容,为有兴趣的同学留下了深入思考的空间。

衷心希望同学们通过这门课程的学习,提升法律素养,增强公民意识,养成理性思维,熟悉"游戏规则",顺利成长为合格的"社会人"。

第一讲　法律是什么

本讲导读

　　法律是什么？从词义和词源上看,法和法律都有其特定的文化内涵。在我国,法和法律可以互用,存在着广狭二义。它有四个特征,即调整人的行为、规定权利和义务、可以反复适用、由国家强制力保证实施。法律的本质应从三个方面理解:体现统治阶级的共同意志;由统治阶级的物质生活条件决定;受经济以外其他因素的影响。法律的作用分为规范作用和社会作用。规范作用包括指引、评价、预测、教育和强制作用。社会作用包括经济、政治、科技文化、公共事务等方面的作用。法律的作用虽然很大,但也不是无所不能,应当正视它的局限性。

导入案例

　　2006年4月21日,许霆与郭安山利用ATM机故障漏洞取款,许取出17.5万元,郭取出1.8万元。事发后,郭主动自首被判处有期徒刑1年,而许霆潜逃1年落网。2007年12月一审,许霆被广州市中级人民法院判处无期徒刑。2008年2月22日,案件发回广州市中级人民法院重审,改判5年有期徒刑。

　　许霆一案,引起了社会广泛的关注与论争。在许霆行为的认定①上,是刑事还是民事,有罪还是无罪,专门机构与专业人士之间、法律规定与百姓感觉之间、国家与民意之间存在着较大的分歧。在认为许霆无罪的观点中,又有不当得利、无效交易、银行过错、刑罚目的等多种说法;在认为许霆有罪的观点中,又有盗窃、侵占、诈骗、信用卡诈骗等几种不同主张。广州市中级人民法院"乾坤大挪移"式的判决,更是让普通百姓对法律有"雾里看花"之感！一个简单的案件,在事实、定性都没有改变的情况下,初始判决与最终结果之间为什么会产生如此大的差异呢？法律改判的依据又是什么呢？这虽然是专业人员应当考虑的事,但

---

① 2010年7月29日,许霆交付2万元保证金后,已保释出狱。

也确实值得普通人认真思考。①

2008年12月9日8时许,正在深圳机场打扫卫生的梁丽顺手"捡"走了一个被她当成"遗忘物"的纸箱(装有价值近300万元的黄金首饰)。当晚,警方以涉嫌盗窃罪将梁丽逮捕。

对于梁丽究竟是"捡"还是"盗",到底应该以侵占罪起诉还是以盗窃罪起诉,社会各界进行了热烈讨论。一方认为,梁丽在机场大厅"捡"到物品,以为是乘客遗弃的物品,当时并不知道里面装的是什么,应该是"捡";另一方认为,物品是在机场办证、托运大厅的行李车上,梁丽是机场工作人员,在这种情形下拿走旅客物品,跟普通老百姓在大马路上捡到无主物品,性质是完全不同的。

2009年9月25日,深圳市检察机关认定梁丽不构成"盗窃罪",将此案退回公安机关,并建议公安机关将相关证据材料转交自诉人。而自诉人明确表示,他们不会起诉梁丽,不会追究其"侵占罪"的责任。

从可能被判无期徒刑的"盗窃罪",到最多判5年的"侵占罪";先是免予国家公诉,再是受害人"不再追究"……深圳机场女工梁丽的命运在9个多月的时间里一波三折,跌宕起伏。如今梁丽已经恢复自由,"捡"黄金案似乎已经终结。但是,公众对这一事件的议论和思考并未平息。②

提起"法律",大多数人是敬而远之。在普通百姓看来,法是国家的事,是法官、检察官、警察、律师的游戏。其实,法律并非神秘莫测,它就在我们身边,与我们的生产生活息息相关。驾车外出,严禁酒后作业;招聘员工,要签劳动合同;开店办厂,不得以次充好;网吧聊天,未成年人禁止入内;玩笑逗乐,尊严为度……只要是社会人,就不可避免地要与法律发生联系。一个人(包括法人和其他组织)要实现预期的目的,要使自己的行为有价值,就必须学法、知法、守法。否则,就可能出现守法不自知、违法不自省的现象,等到身陷囹圄,就追悔莫及了,许霆的悲剧就源于此。

一、什么是法律

"法"和"法律"是人们经常使用的概念。学法、知法、用法、守法,必须从认

---

① (2008)穗中法刑二重字第2号"许霆犯盗窃罪案重审判决书"(广东省广州市中级人民法院刑事判决书)。
② 《梁丽"捡"金案》,http://www.chinaqking.com/fl/2009/33522.html,2014年5月12日访问。

识"法"和"法律"开始。

1. 古汉语中的"法"

"法"字本为"灋"。许慎《说文解字》解释道:"灋,刑也,平之如水,从水;廌,所以触不直者去之,从去。"说明"灋"字由"水"、"廌(zhì)"、"去"三部分构成。水,喻指执法要公平公正,不偏不倚,要像水一样平。廌,独角兽,中国古代传说中一种能"别曲直"的神兽。在原始时代,"廌"是人们裁断是非曲直的工具。争议当事人谁被其触,谁就是败诉者,就是应当受到制裁的"不直者"。去,其本义为出走、了解、离开,后引申为去除、驱除等惩罚的意义。古"法"字的创制,充分体现了中华民族早期的法律意识,蕴涵着古代圣贤对法的认知与期待,即在法律面前要人人平等,执法一定要"平"、"直"、"正"。

【法学小知识】

独角兽的传说

独角兽也称解廌(xiè zhì),是古代传说中的异兽,体大者如牛,小者如羊,类似麒麟,全身长着浓密勤黑的毛,双目明亮有神,额上通常长一角。它拥有很高的智慧,懂人言知人性,怒目圆睁,能辨是非曲直,能识善恶忠奸。当人们发生冲突或纠纷的时候,独角兽能用角指向无理的一方,甚至会将罪该万死的人用角抵死,令犯法者不寒而栗。帝尧的刑官皋陶曾饲有解廌,凡遇疑难不决之事,皆由解廌裁决,均准确无误。

独角兽形象虽然是蒙昧时代以神判法的遗迹,但其作为中国传统法律文化的象征,一直受到历朝历代的推崇。从先秦到明清,解廌形象被当成监察、审计和司法官员廉明正直、执法公正的象征,在各种场合被经常使用并作为司法官员的重要标志。即使到了当代,独角兽仍被视为法律与公正的象征。

在中国古代,"法""律""刑"是通用的。在古代文献中,称法为刑,如夏之禹刑、商之汤刑、周之吕刑,等等。李悝集诸国刑典,造《法经》六篇,改刑为法。商鞅变法,又改"法"为"律"。《唐律疏义》更明确指出:"法亦律也,故谓之为律。"许慎解释:"律,均布也。""均布"是古代调音律的工具,把律解释为均布,说明律有规范人们行为的作用,是普遍的、人人遵守的规范。至于把"法"和"律"连用,作为独立合成词——"法律",却是近现代的用法。清末民初以来,"法"与"法律"是并用的。

2. 西文中的"法"与"法律"

在西文中,除英语中的 law 同汉语中的"法律"对应外,欧洲大陆的各民族语言中都用两个词把"法"和"法律"分别加以表达。比如拉丁文的 jus 和 lex,法文中的 droit 和 loi,德文中的 Recht 和 Gesetz,意大利语中的 diritto 和 legge,西班牙语中的 derecho 和 ley,等等。

西方的"法"除有"法"的含义外,还兼有"权利""公平""正义"或"规律""法则"等内涵;"法律"主要被理解为人们依主观意志和认识而制定和颁布的具体行为规则。

在西方法文化传统中,人们将"法"与"法律"明确区分开来。法是指永恒的、普遍有效的正义原则和道德公理,而法律则指由国家机关制定和颁布的具体的法律规则,法律是法的真实或虚假的表现形式。

【法学小知识】

忒弥斯(Themis)的宝物

在古希腊神话里,主持正义和秩序的女神是忒弥斯。按照《神统记》(Theogony)的记载,忒弥斯的形象通常是一身披白袍、头戴金冠,左手提一秤,右手举一剑,倚束棒的蒙眼女神。束棒缠一条蛇,脚下坐一只狗,案头放权杖一支、书籍若干及骷髅一个。按照欧洲像章学的解释,白袍,象征道德无瑕,刚直不阿;蒙眼,因为司法纯靠理智,不靠误人的感官印象;王冠,因为正义尊贵无比,荣耀第一;秤,比喻裁量公平,在正义面前人人皆得所值,不多不少;剑,表示制裁严厉,决不姑息;束棒,原是古罗马最高执法官的标志,是权威与刑罚的化身;蛇与狗,分别代表仇恨与友情,两者都不许影响裁判。

忒弥斯形象中最大的特点莫过于那块脸上的蒙眼布了。"程序是正义的蒙眼布。"忒弥斯双眼蒙住,表示公正无私,不徇私情,不管面前是什么人她都会一视同仁。她左手高举天秤,象征着绝对的公平与正义,用来度量世间一切不公之事。右手持诛邪剑,放在身后,象征诛杀世间一切邪恶之人、惩恶扬善。前秤后剑,表示她虽主张正义,但却不提倡不必要的杀戮,也寓指任何人不能假借正义之名,对他人无端杀戮。

3. 我国当代的"法"与"法律"

在我国,法有广狭两层含义。广义的"法"是指法的整体,是指一个国家全部的法,包括宪法、法律、行政法规、地方性法规、行政规章等规范性文件。狭义的"法"则专指拥有立法权的国家机关依照立法程序制定的规范性文件,即全国人大及其常委会制定的基本法律以及基本法律以外的法律。为了区别,学者们有时把广义的"法"称为法,把狭义的"法"称为法律,但在大多数场合,"法"和

"法律"都是通用的。

那究竟什么是我们所讲的法律呢？法律是体现统治阶级共同意志，由国家制定或认可，并由国家强制力保证实施的特殊行为规范。

二、法律是规则

"没有规矩，不成方圆"。社会就是通过多种行为规则来规范人们的行为，从而达到公正、有序状态的。在现实生活中，存在着许多行为规则，大致可分为两类，一为技术规则，一为社会规则。前者调整人与自然之间的关系，后者调整人与人之间的关系。法律与习俗、道德、宗教、社团规章一样，同属于社会规范的范畴。但法律与其他社会规范相比，又有其特殊性。

1. 调整人的行为

人的行为是法律的直接调整对象。法律与其他社会规范一样，都是针对社会关系进行调整和控制的，但法律在调整社会关系时，总是以人的行为为中介的。它通过对人们行为提出规范化的要求，进而实现调整社会关系的目的。以我国《婚姻法》为例，男人年满22周岁，女人年满20周岁的，可以结婚；直系血亲和三代以内的旁系血亲，禁止结婚；未到法定婚龄而结婚的，婚姻无效；有配偶又与他人同居的，是违法行为……《婚姻法》正是通过对人们婚姻行为的规范，才建立了符合我国国情的婚姻关系和家庭秩序。

古罗马有句法律谚语：任何人不因思想受处罚。法律是行为规范，而不是思想规范，已成为现代法治国家的一个共同理念。作为调整人们行为的社会规范，法律仅仅调整人的外在行为，而不约束人的内在思想、情感和良知。例如，《婚姻法》可以禁止有配偶又与他人同居的行为，也可以惩罚重婚行为，但它不能强制人们内心爱自己的配偶。法不是通过对人们思想的调整来调控社会关系的，这是法律与其他社会规范的重要区别。

【案例研究】

申克是因思想而获罪的吗

案件发生在1919年的第一次世界大战期间，当时美国与德国正陷于交战状态。该案的起因是美国社会主义党反对战争和征兵。申克是美国社会主义党的秘书长，参加了向等待应征入伍的人散发传单的活动，传单的标题为"维护你的权利",号召人们"加入到社会主义党废除征兵法的运动中来","在向国会要求废除征兵法的请愿书上签名,帮助我们清除掉宪法上的污渍!"申克和另一位社会主义党官员因为准备并散发这些传单而受到三项指控。初审法院认定申克有罪,申克被判6个月监禁。①

申克案引起了人们广泛的争议:有人认为申克是因反战的主张和思想而获罪,有人认为他散发传单的行为违反了《反间谍法》。你认为申克是因何获罪的?

当然,法律通过约束和调整人们的行为,还是可以影响人们的思想和观念的,尽管这个过程会漫长些。例如,计划生育的规定,有关男女双方可以约定婚前、婚后财产分配方式的规定,就对我国的婚姻家庭观念产生了重大的冲击和影响。

2. 以权利和义务为内容

作为一种特殊的社会规范,法律是以规定人们的权利和义务为主要内容的。法律通过对人们权利和义务的配置来分配利益,影响人们的动机和行为,进而影响社会关系。

权利和义务是相对应的范畴。在社会生活中,有什么样的权利,就有什么样的义务;有什么样的义务,就有什么样的权利。没有无义务的权利,也没有无权利的义务。一般来说,凡是法律规定人们可以做的行为,就是授予人们进行某种行为的权利;凡是法律规定人们应该做的或禁止做的行为,就是人们应该承担的法律上的义务。

【案例研究】

刘伟与刘梅教育费案

2000年3月,刘伟与张秀珍离婚,女儿刘梅被判给母亲抚养。初中毕业时,刘梅考上了某铁路卫生学校,因筹不到学费而放弃上学。刘伟得知此事后十分惋惜:"今后她要考上大学,告诉她来找我!"

2009年9月,刘梅考上大学(23周岁),此时的刘伟只靠出租唯一的房产来维持生计。当刘梅来到父亲家时(已再婚生子),刘伟将家中仅有的2300元钱交给了她。

---

① 查尔斯·T.申克诉美利坚合众国案,249 U.S. 47(1919)。

2009年10月13日,刘梅将刘伟告上法庭,以其母无经济来源为由,要求刘伟支付自己上大学期间的教育、生活费用共计3万元。12月10日,某市人民法院判决刘伟给付刘梅教育费1.5万元。①

你认为刘伟应当支付刘梅教育费吗?

建设银行能开除姚丽吗

1999年7月9日,中国建设银行大庆分行景园储蓄所遭到两名歹徒抢劫。女营业员姚丽暗中按下了报警器,但警讯未能发出;在另一名女营业员假装找钥匙以拖延时间时,姚丽再按下报警铃,报警铃仍然失效。结果,歹徒从姚丽的钱箱抢走了13568.46元现金,从另一名女营业员的钱箱抢走了30190元现金。接着,歹徒又威胁姚丽打开保险柜,但被姚丽瞒过,柜中的20万元现金未受劫难。歹徒逃离现场后,姚丽立即向"110"报警。翌日,姚丽从家里取出了1.3万元交还储蓄所,以弥补单位的损失。1999年8月,中国建设银行大庆分行对姚丽作出如下处分,决定给予行政开除公职,开除党籍。

在本案中,银行与姚丽之间是一种劳动关系。银行的权利是通过从业人员的工作维持机构的正常运转,工作人员的义务是履行自己的职责,银行享受机构正常运转权利的同时,要承担提供员工正常工作条件的义务。抢劫行为发生时,报警装置的失效是银行履行义务的瑕疵,姚丽的义务仅限于报警或力所能及的抵抗,根据权利义务一致性的要求,银行将承担损失的义务转嫁给姚丽显然是不恰当的。②

立法者正是通过赋予权利和设定义务的方式,为人们的行为确立了统一的标准和模式。通过这种制度设计,法律明确告诉人们可以做什么,应该做什么,必须做什么,不该做什么,为人们提供基本的行为模式和行为标准,从而影响人们的行为动机,指引人们的行为,构建有利于统治阶级的社会关系和社会秩序。

法律的这一特点也使它与习俗、道德、宗教、社团规章相区别。习惯是人们在长期劳动和生活过程中自发形成的、世代沿袭的行为模式,无所谓权利和义务;道德或宗教一般只规定人对人或人对神的义务,不包含权利的内容;虽然社团规章对权利和义务都有涉及,但并不是它的主要内容。法律则通过权利和义

---

① (2000)海中法民终字第203号(海南省海口市中级人民法院民事判决书)。
② 钟鹭:《姚丽:抢劫事件不是我的污点》,载《北京青年报》2000年11月12日。

务的双向规定,为人们提供了比道德和宗教更为广泛的选择自由和机会,更有利于发挥人们的积极性、创造性和主动性。

3. 可以反复适用

法律作为一种行为规则,并非针对某个人制定的,它具有普遍适用性。一是不针对具体的人。在一定区域内所有的人都应当遵守法律的规则,绝不允许任何人和组织凌驾于法律之上,游离于法律之外;二是在相同条件下可以反复适用。法这种规则不是一次性"用品",只要符合其条件,它就能周而复始地发挥作用。例如,我国《婚姻法》对结婚年龄的规定,并不是为张三、李四或者某个具体的个人量身订制的,而是根据我国国情所作的一般性规定。在中华人民共和国领域内,任何人结婚都必须符合法定的婚龄,即"男人年满22周岁,女人年满20周岁"。只要我国《婚姻法》不修改,结婚年龄的条款就将长期、反复起作用。而判决书、委任状就不相同,它们虽然也有适用性,也确定了一定的权利义务关系,但没有人会说它们是"法律"。究其原因,它们只是针对特定的、具体的人定制的,对其他人没有价值,也不会产生什么影响,不具有普遍适用性,且适用一次后其功能就丧失了,故不能称之为"法律"。

4. 由国家强制力保障

任何一种社会规范都有强制性,都有保证其实施的社会力量。从这个角度讲,法律与其他社会规范的差异不在于是否有强制力,而在于有什么样的强制力,强制的性质、程度、方式有什么不同。

从实施方式上看,习惯是通过传统力量来保证实施,道德规范是通过良心的内在谴责和舆论的外在压力来保证实施,社团规章是通过组织的资源分配以及一定程度的奖惩来保证实施,而法律是由国家强制力来保证实施的。正是由于有了国家强制力的保障,法律才成为人们必须共同遵守的行为规则。

国家强制力是指有组织的、合法的国家暴力,主要包括军队、宪兵、警察、监狱、法官、检察官等。它既表现为对违法行为的否定和制裁,也表现为对合法行为的肯定与保护。不论个人的主观愿望如何,只要违背法的规定,就会引起国家的干预,遭受不同程度的制裁:罚款、没收、罚金、判刑、直至剥夺生命。但是,我们应当注意,法律虽然是以国家强制力作后盾,但国家强制力绝不可滥用。

(1) 国家强制力不等于暴力。国家强制力是一种合法"暴力",而这种暴力的行使,必须以合法为前提。法律的实施虽然是强制进行的,但它必须是由专门机关依照法定程序执行的。只有这样,才能最大限度地克服人们在法律活动中的主观随意性和情感性,保证和体现法律的客观性与公正性。

（2）国家强制力是一种威慑力。当人们自觉遵守法律时，国家强制力并不为人感知，基本不起作用。只有当人们违法时，它才会显现出来。在法律的实施过程中，它常常是备而不用，是发挥效力的最后一道防线。

（3）国家强制力不是唯一保障。法律的实施离不开国家强制力的保驾护航，但法律的实施主要还是依靠人们的自觉履行，而且道德、人性、经济、文化、舆论等因素也起着重要的作用。

三、谁创造了法律

法律不是从来就有的，也不会永远存在下去，它是人类社会发展到一定历史阶段才出现的社会现象。法律是随着生产力的发展，社会经济的进步，私有制、阶级、国家的出现而产生的，经历了一个漫长的历史演化过程。

1. 原始社会的习惯

人类在进入国家时代之前，曾经有过漫长的没有国家和法的时代，这就是原始社会。在原始社会，氏族是最基本的组织、生产和消费单位。在氏族组织中，以血缘关系为基础，以特定的图腾动物为标志，氏族成员集体生产、共同消费、平均分配，没有私有制，没有富人和穷人，没有剥削和被剥削，没有阶级和国家，也没有法律。

原始社会虽然没有法律，但社会秩序并非一片混乱。习惯成为维系氏族组织的主要规范，对原始社会的社会管理和社会秩序发挥着主导作用。对此，恩格斯作了这样的描述：在氏族制度下，"没有大兵、宪兵和警察，没有贵族、国王、总督、地方官和法官，没有监狱，没有诉讼，而一切都是有条有理的"。"一切问题，都由当事人自己解决，在大多数情况下，历来的习俗就把一切调整好了。"[①] 这些习惯（如氏族成员间互相扶助、共同防御自然灾害、抵御外族侵扰和实行血亲复仇等）是人们在长期的共同生产和生活中逐渐形成的并世代相传，它依靠人们内心的信念、氏族首领的威信以及社会的舆论来维持，而不需要特殊的强制手段保证实施。

2. 阶级社会的产物

氏族制度虽然是一种十分"美妙"的制度，但其本身存在着难以克服的局限

[①] 恩格斯：《家庭私有制和国家的起源》，载《马克思恩格斯选集》（第4卷），人民出版社1995年版，第95页。

性,它注定是要灭亡的。随着生产力的发展和社会经济关系的变化,出现了生产资料私有制和阶级划分,氏族制度的缺陷越来越明显,原始社会的习惯也逐渐显得软弱无力,它们已无法适应社会发展的要求,这就需要有新的制度来代替氏族制度,以新的社会规范来调整人与人之间的关系,于是国家和法律应运而生。

法律的产生是人类社会历史上一个重大事件,是人类从蒙昧无知到心灵觉醒、从社会生活的动物形态到日益文明的规范形态演进的历史。世界各国法律的产生虽有各自经济、政治、文化、形式的不同,但仍有共同的特征和规律性,即:法律是人类社会发展到一定历史阶段的产物;法律是在私有制和阶级逐渐形成的社会背景下,与国家组织相伴而发展和确立起来的;法律的产生经历了一个从自发到自觉、由个别到一般的发展过程;法律的产生经过了从习惯到习惯法、再由习惯法到成文法的发展过程;法律的产生不可避免地受到习惯、宗教、道德规范的影响。

随着社会形态由低级向高级、由简单到复杂的发展与演进,法律也呈现出从低级到高级的更替趋势。与人类社会的历史形态相一致,法律的发展史上也相应产生过四种历史类型的法律,即奴隶制、封建制、资本主义和社会主义的法律。前三种类型的法律都建立在私有制经济关系之上,分别体现奴隶主、封建地主和资产阶级的国家意志,维护少数剥削者的利益,是剥削阶级类型的法律。社会主义法律建立在公有制为主的经济关系之上,体现和维护工人阶级及其领导下的广大人民的意志和利益,与剥削阶级类型的法有着本质区别,是最高历史类型的法律。

3. 法律的制定和认可

制定和认可是国家创制法律的两种途径。

(1) 法律的制定。法律的制定是指享有立法权的国家机关按照法定职权和程序,创造新的法律规范,修改或废止现有法律规范的活动。它既可以使没有的法律得以产生,也能够让现存的法律被修改或废止。通过这种方式产生的法律,称为制定法或成文法。

法律的制定是国家的专有活动。根据我国《立法法》的规定,这种专有表现为主体、内容和程序的特定性,即只能由立法机关在各自职权范围内按照法定的程序严格进行,任何人不得随意进行,包括有权机关。例如,我国《立法法》第7条第1款规定:"全国人民代表大会和全国人民代表大会常务委员会行使国家立法权。"第4条规定:"立法应当依照法定的权限和程序,从国家整体利益出发,维护社会主义法制的统一和尊严。"

我国是成文法国家,法律大多是通过制定产生的。截至 2011 年 3 月,全国人大及其常委会制定现行有效法律239件(包括现行《宪法》),国务院制定行政法规690多件,地方人大及其常委会制定地方性法规8600多件,在根本上实现了从无法可依到有法可依的历史性转变,中国特色社会主义法律体系已经形成。

(2)法律的认可。法律的认可是指依法享有立法权的国家机关依照法定职权和程序,赋予社会上已经存在的某种行为规范以法律效力的活动。通过这种方式产生的法律,称为不成文法。

法律的认可是法创制的特殊形式,是将已经存在的非法律规则转化为法律规则的过程。这些规则在被认可前可能是习惯、道德准则,也可能宗教教规、社团规章,虽然都在一定范围内发生作用,也可能得到了大多数人的认同,但还不是法律。只有在得到有权机关认可后,才具有法律效力,才能称为法律。

考察法律的创制实践,国家认可法律主要有以下情况:一是赋予某些既存的社会规范以法律效力,这是最常见的一种认可形式。司法机关在审判活动中,遇到没有相应法律规定的情况下,往往会依据社会风俗习惯、一般道德规范、宗教教规、社团规则等来作为判案的依据,实际上就是认可了这些社会规范为法。二是赋予国际法规范以法律的效力。通过承认或加入国际条约等方式,赋予国际法规范以域内效力。例如,1984年11月14日,第六届全国人大常委会第八次会议决定我国加入《保护知识产权巴黎公约》,该公约的有关内容(如优先权)即被赋予我国法的效力。三是赋予先前判决所确认的规范以法律的效力。这种情况存在于英国、美国等实行判例法制度的国家。在判例法国家,"遵循前例"是一项重要的司法原则。他们通过对特定判例的分析,从中概括出一定的规则或原则,并把这些规则或原则当作以后处理类似案件的根据,从而事实上赋予它们以法的效力。

四、法律为谁服务

1. 统治阶级意志的体现

(1)法律是意志的体现和反映。法律是人类有意识、有目的活动的产物,是人的意志的结果,而非其他。不论反映、体现的意志是一个人的,集团的,阶层的,阶级的,或全体人民的,也不论其内容如何,形式如何,法律总是人的意志的产物,与人的意志息息相关。因此,法律带有很强的意志性色彩。

意志是指为达到某种目的而产生的自觉心理状态和过程,是支配他人的思想和行为的精神力量。人的一切行为、活动都与意志有关,不可分离。法律作为人的行为及其产物同样与意志不可分离,是意志的反映和体现。但是,意志本身还不是法律,只有经过规范化、制度化,具体体现为国家权力机关所制定的法律、法规等规范性法律文件时,才是法律。因此,法律是意志的反映,意志的结果,意志的产物。

(2)法律是统治阶级意志的体现和反映。法律具有意志的属性,这是无可争议的。但法律究竟体现和反映谁的意志呢?考察法律产生和发展的历史,法律的意志不过是统治阶级意志的体现和反映。在阶级社会里,国家政权是由统治阶级掌控的,因此,法律首先和主要体现为统治阶级的意志。不同时代和国家的统治者,都十分重视把本阶级的意志上升为法律,用以建立、维护和发展有利于自己的社会关系和社会秩序,维护对自己有利的经济、政治和其他各项制度。

法律体现的统治阶级意志,并不是统治者的个人意志,也不是统治阶级内部个人意志的简单组合,更不是统治者的任性和随意,而是指统治阶级的共同意志。它是在统治阶级整体利益一致的基础上,由各个成员意志相互作用产生的,对每个成员的意志都有所吸收又有所舍弃。否则,法律就会变成个别人的家法或少数人的帮规。

统治阶级的意志是多方面的,能够成为法律的统治阶级意志,并不是统治阶级意志的全部,而是经过国家中介而上升为国家意志的那部分意志。只有经过法定程序的确定、认可、处理的那一部分意志,才能上升为法律。法律只不过是统治阶级根据共同意志而以国家名义制定、认可的,并通过国家力量强加于全社会,要求全体国民一体遵守的行为规则。

法律虽然是统治阶级意志的体现,但应特别注意两个问题。一是法律体现统治阶级意志,并不意味着法律可以完全不顾及被统治阶级的意志,可以将被统治阶级的愿望置之度外,对被统治阶级的呼声充耳不闻。例如,在资本主义国家,也有有关最低工资、失业救济、劳动时间、罢工自由等方面的规定。这可以看做是一种让步,但这种让步不是根本利益上的退让,目的是为了保护统治阶级更大、更根本的利益,我们绝不能因此否认法的统治阶级意志属性。二是法体现统治阶级意志,并不意味着统治阶级的内部成员违法犯罪可以不承担责任。与被统治阶级一样,统治阶级的内部成员也是社会的一分子,在法律面前没有特权可言。如果放任违法,允许统治阶级的内部成员凌驾于法律之上,必将危及统治阶级的共同利益,动摇统治阶级的统治基础,因为堡垒是最容易从内部攻破的。实际上,对来自统治阶级内部成员违法犯罪行为的惩治和打击,一直是各国法关注的重点。

为了统治阶级的整体利益,美国弹劾了尼克松,法国审查了希拉克,以色列起诉了卡察夫,韩国公审了卢泰愚。① 据统计,自 1990 年以后,我国每年平均有 10 名左右的部级高官因贪污腐败"落马",仅 2013 年,就有 16 名省部级高官涉嫌严重违纪违法被查处。原黑龙江绥化市委书记马德就是其中的典型。

> 【案例研究】
>
> **卖官鬻爵的马德**
>
> 马德受贿卖官案被称为新中国成立以来查处的最大卖官案,牵涉原国土资源部部长田凤山、黑龙江省原政协主席韩桂芝等众多高官,整个绥化市所辖的一区三市六县中,有 50 多个单位的一把手,共 260 多名干部牵涉其中。马德曾历任黑龙江省海林县副县长、县长、县委书记,牡丹江市副市长,省电子工业局副局长,绥化行署专员,2000 年 2 月任绥化市委书记。在马德那里,小到乡镇党委书记、乡镇长,大到县委书记、县长,以及各市、县、区内局委办各部门的一二把手,每个位置都有其"价格"。法院一审认定马德受贿 17 起,其中 12 起"卖官",担任要职 6 年间共收受贿赂 603 余万元。2005 年 7 月 28 日,马德因犯受贿罪一审被北京市第二中级人民法院判处死刑,缓期 2 年执行。②

2. 由物质条件决定

法律是统治阶级意志的体现,但统治阶级意志是由什么决定的呢?法律属于上层建筑的范畴,总是由统治阶级所处社会的物质生活条件决定的。法律的发展历史告诉我们,统治阶级意志并不是凭空产生的,立法者也不能随心所欲地立法。海商法总是首先在沿海国家产生;计划生育法在人口稀少的国家会鼓励生育,在人口众多的国家则会限制生育;航空器发明前没有空间法律;互联网时代才可能出台网络管理法……

一定社会的物质生活条件,首先是作为利益表现出来的。法律作为社会的基本规范,必须确认人们的利益关系,协调人们的利益冲突,解决人们的利益纠纷。一般来说,在利益不分的状态没有立法的必要,只有在利益分化情况下,为利益的确认、协调、维护才可能产生立法的动因。因此,一定社会物质生活条件下人们的利益及其变化的需要是法律产生的最直接根源。

---

① 尼克松、希拉克、卡察夫、卢泰愚,均为所在国的前总统。
② (2005)二中刑初字第 432 号"马德受贿案刑事判决书"(北京市第二中级人民法院刑事判决书)。

在一定社会条件下,个人、集体、阶层对利益的认识和需求是不相同的,而且随着生产力的发展,社会文明的进步,人们认知能力的提高,对利益的认识和需求也是会发生变化的。因此,立法者在立法过程中,要权衡各方利益关系,兼顾眼前和长远利益,才能制定出好法、良法,才能得到社会其他阶层的认可,才能保障法律的适用性。

应当注意的是,法律虽然是由统治阶级所处社会的物质生活条件决定的,但它并不是消极地反映社会物质生活条件,也要对社会物质生活条件发生反作用。但不论发生怎样的反作用,它始终都是围绕着社会物质生活条件发生作用的。

3. 道德、宗教、文化的影响

除决定于社会物质生活条件外,法律还在相当大的程度上受制于其他一些因素,如历史传统、国家形式、道德、宗教、科技、政治观念、风俗习惯、国际环境等,都能对法律发生重大影响。正是受这些因素的影响,才有了各国法律制度的不尽相同,大陆法系和英美法系的差异,"一国两制"的共存,中国特色社会主义的法律体系。例如,我国《公司法》第19条规定:"在公司中,根据中国共产党章程的规定,设立中国共产党的组织,开展党的活动。公司应当为党组织的活动提供必要条件"。《反垄断法》第32条规定:"行政机关和法律、法规授权的具有管理公共事务职能的组织不得滥用行政权力,限定或者变相限定单位或者个人经营、购买、使用其指定的经营者提供的商品"。《婚姻法》第2条第3款规定:"实行计划生育"。在这些法律中,有关公司党组织的设立、行政垄断的规定以及计划生育的实施,就是由我国的基本国情决定的。

五、法律可有可无吗

事物的作用是事物存在的标志。凡是客观存在的事物,都是有作用的,只是作用的范围、内容、大小各不相同。法律的作用是指法律对人们的行为、社会生活和社会关系产生的影响。由于法律是统治阶级意志的体现,法律的作用实质上是统治阶级把自己的意志和态度,通过国家权力加以推行和实现。

法律是人类社会发展到一定历史阶段的产物。在不同的社会、不同的时代,它的作用的表现方式是不同的。在古代社会,法律依附于君权,是专制的工具,法律的作用方式主要表现为限制、禁止、约束、惩罚。在近代社会,法律的价值取向发生了变化,权利本位观念确立,法律的作用方式主要表现为引导、教育、管理,目的是保护人权、自由和平等,保障效益和秩序。

法律的作用是相当广泛的。依据不同的标准,可以分为不同的种类:一般作用和具体作用;整体作用和局部作用;直接作用和间接作用;预期作用和实际作用;积极作用和消极作用,等等。目前,主要是以法律作用于人的行为和社会关系的形式与内容间的区别标准,将法律的作用分为规范作用和社会作用。

1. 规范作用:规范人的行为

法律的规范作用是指法律作为行为规则,直接作用于人的行为产生的影响。它是一切法律所共有的,是法律的自有功能。它对人们意识的培养、观念的形成、价值的判断有着重大而深远的影响。那么,法律又是如何调整人的行为的呢?考察法律的作用机理,法律对人的行为的调整,主要是通过它的指引、评价、教育、预测、强制等作用来实现的。

(1)指引作用。法律的指引,是指法律所具有的,能够为人们的行为提供一个标准、模式,从而引导人们在其允许的范围内从事社会活动的功能。由于法律具有明确、公开、稳定、连续的特点,它可以通过权利义务的配置和违法后果的规定,告知人们如何行为,把人们的行为引入可控的、有利于社会稳定的社会秩序框架中。

违法后果的规定虽然是指引作用实现的重要方式,但指引的目的不是制裁违法和打击犯罪,而是为了防止违法犯罪行为的发生,引导人们妥善地处理社会关系,有序地开展社会活动。

(2)评价作用。法律的评价,是指法律所具有的,能够衡量、判断人们行为的法律意义的功能。行为合法,就会受到法律的支持与鼓励,不合法,就会受到法律的限制、禁止、制裁。通过评价,影响人们的价值观念和是非选择,从而达到指引人们行为的目的。如果不想受到法律的否定性评价,人们的行为就必须与法律的规范协调起来。

对人们行为的评价,法律并不是唯一标准,习俗、道德、纪律、宗教规范、社团规章都有评价的功能。与之相比,法律的评价具有普遍性、客观性、统一性、强制性的特点,既不能混为一谈,更不可相互取代。否则,就可能混淆合法与不合法、违法与不违法以及法律与习俗、道德、纪律等的界限,导致放纵违法或冤枉无辜。"彭宇案"之所以成为人们心中挥之不去的痛,就是法院用所谓社会"常理"取代法律评价带来的恶果。

【案例研究】

彭宇:"肇事"还是"救人"

2006年11月20日,一位徐姓老太在南京市水西门广场等83路公交车。人来人往中,徐老太被撞倒摔成骨折,经鉴定为8级伤残。徐老太指认彭宇为撞人者,将他告到法院,并索赔13万多元。

彭宇不仅表示无辜,还认为自己是见义勇为者。他说,当天早晨3辆公交车同时靠站,徐老太要去赶第三辆车,而自己从第二辆车的后门下来。"一下车,我就看到一位老太跌倒在地,赶忙去扶她了,不一会儿,另一位中年男子也看到了,也主动过来扶老太。老太不停地说谢谢,后来大家一起将她送到医院。"彭宇继续说,接下来,事情就来了个180度大转弯,徐老太及其家属一口就咬定自己是"肇事者"。

法院审理后认为:"事发地是人多的公交车站,视线较好,事发过程非常短暂,故撞倒原告的人不可能轻易逃脱。""从常理分析,彭宇是第一个下车,其与徐老太相撞的可能性较大。""如果彭宇是见义勇为,更符合实际的做法是抓住撞人者,而不仅仅是好心相扶。""根据社会情理,在徐老太的家属到来后,彭宇完全可以在言明事实的情形下,让其家人送其去医院,然后自行离开,但他并没有这样做,其行为与常理相悖。"

根据以上推理,法院认定徐老太系与彭宇相撞后受伤,而非彭宇所称的见义勇为,故判决彭宇承担40%责任,补偿徐老太45876元。[①]

谈谈你对法院判决的看法和社会影响。

(3) 预测作用。法律的预测,是指法律所具有的,人们可以根据法律对某种行为的肯定或否定评价,预先知晓自己行为的法律后果,从而决定自己行为取舍和方向的一种功能。在社会生活中,每个人的行为都可能对他人和社会产生影响,同时也可能受到他人行为的影响。在这种相互影响中,如果缺乏判断人们行为及其后果的规则,社会生活就会陷入一种无序状态。

作为调整人们行为的社会规范,法律可以减少人们行动的偶然性、盲目性,提高行动的成功率和实际效果。例如,《合同法》对有关合同订立、效力、履行、担保、变更与解除、违约责任的规定,为合同当事人的交易确立了依据。由于《合同法》的存在,当事人就可以对交易的障碍、风险、效力、责任、利益等作出合

---

① (2007)鼓民一初字第212号"彭宇案民事判决书"(南京市鼓楼区人民法院民事判决书)。

理预测,从而决定是否从事交易。总之,由于法律的预测作用,人们就可以根据法律的规范,对自己的行为作出合理安排和计划,用最小的代价和风险取得最大的利益和效果。

当然,法律的预测作用的发挥,必须建立在"良法"的基础上。如果是"恶法",甚或是"恶"的判决(法院的司法活动,在定分止争的同时,也会为人们的行为建立一个准则,提供一个判断的依据),都会导致截然相反的后果,贻害社会,祸国殃民。

(4)教育作用。法律的教育,是指法律所具有的,通过其规定和实施,影响人们的思想,培养和提高人们的法律意识,引导人们依法行为的功能。教育的目的是要使人们在不知不觉中达到对法律的认同,被法律同化,形成法律习惯,使人们对法律的遵守变为一种自觉自愿的行为。而要形成法律习惯,只有通过"影响人们的思想"才能够实现。

那么,法律如何才能影响人们的思想呢?一是采取多种形式宣传法律,向人们灌输有关法律的知识和实施情况,使法律深入人心;二是通过对违法行为的制裁和合法行为的保护,对人们的行为产生示范和促进作用,促使人们自觉服从法律,依法办事。法律的教育作用,对于提高公民的法律意识、权利意识、义务观念是不可或缺的。

(5)强制作用。法律的强制,是指法律所具有的,以国家强制力保障自己得以充分实现的功能。法律的强制主体是国家、个人、组织,国家是主动主体,个人和组织是被动主体;手段是国家强制力;内容是保障权利的享有和义务的履行;目的是确保法律的权威,维护社会正义和社会秩序。

为了保障法的强制作用,法律对强制的形式作出了明确的规定,如刑法中的管制、拘役、有期徒刑、无期徒刑、死刑;民法中的停止侵害、排除妨碍、消除危险、返还原物、恢复原状、修理、重作、更换、赔偿损失、支付违约金、消除影响、赔礼道歉、训诫、收缴进行非法活动的财产和非法所得、罚款;行政法中的警告、罚款、拘留、没收、停止营业,等等。

法律的强制作用,既表现为对违法行为的否定和制裁,也表现为国家对合法行为的肯定和保护,是法律的其他作用的重要保障。没有强制作用,法律的指引作用就会降低;评价作用就会失去意义;预测作用就会受到怀疑;教育作用的效果也会受到一定程度的影响。

同时,法律对人们行为的规范作用也对立法、执法和司法人员提出了严格的要求。要求我们的立法者科学立法,行政执法人员依法行政,法官、检察官公正裁判,努力营造出"有法可依,有法必依,违法必究,执法必严"的法制生态环境。否则,就会产生极其恶劣的社会影响和难以挽回的社会后果。

2. 社会作用:调节社会关系

法律的社会作用,是指法律作为社会关系的调节器对社会产生的影响。社会关系是人们在生产、工作、生活以及其他社会活动中所组成的相关关系,涉及政治、经济、思想、文化、道德、婚姻等方方面面,范围广泛,关系复杂。与法律的规范作用相比,法律的社会作用是一个更为重要和复杂的问题。在很多场合,人们讲到法律的作用时实际上说的是法律的社会作用。法律的社会作用主要涉及社会经济生活、政治生活、思想文化生活等方面。

(1) 法律的经济作用。经济制度对法律有基础作用,法律对经济制度也有反作用。这种反作用表现为:一是确认经济制度,将经济制度法律化。即通过设定权利和义务,鼓励、支持符合法定经济制度的行为,打击违反和破坏法定经济制度的行为。二是调整经济关系。经济关系是社会关系的重要组成部分。法律通过确认、保护、限制、禁止等方式,使经济关系上升为法律关系,保障正常经济秩序的实现。三是促进经济发展。各国法律都将一些重要的经济政策法律化,使其得到社会的普遍认可,并在经济发展遇到障碍时,为其化解矛盾,排除干扰,扫清障碍。

(2) 法律的政治作用。法律对于国家制度的作用,一是将国家制度记录在法律中,赋予其崇高地位;二是为国家机构的设立和运行提供根据。国家机构的设立应具有合法的性质,并将法律作为组织国家机构的根据。国家机构的运行也应当依照法律的规定进行,这是人民主权或人民当家做主的最基本要求。三是确立社会民主,为民主的实现提供制度保障。当民主受到威胁或遭到破坏时,为其提供强制性的保护措施,使破坏者受到应有的法律制裁。从历史上来看,一个国家基本的社会制度和政治制度都是由法律(宪法)加以确认,并借助于法律的力量加以维护。在现代政治文明建设中,法律以保障基本人权和约束公共权力为价值追求,为公共权力的获得、行使和运行确立基本的法律规则、程序,建立和维护宪政构架下的民主政治体制,同时保障公民的自由、权利不受公共权力的非法侵犯。

(3) 法律的文化作用。科技文化事业的进步,是一个社会发展的基础和条件。国家通过立法,为科技文化事业的进步指明方向、设置措施、提供保障。促进全体社会成员接受教育,不断提高人们的科学文化水平;要求并保证国家发展科学事业,普及科技知识,奖励科技发明创造,建立知识产权保护制度;鼓励发展医疗卫生事业,建立医疗监管体制,保障人民健康;确认并保证群众性的体育活动的开展,增强人民体质。近代以来,世界各国都重视教育、科学、文化领域的立法,以立法来保障人们的受教育权、思想自由、表达自由、科研自由,推进教育、科学、文化事业的发展。

日新月异的科技发展,正在深刻改变着我们的环境、生活和自身,它在造福人类的同时,也给我们提出许多法律难题,对传统的制度和法律理念提出了挑战,比如克隆人、安乐死、转基因食品等。植物人特丽的命运不仅牵动了美国人的心,甚至惊动了美国总统布什、美国国会、联邦最高法院,他们都直接或间接插手此案。特丽的生与死,也引发了美国历史上时间最长的关于生存权的争议。

【案例研究】

安乐死,你有权选择吗

1990 年,26 岁的特丽被医生确诊为"永久性植物人",并认定无任何康复可能。15 年来,她一直依靠人工进食管道维持生命。特丽的丈夫麦克尔说,特丽在事故发生前曾明确说过如果成为植物人就愿意安乐死,但特丽的父母和一些生命权保护团体激烈地反对结束特丽的生命。为此引发了长达 7 年的官司。

2001 年,佛罗里达州一家法院批准了麦克尔让特丽安乐死的申请,特丽身上的进食管首次被拔除。但两天后,另一家法院作出相反判决,特丽的进食管又被重新插上。2003 年,经法院裁决,特丽的进食管再次被拔掉。她的父母随即向佛罗里达州州长、布什总统的弟弟杰布·布什求援。6 天后,佛州通过了一项"特丽"法案,准许佛州州长在特定情况下干预法院的判决。杰布·布什立即签署了恢复特丽进食的命令。麦克尔不服,继续上诉至佛州最高法院。佛州最高法院 2004 年 9 月裁定,"特丽"法案违背行政、司法和立法"三权分立"的原则。2005 年 2 月 25 日,佛州最高法院作出判决,同意于 3 月 18 日拔去维持特丽生命的进食管,让她安乐死。特丽父母和布什州长向联邦最高法院提起上诉,但联邦最高法院拒绝受理此案。

2005 年 3 月 17 日,美国国会、美国高等法院、佛罗里达州议会又联合通过了一项特别法令,该法令决定在佛州地方法院执行裁定前,允许特丽父母再次上诉。3 月 21 日,美国众议院也以多数票通过紧急议案。随后,美国总统布什也签署了该议案,允许特丽的父母要求联邦法官延长女儿的生命,要求联邦法院重审此案。3 月 22 日,美国联邦最高法院的法官作出裁决,特丽的进食管终于被拔掉。3 月 31 日,在拔掉进食管 13 天后,特丽死亡,终年 41 岁。[①]

---

① 石志宏:《当"夏沃难题"接踵而至》,载《扬子晚报》2005 年 4 月 5 日。

（4）法律的公共事务作用。法律是社会的行为规则,必然要承担一定的社会公共事务的职能,并基于这一职能而发挥相应的作用。法律对社会公共事务的作用,在任何社会都是存在的,只有范围和程度的区别,没有有无的差异。一般来说,先进的法律在管理社会公共事务作用上,范围要广些,程度要强些。在环境与资源的开发和利用过程中,国家通过立法,建立大气污染防治、水污染防治、噪声控制、废物处置、农药以及有毒化学品管理的法律制度,建立土地、森林、草原、河流、能源、矿产等自然资源合理开发、利用与保护的法律制度,建立有关自然生态区保护、野生动植物保护、基因控制等法律制度,保护自然环境,维护生态正义,实现人与自然的和谐,促进可持续发展。

3. 法律并非无所不能

作为人们行为和社会关系的重要调节手段,法律的作用是不容置疑的。但法律也不是无所不能的,还存在一些固有的缺陷。因此,"法律虚无"和"法律万能"的观念都是不正确的。

法律的功能与作用存在着一定局限性:法律只是社会规范之一种,它的功能与作用也只能局限在自己的范围内。相对于社会生活的无限性,法律的功能与作用的范围有其不可避免的局限性。再完备的法律也无法将现实社会规范得详尽无遗。再加之法律必不可少的稳定性,法律就难以尽善尽美。

（1）适用范围的有限性。法律不是调整社会关系的唯一方法,并不能有效解决所有的社会问题。除法律外,习俗、道德、政策、纪律、规章、乡规民约、宗教教规也都在通过不同角度和渠道调整社会关系。事实上,有不少方面是不宜由法律来调控的,如在思想、认识、信仰、友情、爱情等方面,法律就没有太大的用武之地。

（2）规范本身的局限性。作为一种概括性、稳定性的规范,法律在运行过程中,常常暴露出滞后、僵化、遗漏、保守的缺陷。例如,法律不可能穷尽所有的社会现象,必然会出现规则真空,导致无法可依;法律不能朝令夕改,有可能落后于社会现实,依法裁决可能会出现不合理、不公正甚至荒唐的结果;法律对人们行为的约束,有可能转化为限制人们进行改革和创新的枷锁。

经过三十多年的发展,我国法制的各个方面都取得了显著的成效,社会主义的法律体系已经建成。但在司法实践中,我们经常面临无法可依的尴尬局面。郑雪梨就给我们的立法者、法官、法律专家出了个难题:死刑犯有生育权吗?

【案例研究】

生育权,死刑犯的奢望?

2001年5月29日,浙江省舟山市海口港城贸易有限公司职工罗锋因琐事与公司副总经理王莹(女)发生争执,并将王杀死。舟山市中级人民法院以故意杀人罪判处罗锋死刑。一审宣判后罗锋不服,向浙江省高级人民法院提出上诉。其间,罗锋的新婚妻子郑雪梨向法院提出了一个在传统司法实践看来似乎荒唐之极的请求:"请让我借助人工授精怀上爱人的孩子!"一审法院以无先例为由拒绝了郑雪梨的请求。此后,郑雪梨又向浙江省高级人民法院提出书面的申请,然又被拒绝。2002年1月18日上午,罗锋被执行死刑。

郑雪梨的申请被披露后,立即引起了社会各界的广泛关注,成为群众议论的焦点。你认为郑雪梨的请求应当得到支持吗?被判处死刑的罗锋还有生育权吗?

(3) 运作成本的高昂性。法律的运作成本包括立法、执法、诉讼成本等。以纠纷解决为例,法律的介入会产生两方面的诉讼成本:一是公共成本,即国家维持司法体系运转以及司法机关审理和执行案件的费用;二是私人成本,即当事人支付的诉讼费、律师费、诉讼所损耗的时间等。而且案件标的越大,案情越复杂,审理的时间越长,诉讼成本也就越高。据美国传媒报道,为应对各种司法调查,包括白水门事件、性丑闻案和弹劾案,克林顿总统及其夫人希拉里多年来欠下的律师费高达1100万美元。

(4) 解纷方式的繁琐性。在纠纷解决上,法律虽然是一种最正式、最权威的解决纠纷的机制,但同时也是一种最繁琐、最复杂的解决纠纷的机制。以民事第一审普通程序为例,包括起诉和受理,审理前的准备(送达起诉状、答辩状、受理案件通知书、应诉通知书、告知合议庭组成人员等)开庭审理,判决和裁定诸多程序,解纷时间可长达6个月或1年。

(5) 作用发挥的依赖性。"徒法不足以自行"。作为国家制定或认可的社会规范体系,法律的施行必须借助相关的条件。一是机构体制,即有权威的立法机关、依法行政的行政机关、独立的司法机关;二是法律体系,即要有部门齐全、结构严谨、内部和谐、体例科学的法律制度;三是法律职业群体,即有良好法律素质和职业道德的法律职业群体;四是法律文化氛围,包括对法律的尊重、认同和信仰,民主观念,宪政意识,权利和义务观念等;五是物质条件,良好的物质条件是正式法律运行的物质基础。法律的运行直接或间接受上述条件的影响或制约,而这些条件在任何一个国家都是不容易齐备的。

关 键 概 念

法律　法律的制定　法律的认可　规范作用　社会作用

思 考 题

1. 法律的特征有哪些?
2. 如何理解法律的统治阶级意志?
3. 法律是如何被创制的?
4. 法律的规范作用有哪些?
5. 法律的作用受到哪些因素的制约?

拓 展 阅 读

药家鑫撞人杀人案

2010年10月20日22时30分许,药家鑫驾驶陕A419NO号红色雪佛兰小轿车从西安外国语大学长安校区由南向北行驶返回西安市区,当行至西北大学西围墙外翰林南路时,将前方在非机动车道上骑电动车同方向行驶的被害人张妙撞倒。药家鑫下车查看,见张妙倒地呻吟,因担心张妙看到其车牌号后找麻烦,即拿出其背包中的一把尖刀,向张妙胸、腹、背等处连扎数刀,致张妙主动脉、上腔静脉破裂大出血当场死亡。杀人后,药家鑫驾车逃离,当行至翰林路郭南村口时,又将行人一对情侣撞伤,西安市公安局长安分局交警大队郭杜中队接报警后,将肇事车辆扣留待处理。同月22日,长安分局交警大队郭杜中队和郭杜派出所分别对药家鑫进行了询问,药家鑫否认杀害张妙之事。同月23日,药家鑫在其父母陪同下到公安机关投案,如实供述了杀人事实。2011年1月11日,西安市检察院以故意杀人罪对药家鑫提起公诉。

药家鑫一案,引起了社会各界的广泛关注。

药家鑫:杀人的原因是"怕撞到农村的人,特别难缠"。

师妹:"我要是他我也捅……怎么没想着受害人当时不要脸来着,记车牌?"

他人：药家鑫的校友、同学、邻居提交4份请愿书，请求法庭给他一个改过自新的机会。

学者：中国公安大学教授在央视《新闻1+1》评论案件时说，"由于平时情绪不好时会用手指砸钢琴键盘来发泄，药家鑫连扎受害人八刀，是他的一个习惯性机械动作"……将药家鑫的残忍行为解释成他过去砸琴行为的一种替代，继而被概括为"钢琴杀人说"而饱受社会抨击。

媒体：在审理现场，药家鑫痛哭流涕，突然跪地。这一镜头通过央视为全国人民所知，引起人们对媒体的不信任。

律师：药家鑫是一念之差，属于激情杀人。他的成长道路没有污点，学习优秀、得过各种奖励(13份奖励)。

法院：向500名旁听人员征求量刑意见，其中400人是大学生，村民和受害人亲属才25人，引起受害人家属的不满。

2011年4月22日，西安市中级人民法院一审宣判：药家鑫在发生交通事故后，因担心被害人张妙看见其车牌号以后找其麻烦，遂产生杀人灭口之恶念，用随身携带的尖刀在被害人胸、腹、背等部位连刺数刀，将张妙杀死，其行为已构成故意杀人罪，依法判处其死刑，剥夺政治权利终身，并处赔偿被害人家属经济损失45498.5元。药家鑫不服，以其罪行并非极其严重，系初犯、偶犯，且有自首情节，应依法从轻处罚为由提出上诉。5月20日，陕西省高级人民法院对药家鑫案二审维持一审死刑判决，并依法报请最高人民法院核准。6月7日上午，药家鑫被执行死刑。①

根据以上材料，请从情理法等方面谈谈你对本案的认识。

---

① (2011)西刑一初字第68号"约家鑫故意杀人案一审判决书"(陕西省西安市中级人民法院刑事判决书)。

第二讲 法律的形式

本讲导读

法律体系包括了一个国家全部的法律。我国法律的体系由宪法及宪法相关法、民商法、行政法、经济法、社会法、刑法、诉讼与非诉讼程序法等七个法律部门组成,宪法、法律、行政法规、行政规章、地方性法规和规章、国际条约是它们的表现形式。法律的效力范围包括时间效力、空间效力和对人对事的效力。从效力大小来看,宪法具有最高的法律效力,法律、行政法规、地方性法规都不得违背宪法;法律与法律发生冲突时,按上位法优于下位法、特殊法优于一般法、新法优于旧法、国际法优于国内法的原则来解决。

导入案例

2000年11月,南极星公司与电信呼叫公司签订了《互联网信息服务协议书》,经营国际IP电话业务。南极星公司负责接入澳大利亚客户,电信呼叫公司负责日常经营,设备维护,国内结算。

2003年12月23日,检察院根据最高人民法院《关于审理扰乱电信市场管理秩序案件具体应用法律若干问题的解释》的规定,以南极星公司董事长方德成为被告人提起公诉,要求追究其非法经营罪的刑事责任。2004年3月23日,方德成被判有期徒刑5年并处罚金130余万元。

从案情看,本案并不复杂,但其辩护人以质疑最高人民法院司法解释的效力为辩护意见,给当事人进行无罪辩护,引起法学理论和司法实务界的一片哗然。那么,最高人民法院的司法解释究竟能不能作为判案的依据呢?依法治国、依法办事、依法律权的"法律"是以什么形式表现出来的呢?它们又在什么时间、多大范围、对哪些人和事管用呢?如果法律与法律有了冲突又该怎么办呢?要弄清楚这些问题,必须了解我国法律的体系、形式与效力。①

在现代社会,随着法律在国家治理和社会服务中的作用越来越重要,国家制定的法律也越来越多。如前所述,以我国为例,截至2011年3月,全国人大及其常委会制定现行有效法律239件,国务院制定行政法规690多件,地方人大及其常委会制定地方性法规8600多件,组成了一个非常庞大的法律家族。而且随着时间的推移,这个家族还会不断添丁加口,持续壮大。这些家族成员,虽出自"名门",但创制的主体、背景、依据、时间各不相同。它们在指引人们行为、调节社会关系的同时,常常出现重复、交叉、矛盾、冲突,让人无所适从。"同案不同判"的现象,屡屡刺痛人们的神经,挑战法律的权威,损害法律的公信力。

为了给法律的制定、执行、实施、遵守、研究提供方便,有必要对法律进行梳理,给它们归个类、排个队、定个位,让不同层次、不同类型、不同职能的法律在一个系统里有序、高效运转。这样一来,每一部具体的法律就不再是单打独斗的"个体户",而是隶属于一个个有组织的法律部门,所有法律部门就构成一个国家完整的法律体系。

一、法律体系

法律体系是指一个国家的全部法律,按照一定的原则和标准,划分为若干法律门类,并由这些法律门类及其所包括法律形成的相互有机联系的统一整体。理解法律体系,要注意以下几点:

(1)法律体系是国内法律体系。它包括的法律是一个国家的国内法律,不包括外国法律和国际法。只要是有权机关制定的规范性文件,不论层次高低,不论性质如何,都应纳入法律的体系中来。因此,法律的体系囊括了一个国家全部的法律资源,展示的是一个国家法律的"家底"。

(2)法律体系是现行法律体系。它是由现在正在生效的法律组成的,体现的是一个国家法律的现实状况。现行的、有效的法律,才会被纳入法律体系中来。被废止的法律,已经制定尚未生效的法律,都不是它的组成部分。这与法系有很大的不同。法系由若干个国家具有共性的法律组成,构成法系的法律是跨

---

① 李磊、朱蔚然:《非法经营国际IP电话案:律师质疑司法解释》,载《21世纪经济报道》2004年5月15日。

历史时代的,不仅包括现行法律,还包括历史上的法律以及法律观念、法律文化,等等。

(3) 法律体系是部门法体系。法律体系的构成有两个环节,即规范性文件隶属于法律部门,法律部门组成法律体系。虽然规范性文件的制定主体、效力层次不相同,法律部门的调整对象和调整方法也不完全一致,但在法律体系这个大家族里,各法律部门并不是简单的分割或对立,而是相辅相成地构成了一个层次分明、结构严谨的整体。

研究法律体系,对于科学制定立法规划,统筹安排立法项目,正确适用法律解决纠纷,全面进行法律汇编和法典编纂,合理划分法律学科等都具有重要意义。

【法学小知识】

法律汇编和法典编纂

法律汇编是在不改变内容的前提下,将规范性文件按涉及问题的性质或发布的先后顺序予以排列并汇编成册,按一定的目的和标准整理归类的活动。

法典编纂是指对属于某一部门法律或某类法律的全部规范性文件加以整理、补充、修改,甚至在新的基础上,制定一新的系统化的法律的法律创制活动。

法律的体系是个历史的范畴,处于不断发展和完善之中。任何一个国家的法律,不论其表现形式如何,都有自己的体系。但每个国家的经济关系、历史传统、民族特点和文化发展水平不同,故不同国家法律的体系往往又具有各自的特点。我国法律的体系在性质、内容和作用等方面,都不同于西方国家。对外国法律体系中的法律,绝不能简单照搬照套,而是要有条件地借鉴和吸纳。

中国特色社会主义法律体系是一个立足中国国情和实际、适应改革开放和社会主义现代化建设需要、集中体现党和人民意志的法律体系。它的基本标志为:法律的门类齐全;法律规范齐备;不同法律门类之间、不同法律规范之间、不同层次法律规范之间,逻辑严谨、结构合理、和谐统一、价值公正。

为了建立中国特色社会主义法律体系,我国提出了分三个阶段构建的立法进程,即九届全国人大的"初步形成",十届全国人大的"基本形成"和2010年的"形成"。经过十几年的建设,到2010年,我国已建成以宪法为核心,以法律为主干,包括行政法规、地方性法规等规范性文件在内的,由多个法律部门、不同层次法律规范构成的中国特色社会主义法律体系。国家经济、政治、文化、社会生活的各个方面都做到有法可依,这为依法治国、建设社会主义法治国家、实现国家长治久安提供了有力的法制保障。

二、法律部门

法律部门是法律体系的基本组成部分,它是根据一定的标准和原则,按照法律规范的不同性质、调整社会关系的不同领域和不同方法所划分的同类法律规范的总称。一般情况下,法律部门的形成以一部法典式的规范性文件为标志。

法律部门不是由人们的主观意志决定的,划分的标准是法律所调整的社会关系和调整方法。除此之外,我国法律部门的划分还考虑了以下原则:一是要有助于人们了解和掌握本国全部现行法律;二是要考虑不同社会关系领域的广泛程度和相应法规的多少;三是不应过宽或过细,应适当保持平衡。

按照以上标准和原则,中国特色社会主义法律体系可划分为七个主要法律部门,即宪法及宪法相关法、民商法、行政法、经济法、社会法、刑法、诉讼与非诉讼程序法。这种划分,能够比较清楚地反映各类法律规范所调整的对象和方法。既易于把各个法律部门区分开,又使各个法律部门之间的关系合乎逻辑,并且符合我国现有法律和将要制定的法律的状况。当然,法律部门的划分也并不是固定不变的。随着新的社会关系的产生、发展以及调整这些关系的法律制定、完善,也会产生新的法律部门。

1. 宪法及宪法相关法

在我国法律体系中,宪法是根本大法,是国家活动的总章程。宪法及宪法相关法是我国法律体系的主导部门,是我国社会制度、经济制度、国家制度、公民基本权利和义务、国家机关组织与活动原则的法律规范的总和。它规定国家和社会生活的根本问题,不仅反映了我国法律的本质,而且确立了各项法律的基本原则。

在我国宪法及宪法相关法这一法律部门中,现行的主要法律规范就是1982年通过的《宪法》以及四次修宪通过的修正案。此外,还包括以下几方面的法律:一是有关国家机构的产生、组织、职权和基本工作制度的法律。例如,《全国人民代表大会组织法》《全国人民代表大会和地方各级人民代表大会选举法》等。二是有关民族区域自治制度、特别行政区制度、基层群众自治制度的法律。例如,《民族区域自治法》《香港特别行政区基本法》《澳门特别行政区基本法》等。三是有关维护国家主权、领土完整和国家安全的法律。例如,《集会游行示威法》《反分裂国家法》等。四是有关保障公民基本政治权利的法律。例如,《国籍法》《居民身份证法》《护照法》等。

2. 民商法

民商法是规范民事、商事活动的法律规范的总和,所调整的是自然人、法人和其他组织之间以平等地位而发生的各种法律关系,可以称为横向关系。我国采取的是民商合一的立法模式。

民法是一个传统的法律门类。它是调整作为平等主体的公民之间、法人之间、公民和法人之间的财产关系和人身关系的法律。财产关系是人们在占有、使用和分配物质财富过程中所发生的社会关系。民法并非调整所有的财产关系,而只是调整平等主体之间发生的财产关系,如所有权关系、债权关系等。民法的调整原则主要是自愿、平等、等价、有偿、公平、诚实信用等。

商法是民法中的一个特殊部分,是在民法基本原则的基础上适应现代商事活动的需要逐渐发展起来的。商法是调整公民、法人之间的商事关系和商事行为的法律规范的总和,主要包括公司、破产、证券、期货、信托、保险、票据、海商等方面的法律。

3. 行政法

行政法是规范行政管理活动的法律规范的总和,包括有关行政管理主体、行政行为、行政程序、行政监督以及国家公务员制度等方面的法律规范。行政法涉及的范围很广,主要包括国防、外交、人事、民政、公安、国家安全、民族、宗教、侨务、教育、科技、文卫、城建、环保等行政管理方面的法律。

行政法调整的是行政机关与行政相对人(公民、法人和其他组织)之间因行政管理活动而发生的法律关系,可以称为纵向关系。在这种管理与被管理的纵向法律关系中,行政机关与行政相对人的地位是不平等的,行政行为由行政机关单方面依法作出,不需要双方平等协商。因此,为了正确处理二者关系,保持行政权力与行政相对人合法权利的平衡,行政法的基本原则是职权法定、程序法定、公正公开、有效监督。

在一般行政管理方面,我国已制定了《行政处罚法》《行政复议法》《行政许可法》《行政强制法》《国家公务员法》等。在具体行政管理方面,同样制定了一系列法律规范,如《国防法》《国家安全法》《治安管理处罚法》《人口与计划生育法》《教育法》《律师法》《环境保护法》等。

4. 经济法

经济法是调整国家从社会整体利益出发对市场经济活动实行干预、管理、调控所产生的法律关系的法律规范的总和。它主要包括两个部分,一是维护市场秩序和市场竞争方面的法律,如《反垄断法》《反不正当竞争法》《产品质量法》《消费者权益保护法》《广告法》《招标投标法》等;二是有关宏观调控方面的法律,如《预算法》《价格法》《企业所得税法》《中国人民银行法》《审计法》《会计法》《统计法》《对外贸易法》等。

经济法是在国家干预市场活动过程中逐渐发展起来的一个法律门类。它与行政法、民商法的联系都很密切,在同一个经济法中往往包括两种不同性质的法律规范,既有调整纵向法律关系的,又有调整横向法律关系的,因而具有相对的独立性。

5. 社会法

社会法是规范劳动关系、社会保障、社会福利和特殊群体权益保障方面的法律关系的总和。它是在国家干预社会生活过程中逐渐发展起来的一个法律门类,所调整的是政府与社会之间、社会不同部分之间的法律关系。

这一法律部门主要包括有关用工制度和劳动合同方面的法律规范,有关职工参加企业管理、工作时间和劳动报酬方面的法律规范,有关劳动卫生和劳动安全的法律规范,有关劳动纪律和资历办法的法律规范,有关劳动保险和社会福利方面的法律规范,有关社会保障方面的法律规范,有关劳动争议处理的法律和特殊群体保护的法律规范等。目前,我国已经制定的社会法有《劳动法》《劳动合同法》《劳动仲裁法》《安全生产法》《工会法》《未成年人保护法》《老年人权益保障法》《妇女权益保障法》《残疾人保障法》等。

6. 刑法

刑法是规范犯罪和刑罚的法律规范的总和。它规定哪些行为构成犯罪,构成什么犯罪,又应当接受何种处罚。一切有关犯罪、刑事责任和刑罚的法律规范都可以归于刑法部门,包括刑法典、单行刑事法规以及非刑事法规中的刑事责任条款。刑法是一个传统的法律门类,在人类社会的发展进程中发挥着极其重要的作用。与其他法律门类相比,它具有两个显著特点:一是所调整的社会关系最广泛;二是强制性最严厉。

7. 诉讼与非诉讼程序法

诉讼法是有关各种诉讼活动的法律,它从诉讼程序方面保证实体法律的正确实施,保证实体权利、义务的实现。我国的诉讼制度分为刑事诉讼、民事诉讼、行政诉讼三种,主要的规范性文件为《刑事诉讼法》《民事诉讼法》和《行政诉讼法》。

非诉讼程序法是指行政程序法和仲裁程序法等非用于调整诉讼关系的程序法律规范的总称。解决纠纷,除通过诉讼制度"打官司"外,还可以通过复议、仲裁、调解等非诉讼的"便民"途径。主要的规范性文件有《仲裁法》《人民调解法》等。

三、法律的形式

法律的形式,也称法律的渊源,是法律存在的外部表现。它是在漫长的发展历程中逐步形成的。在不同的国家、不同的历史时期,法律的形式都不尽相同。任何国家的法律,都必须借助一定的表现形式才能存在。在我国,法律的形式主要有宪法、法律、行政法规、地方性法规、规章、国际条约等规范性文件。

1. 宪法

宪法规定了国家的根本制度和根本任务,是国家的根本大法。宪法具有最高的法律地位和法律效力,一切法律、法规都不得与宪法相抵触,否则无效。宪法是"母法",是其他法的立法依据或基础。

作为法律的表现形式,宪法有最严格的制定和修改程序。宪法的制定权属于议会,在我国属于最高权力机关——全国人民代表大会。宪法的修改,由全国人民代表大会常务委员会或者1/5以上的全国人民代表大会代表提议,并由全国人民代表大会以全体代表的2/3以上的多数通过。

【法学小知识】

共和国的宪政历程

毛泽东指出:"宪政是什么呢?就是民主的政治。世界上历来的宪政,不论是英国、法国、美国、或者是苏联,都是革命成功有了民主事实之后,颁布一个根本大法,去承认它,这就是宪法。"宪法是国家的根本大法,是治国安邦的总章程,是民主制度的法律化。而且,严格意义的宪法是与近代资产阶级民主制和法治同时产生;现代法治应与宪政同一含义。因此,可以说,宪法是民主与法治的集中、概括、联结部和统一体。法治是宪政之纲,民主是宪政之魂。在近现代社会,共和国首先是实行宪政的国家,正如卢梭所说:"凡是实行法治的国家,无论它的行政形式如何,我就称之为共和国。"而法治国的基本原则就是民主为本、法律至上、宪法至尊。然而世界各国所实行的宪政和法治在阶级基础、实际内容和实现过程上都迥然不同,其民主的性质和实现程度也有差别。

清末的"钦定宪法大纲"是中国制定宪法,走向宪政的开端,民国初年的《中华民国临时约法》是第一部有民主宪政特色的宪法,北洋军阀统治时期虽然出台过几部宪法,但都是挂宪政之名,行专制之实。国民党统治时期出台"五五宪章"也没有给中国人民带来民主宪政,1946年出台的"中华民国宪法"及1947年召开的"行宪国大",竟成为国民党在中国大陆统治总崩溃的一曲挽歌。新中国成立后通过的《中国人民政治协商会议共同纲领》是新中国宪政建设的奠基之作。随后颁布的"五四宪法"是对创建新中国和开展社会主义改造的法制总结。"文革"十年,是所谓"闹革命"的十年,宪政建设被终结。"文革"临近尾声之时通过的"七五宪法",成为"无产阶级专政下继续革命"的理论和实践的忠实记录,与民主宪政的要求南辕北辙。

"文革"终结,中国历史进入转折时期,"七八宪法"就是带着"文革"的痕迹来宣示和迎接伟大的新的历史时期的。之后的"八二宪法"才真正成为民主宪政建设的宣言。

2. 法律

法律是指全国人大及其常委会制定的规范性文件。在我国法律的形式中,法律的地位和效力仅次于宪法。

由于制定机关的不同,法律可分为两大类:一类为基本法律,即由全国人大制定和修改的刑事、民事、国家机构和其他方面的规范性文件,如《刑法》《物权法》《行政诉讼法》等;一类为基本法律以外的其他法律,即由全国人大常委会制定和修改的规范性文件,如《个人所得税法》《公司法》《商标法》等。

根据我国《立法法》的规定,下列事项只能制定法律:国家主权的事项;各级人民代表大会、人民政府、人民法院、人民检察院的产生、组织和职权;民族区域自治制度、特别行政区制度、基层群众自治制度;犯罪和刑罚;对公民政治权利的剥夺、限制人身自由的强制措施和处罚;对国有财产的征收;民事基本制度;基本经济制度以及财政、税收、海关、金融和外贸的基本制度;诉讼和仲裁制度等。

3. 行政法规

行政法规是指国家最高行政机关即国务院所制定的规范性文件,其法律地位和效力仅次于宪法和法律。根据法律规定,国务院可以就执行性、职权性、授权性事项作出规定:

(1) 执行性事项是为执行法律,对某些行政管理事项作出规定。一般在有关法律中作出明确规定,要求国务院制定实施细则等。例如,我国《个人所得税法》第14条规定,"国务院根据本法制定实施条例"。正是根据这一规定,国务院制定了《个人所得税法实施条例》。

（2）职权性事项是对我国《宪法》第 89 条规定的国务院职权范围内的事项，可以直接制定行政法规。如关于国家行政机关在行政管理活动中的职权、职责，国家行政机关在行政管理活动中同其他国家机关、社会组织、企业事业单位和公民之间的关系等，内容十分广泛。

（3）授权性事项是本应由全国人大及其常委会制定的法律，而全国人大及其常委会授权国务院先制定行政法规。但我国《立法法》明确规定，有关犯罪与刑罚、剥夺公民政治权利和限制人身自由的强制措施和处罚、司法制度等事项，不得授权国务院制定行政法规。

根据 2001 年 11 月国务院发布的《行政法规制定程序条例》规定，我国行政法规一般采用"条例""规定""办法"等名称。由于国务院职权范围的广泛性，行政法规的数量远远超过法律的数量。从效力上看，国务院制定的行政法规，不得与宪法和法律相抵触。因此，全国人大常委会有权撤销国务院制定的同宪法、法律相抵触的行政法规、决定和命令。

4. 行政规章

行政规章是由国务院组成部门及直属机构在各自职权范围内制定的规范性文件，属于执行法律或国务院行政法规、决定、命令的事项。行政规章的地位低于宪法、法律、行政法规，不得同它们相抵触。

5. 地方性法规

地方性法规是指地方国家权力机关依照法定权限，在不同宪法、法律和行政法规相抵触的前提下，制定和颁布的在本行政区域范围内实施的规范性文件。

根据我国《立法法》的规定，地方性法规的立法主体包括两大类：一是省、自治区和直辖市人大及其常委会；二是较大的市人大及其常委会。较大的市包括省、自治区的人民政府所在地的市、经济特区所在地的市和经国务院批准的较大的市。其中，经济特区所在地的市有深圳、珠海、汕头、厦门。经国务院批准的较大的市有 18 个，即唐山、大同、包头、大连、鞍山、抚顺、吉林、齐齐哈尔、无锡、淮南、青岛、洛阳、宁波、淄博、邯郸、本溪、徐州、苏州。

地方性法规可以就下列事项作出规定：为执行法律、行政法规的规定，需要根据本行政区域的实际情况作具体规定的事项；属于地方性事务需要制定地方性法规的事项。我国的地方性法规，一般采用"条例""规则""规定""办法"等名称。

地方性法规在不同宪法、法律、行政法规相抵触的前提下才有效。国家制定的法律或行政法规生效后,地方性法规同法律或行政法规相抵触的规定无效,制定机关应当及时予以修改或者废止。

6. 地方性规章

地方性规章是指由省、自治区、直辖市人民政府以及省、自治区人民政府所在地的市和经国务院批准的较大的市的人民政府依照法定程序制定的规范性文件。它可就下列事项作出规定:为执行法律、行政法规、地方性法规的规定,需要制定的事项;属于本行政区域的具体行政管理事项。规章在各自的权限范围内施行。

7. 自治法规

自治法规是民族区域自治地方,即自治区、自治州、自治县人民代表大会制定的与民族区域自治有关的规范性法律文件。根据规定,民族自治地方的人民代表大会除享有地方国家权力机关的权力外,还有权依照当地民族的政治、经济和文化的特点,制定自治条例和单行条例。截至2008年底,民族自治地方共制定了637件自治条例、单行条例及对有关法律的变通或补充规定。民族自治地方根据本地实际,对国家颁布的婚姻法、继承法、选举法、土地法、草原法等多项法律作出变通和补充规定。例如,《凉山彝族自治州自治条例》第78条规定:"自治机关尊重各民族的传统节日,鼓励开展有利于民族团结的节庆活动。每年公历10月1日是自治州成立纪念日,休假1天。每年农历6月24日是彝族传统节日'火把节',休假3天。每年公历11月20日是'彝族年',休假3天。"

民族自治法规只在本自治区域内有效。自治州、自治县的自治条例和单行条例,报省、自治区、直辖市的人民代表大会常务委员会批准后生效。自治条例和单行条例可以依照当地民族的特点,对法律和行政法规的规定作出变通规定,但不得违背法律或行政法规的基本原则,不得对宪法和民族区域自治法的规定以及其他有关法律、行政法规专门就民族自治地方所作的规定作出变通规定。

8. 特别行政区法

根据我国《宪法》的规定,国家在必要时可以设立特别行政区。在特别行政区内实行的制度按照具体情况由全国人民代表大会以法律规定。这是"一个国家、两种制度"的构想在宪法上的体现。特别行政区实行不同于全国其他地区的经济、政治、法律制度,即在若干年内保持原有制度和生活方式,因而在立法权限和法律形式上也有特殊性。全国人民代表大会已于1990年4月和1993年3月先后通过了《香港特别行政区基本法》和《澳门特别行政区基本法》。

9. 国际条约

国际条约是指我国作为国际法律主体同外国缔结的双边、多边协议和其他具有条约、协定性质的文件。条约生效后，根据"条约必须遵守"的国际惯例，对缔约国的国家机关、团体和公民具有法律上的约束力，因而国际条约也是我国法律的表现形式之一。

国际惯例是指以国际法院等各种国际裁决机构的判例所体现或确认的国际法律规则和国际交往中形成的共同遵守的不成文的习惯。国际惯例是国际条约的补充。

我国在国内法律中规定了国际条约和国际惯例的法律效力，如《民法通则》第142条第2、3款规定："中华人民共和国缔结或者参加的国际条约同中华人民共和国的民事法律有不同规定的，适用国际条约的规定，但中华人民共和国声明保留的条款除外。中华人民共和国法律和中华人民共和国缔结或者参加的国际条约没有规定的，可以适用国际惯例"。

10. 政策、习惯、判例

在每一个国家，除了法律的正式形式外，社会秩序的形成还往往依赖更多的更"民间"的、比较而言不很"正式"的社会规范。这些规范在法律的实施过程中，不仅对法律的遵守有相当的作用，而且对执法、司法活动也有一定的影响。

（1）政策。政策是国家或政党为完成一定时期的任务而规定的活动准则。根据我国《民法通则》第6条的规定，民事活动必须遵守法律，法律没有规定的，应当遵守国家政策。因此，政策就成为我国法律的形式。在我国经济社会转型时期，政策更有其特殊意义。

（2）习惯。习惯是指人们在长期的生产、生活中养成或约定所形成的一种行为规范。我国幅员辽阔，历史悠久。各地有许多良好的习惯和传统。各民族特别是少数民族的习惯与现行法律、法规和社会公共利益不相抵触的，经国家认可部分就是法律的正式形式，其他部分则可成为我国法律的非正式形式。司法实践中，运用习惯解决纠纷，往往能够产生很好的社会效果。

> **【案例研究】**
> **村规民约可以成为法律的补充**
>
> 2005年8月,锦屏县河口乡培尾村一杨姓村民在其自留山内砍伐了该村胡家一留禁在山内的寿用木,双方引发争议。后胡家以该禁用木系其祖辈留禁,要求杨某归还,并诉至法院。
>
> 法院查明,培尾村村规民约规定,禁留果木或寿用木在别人自留山内的,在山林三定和分户经营以前,经协商或其他形式已确定为私人留禁的树木,均属留禁户所有,任何人不得侵犯。还查明,胡家留禁的寿用木系其祖父在上世纪四五十年代所留,在"四固定"和"山林三定"之前。在锦屏县林区,"留禁寿用木"是山村百姓风俗,其所有权都归留禁户所有,村民一般都遵循这一惯例。
>
> 法院认为,胡家留禁的寿用木系其祖父在"山林三定"分山到户之前所留,杨家虽按政策分得了寿用木所在的山场,但杨家分山时胡家已在山内留禁该寿用木。按培尾村的村规民约,结合当地习俗惯例,该留禁寿用木的所有权应当归胡家所有。据此,法院判决杨某将砍伐的寿用木退还原告胡某。宣判后,双方均未上诉。①

在本案中,面对当事人的诉讼,法官在适用法律时,并没有简单地按现行法律的规定处理,而是充分考虑了当地的习俗、传统以及本案的背景,以培尾村的村规民约为依据,作出了切合实际的判决,平息了当事人之间的纷争。

由此看来,村规民约、习俗习惯是否可以替代法律,甚至凌驾于法律之上呢?绝对不是。它们能否作为判案的依据,要考虑四个因素:一是合法性,它们不与我国现行的法律、法规相抵触;二是客观性,它们应该是真实存在的,不是临时杜撰的;三是有效性,它们不仅客观存在,而且仍对当地的人有约束力;四是关联性,它们应当与案件有较强的关联,能够针对性地解决讼争的问题。在本案中,培尾村的村规民约、习俗习惯没有违反我国现行法律的禁止性规定,又真实可行,故被法官采信,成为法院的判案依据。

(3)判例。判例是指能够作为先例据以裁判后来案件的法院判决,或者法院在审理案件时作为依据而遵循的先前判决。

判例是英美法的形式。它不仅能够保证案件当事人在同等条件下受到同等对待,而且有助于提高法官的工作效率。判例的适用,一是必须找出与当前案件

---

① 龙本坤:《谈谈民俗习惯在民事审判中的认证和适用》,载《中国法院报》2009年11月13日。

相似的案件，先例中的法律事实必须与当前的案件事实在实质上是类似的；二是从先例中提出一定的法律原则；三是适用于当前的案件。

【法学小知识】

判例法的思想

所谓判例法（Case Law），就是基于法院的判决而形成的具有法律效力的判定，这种判定对以后的判决具有法律规范效力，能够作为法院判案的法律依据。

判例法是英美法系国家的主要法律渊源，它是相对于大陆法系国家的成文法或制定法而言的。判例法的来源不是专门的立法机构，而是法官对案件的审理结果，它不是立法者创造的，而是司法者创造的，因此，判例法又称为法官法。

判例法的基本思想是承认法律本身是不可能完备的，立法者只可能注重于一部法律的原则性条款，法官在遇到具体案情时，应根据具体情况和法律条款的实质，作出具体的解释和判定。其基本原则是"遵循先例"，即法院审理案件时，必须将先前法院的判例作为审理和裁决的法律依据；对于本院和上级法院已经生效的判决所处理过的问题，如果再遇到与其相同或相似的案件，在没有新情况和提不出更充分的理由时，就不得作出与过去的判决相反或不一致的判决，直到将来某一天最高法院在另外一个同类案件中作出不同的判决为止。

判例法制度最早产生于中世纪的英国，目前美国是最典型的实行判例法的国家。美国法院对判例的态度非常灵活，即如果先例适合于眼下的案例，则遵循；如果先例不适合眼下的案例，那么法院可以拒绝适用先例，或者另行确立一个新的法律原则而推翻原来的判例。那么美国判例法的约束力何在呢？可以概括为两句话：在同一法律系统，下级服从上级，如果涉及另一系统的问题，则要互相尊重。

我国并不实行判例法制度。因此，无论是哪一级、哪一个法院作出的判决都只是对个案具有法律约束力，而不具有普遍性效力。但是，由于上诉制度和再审制度的存在，上级法院的判决不可能不对下级法院的审判产生影响。尤其是最高人民法院通过《最高人民法院公报》发布的典型案例，对下级法院审理案件有着重要的借鉴意义。

四、法律的效力层次

法律的效力层次,又称法律的效力等级或法律的效力位阶,是指规范性法律文件之间的效力等级关系。在法律的形式中,由于立法依据、主体、程序、时间以及适用范围的不同,导致各种法律的效力也不同,进而形成了一个法律的效力等级体系。

法律的效力层次高低的识别,可以从以下方面来判断:一是立法主体。立法主体的地位高,其制定出来的法律的效力层次也相应比较高。二是立法依据。一部法律依据另一部法律制定,则这部法律的效力层次低于另一部法律的效力层次。三是效力范围。法律的效力及于制定法律的机构所管辖的范围。全国性的法律,其效力范围施于全国;地方性的法律,其效力范围施于其所辖地方范围内。全国性法律的效力层次自然高于地方性法律的效力层次。

在这个等级体系中,由于诸多因素的影响,层级冲突、同类冲突、新旧冲突时有发生,制约了法律的功能发挥。因此,协调好冲突,选取更合适的法律予以适用或运用,是必须明确的重大问题。

既然存在等级,肯定就有高低之别。那么,我们如何来分辨孰高孰低呢?根据《立法法》的有关规定,我国法律的效力层次可以概括为:

1. 宪法具有最高法律效力

宪法是国家的根本大法,是其他法律的母法。一切法律、行政法规、地方性法规、自治条例和单行条例、规章都不得同宪法相抵触。否则,就是违宪,就不能发生效力。

【法学小知识】

违宪审查制度

违宪审查是特定的国家机关根据特定的程序或方式,针对违反宪法的行为或规范性、非规范性文件进行审查并进行处理的制度。违宪审查体制通常分为四类:一是最高代表机关审查体制,如英国;二是司法审查制,是指由普通法院在审理案件的过程中附带的对适用该案件的法律合宪性进行审查,代表国家为美国、日本;三是宪法法院审查制,是指设立专门的宪法法院行使违宪审查权的制度,代表国家为奥地利、德国、俄罗斯;四是宪法委员会审查制,是指设立专门宪法委员会行使违宪审查权的制度,代表国家为法国。

违宪审查的经典案例当属美国的马伯里诉麦迪逊案件。1803年"马伯里诉麦迪逊案"的裁决,是联邦最高法院运用司法审查权的首次实践,它明确宣布"违宪的法律不是法律","阐明法律的意义是法院的职权",开创了"美国司法审查立法"的先例,从此确立了联邦最高法院在审理具体案件中,有权宣布州法律或联邦法律是否符合联邦宪法的权力。

我国并未建立起违宪审查制度,但在我国有一个专门的法规审查机构——法规审查备案室。法规审查备案室隶属于全国人大法工委,它不仅负责法规备案,更重要的是审查上位法与下位法之间的冲突,尤其是下位法与宪法之间的冲突问题。

2. 上位法优于下位法

法律的效力及于制定法律的机构所管辖的范围。全国性的法律,其效力施于全国范围;地方性的法律,其效力施于其管辖的地方范围。因此,法律的效力高于行政法规、地方性法规、规章,行政法规的效力高于地方性法规、规章,地方性法规的效力高于本级和下级地方政府规章,省、自治区人民政府制定的规章的效力高于本行政区域内的较大的市的人民政府制定的规章。

在涉法事件中,当事人要维护自己的权益,在事实清楚,证据确凿的情况下,就要从上位法中找依据。

【案例研究】

一元钱官司

李成宪是离休干部。从1995年起,每年在长春市老龄委领取市公交总公司颁发的"市区70周岁以上乘车证"。乘车证载明:"持此证,可免费乘坐长春市内普通公共电、汽车(不含小公共、郊线、专线车)。"

1999年5月27日,他被9路专线车拒载,在雨中等了近10分钟,回家病了3天;8月25日,他乘坐了专线车,但下车时被迫交了1元车票钱;11月2日,他多次欲乘坐1路专线车均遭拒绝……

2000年7月,他起诉市公交公司,要求被告立即停止侵害,赔礼道歉;支付精神损害补偿费人民币1元;诉讼费由被告承担。

本案涉及以下法律法规:

1996年《中华人民共和国老年人权益保障法》第36条规定:"地方各级人

民政府根据当地条件,可以在参观、游览、乘坐公共交通工具等方面,对老年人给予优待和照顾。"

《吉林省实施〈中华人民共和国老年人权益保障法〉若干规定》第18条规定:"70周岁以上的老年人凭有效证件免费乘坐市内公共交通工具,进入公园以及享受当地人民政府规定的其他特殊优待。"

长春市政府于2000年转发的市老龄委《关于进一步加强全市老龄工作意见的通知》规定:"70周岁以上老人凭老年人优待证可免费乘坐市内公共交通客车(除小公共、出租车、专线承包客车外)。"

长春市颁发的"老年人优待证"第1项规定:"免费乘坐市内公共电、汽车(不含小公共车、不包括长春至双阳区的长途公共汽车)。"

长春市老龄委和长春市公交总公司颁发的"市区70周岁以上乘车证"规定:"持此证,可免费乘坐长春市内普通公共电、汽车(不含小公共、郊线、专线车)。"[①]

根据以上规定以及"上位法优于下位法"的原则,你认为本案应如何判决?

3. 特别法优于一般法

一般法是指对一般人、一般事、一般时间有效的法律,如刑法、民法、诉讼法等。特别法是指对特定人、特定事、特定时间有效的法律,如民族区域自治法、特别行政区基本法等。

法律是一种普遍性规范,而特定的人、事、时间,在经过一定时期后,它们可能发生较大变化,或者根本不复存在。如果将它们纳入一般法律的调整范围,就可能牵一发动全身,影响整部法律的稳定性、严肃性、权威性。同时,任何立法都不可能包罗万象、穷尽所有事宜。为了保证法律的适用性,有必要对某些内容予以特别规定。因此,一般法和特别法的划分,不仅是立法技术的需要,更是对特定人、事、时间进行法律调整的需要。

当然,这种划分并不是绝对的,许多法律都兼有一般法和特别法两重性。相对于此法是特别法,相对于彼法可能是一般法。例如,对教育法而言,高等教育法是特别法;对高等教育各有关方面的具体规范而言,它又是一般法。

特别法优于一般法,是指对特定主体和特定事项有效的法律优先于对一般主体和一般事项有效的法律,对特定时间和特定区域有效的法律优先于对平时

---

① 赵宝锟:《"一元钱官司"为何虽胜犹败?》,载《新华每日电讯》2002年7月10日。

和普通区域有效的法律。但该规则不具有普遍性,只能在同一机关制定的法律中适用。我国《立法法》规定,同一机关制定的法律、行政法规、地方性法规、自治条例和单行条例、规章,特别规定同一般规定不一致的,适用特别规定。

不同种类的法律对同一事项规定不一致的,按下列规定处理:

(1)自治条例和单行条例依法对法律、行政法规、地方性法规作变通规定的,在本自治地方适用自治条例和单行条例的规定;经济特区法规根据授权对法律、行政法规、地方性法规作变通规定的,在本经济特区适用经济特区法规的规定。

(2)地方性法规和行政规章之间对同一事项的规定不一致,不能确定如何适用时,由国务院提出意见,国务院认为应适用地方性法规的,应决定在该地方适用地方性法规的规定;认为应适用行政规章的,应提请全国人大常委会裁决。

(3)行政规章之间、行政规章和地方政府规章之间具有同等效力,在各自的权限范围内施行。它们对同一事项的规定不一致时,由国务院裁决;经裁决应改变或撤销的,由有关机关依照我国《立法法》第87条规定的权限予以改变或撤销。

(4)根据授权制定的法规同法律规定不一致,不能确定如何适用时,由全国人大常委会裁决。

【案例研究】

《邮政法》还是《民法通则》《合同法》

2005年2月22日,江苏省淮安市荣达通讯有限公司(原告)在淮安市邮政局(被告)所属速递公司邮寄手机22部至浙江省杭州市东方通信销售服务有限公司,该邮件被丢失。

原告起诉:要求被告赔偿手机损失31910元,承担本案诉讼费用。

被告辩称,原告不能证明邮件的价值,其诉讼请求缺乏事实依据。同时,本案是邮政合同纠纷,应适用《中华人民共和国邮政法》,即赔偿邮资的2倍。

2005年9月29日,江苏省淮安市清河区人民法院依据《中华人民共和国民法通则》第106条第2款、《中华人民共和国合同法》第62条第2项之规定,判决:被告于本判决生效后10日内赔偿原告手机损失23646.81元。

一审判决后,淮安市邮政局不服,提起上诉。淮安市中级人民法院判决:驳回上诉,维持原判。[1]

你认为该案应如何适用法律?

---

[1] (2005)淮民二终字第146号"邮件丢失索赔案终审判决书"(江苏省淮安市中级人民法院民事判决书)。

4. 新法优于旧法

法律是在不同时间产生的,它们对同一对象发生效力时,往往存在新法和旧法的冲突。"新法优于旧法"就是处理这种冲突应遵循的规则,但该规则也不具有普遍性,它是以同一位阶特别是同一主体制定或认可为前提的。不同位阶的法律,不适用该规则;同一位阶但不属于同一主体所制定的法律,也不适用该规则,比如,甲地的新地方性法规与乙地的旧地方性法规发生冲突,便不适用"新法优于旧法"的规则。

根据我国《立法法》的规定,新法和旧法发生冲突时,应按下列方式处理:一是同一机关制定的法律、行政法规、地方性法规、自治条例和单行条例、规章,新的规定同旧的规定不一致的,适用新的规定;二是法律之间、行政法规之间、地方性法规之间,对同一事项的新的一般规定同旧的特别规定不一致,不能确定如何适用时,分别由全国人大常委会、国务院、制定地方性法规的机关裁决。

5. 国际法优于国内法

国内法是由国家制定或认可,并在该国领域内实施的法律规范。国内法的创制主体是一国享有立法权的机关,适用范围一般不超出本国主权范围,强制力来源于国内暴力工具。国际法是两个或两个以上国家或国际组织间制定、认可或缔结的法律。国际法的主要表现形式是国际条约,创制主体是国家,适用范围是条约的承认、缔结者之间,强制力来源于国家单独或集体的行动。即使是这种行动,也往往是通过国家间协议实现的。

国内法与国际法既相对独立,又相互联系,不可混同也不能割裂。当二者出现冲突时,究竟优先适用谁呢？世界各国都进行了广泛而深入的探讨。经过几十年的实践,逐步形成了关于国际法律的国内效力制度,即国际法优于国内法。例如,我国《民事诉讼法》第260条和《行政诉讼法》第72条都规定:"中华人民共和国缔结或者参加的国际条约同本法有不同规定的,适用该国际条约的规定,但中华人民共和国声明保留的条款除外。"这些规定表明,我国在民事和行政法律的适用上,国际法高于国内法。

五、法律的效力范围

法律的效力范围是指法律对何种人,在何种空间范围、时间范围有效,从而发挥法律的约束力和强制力。一部具体的法律并不是对所有人的行为都有约束力,也并不是在任何地方、任何时间都有效力。因此,确定法律的效力范围,划定法律生效、失效的时间、空间或对象，就具有十分重要的意义。

法律的效力范围包括了法律的时间效力、空间效力、对人的效力、对事的效力。

1. 时间效力

时间效力是指法律效力的起止时限以及对其实施前的事件和行为是否有效的问题，包括法律的生效、失效和溯及力。

（1）法律的生效。法律的生效时间是指法律从何时起开始发生约束力。法律通过后先要加以公布，公布是法律开始生效的前提，但并不是所有的法律一经公布就开始生效。

在我国，法律的生效有以下几种情况：一是自法律公布之日起生效。例如，《个人所得税法》在1999年8月30日第九届全国人大常委会第十一次会议进行第二次修正，并于当日公布实施。二是由法律明文规定该法律开始生效的时间。例如，2005年10月27日，第十届全国人大常委会第十八次会议通过的《公司法》第219条规定："本法自2006年1月1日起施行。"三是规定法律公布后到达一定期限或满足一定条件后开始生效。例如，1986年通过的《企业破产法（试行）》第43条规定："本法自全民所有制工业企业法实施满3个月之日起试行……"而《全民所有制工业企业法》直到1988年4月才被通过，其生效时间为1988年8月1日，因此《企业破产法（试行）》的生效时间为1988年11月1日。

（2）法律的失效。法律的失效时间是指法律的废止时间，法律一旦被废止就意味着其效力的消灭。法律的废止通常有明示废止和默示废止两种形式。

明示废止，是指在新法或其他法中以明文规定，对旧法加以废止。这是当今各国普遍采用的方法。默示废止，是指不以明文规定废止原有的法律，而是在司法实践中确认旧法与新法规定相冲突时适用新法的方法，因而实际上废止了原有的法律的效力。

在我国，法律的失效有以下几种情况：新的法律公布实行后，原有的法律自动丧失效力；新法律取代原有法律，同时在新法律中明文规定旧法律作废；由有关机关颁布专门的决议、决定，宣布废除某些法律。从宣布废除之日起，该法即停止生效；法律本身自行规定有效时期，至时限届满又无延期规定的即自行停止生效；有些法律由于已经完成历史任务而不再适用。例如，我国《合同法》第428条规定："本法自1999年10月1日起施行，《中华人民共和国经济合同法》《中华人民共和国涉外经济合同法》《中华人民共和国技术合同法》同时废止。"

（3）法律的溯及力。法律的溯及力是指法律溯及既往的效力，即新法律颁布后对其生效以前所发生的事件和行为是否适用的问题。如果适用,该法律就有溯及力;如果不适用,该法律就不具有溯及力。

就现代法治原则而言,法律一般只能适用于生效后发生的事件和行为,不适用于生效前的事件和行为,即采取法律不溯及既往的原则。因为人们不可能根据尚未颁布实施的法律处理社会事务。当然,在现代各国法律中,法律无溯及力的原则也不是绝对的。

在法律的溯及力问题上,曾经产生过从旧、从新、从轻、从新兼从轻以及从旧兼从轻等原则。其中,从旧兼从轻原则是现代各国刑法较为普遍采用的原则。

从旧兼从轻是认为新法原则上没有溯及力,但如果新法不认为是犯罪或对行为人的处罚较轻时就适用新法。我国《刑法》采用的也是从旧兼从轻原则。例如,我国《刑法》第12条第1款规定:"中华人民共和国成立以后本法施行以前的行为,如果当时的法律不认为是犯罪的,适用当时的法律;如果当时的法律认为是犯罪的,依照本法总则第四章第八节的规定应当追诉的,按照当时的法律追究刑事责任,但是如果本法不认为是犯罪或者处刑较轻的,适用本法。"

另外,1999年最高人民法院《关于适用〈中华人民共和国合同法〉若干问题的解释(一)》中也有类似的规定,该司法解释的第3条规定:"人民法院确认合同效力时,合同法实施以前成立的合同,适用当时的法律合同无效而适用合同法合同有效的,则适用合同法。"

2. 法律的空间效力

法律的空间效力是指法律生效的地域范围,即法律在哪些地方具有拘束力。由于制定的机关和内容不同,法律的空间效力可分为域内效力和域外效力两个方面。

(1)域内效力。域内效力是指一国的法律在其主权所及的全部领域有效,包括属于主权范围的全部领陆、领空、领水和底土,也包括驻外使馆及在一国领域外的本国交通工具,如本国的船舶、飞机、航空器或航天器等。现代国家的法律均实行较为严格的域内效力原则。这种法律一般是由一国最高立法机关制定的宪法和基本法律,最高行政机关颁布的规范性法律文件一般也适用于全国范围。

法律的域内效力包括两种情况:一是在全国范围内有效,如宪法、法律、行政法规等规范性文件;二是在国家部分区域有效,如特别行政区基本法、民族区域自治法、地方性法规等规范性文件,在其制定机关管辖范围内有效。

(2)域外效力。域外效力是指一国的法律在其主权领域外的效力。各国为了维护自己的主权和利益,大多规定自己的某些国内法律在一定条件下可以在本国领域外生效。例如,我国《刑法》第7条、第8条就规定了我国刑法的域外效力。

一国法律的域外效力,主要由国家之间的条约加以确定,或者由法律本身明文规定。一般来说,法律的域外效力都受到较大的限制。

3. 法律的对人效力

法律的对人效力是指法律对哪些人适用或有效。在确认法律对人的效力问题上,大多数国家采用了以属地原则为主的综合原则,即凡在本国领域内的所有人都适用本国法律,而不论是本国人还是外国人。我国也采用以属地原则为主的综合原则。

(1) 对本国人的效力。凡是中国公民、法人和其他组织在中国领域内一律适用中国法律,并且在法律面前一律平等。中国公民在中国领域外,原则上仍受中国法律的保护,履行中国法律的义务,同时也要遵守所在国的法律。

我国《刑法》第7条规定:"中华人民共和国公民在中华人民共和国领域外犯本法规定之罪的,适用本法,但是按本法规定的最高刑为3年以下有期徒刑的,可以不予追究。中华人民共和国国家工作人员和军人在中华人民共和国领域外犯本法规定之罪的,适用本法。"第10条规定:"凡在中华人民共和国领域外犯罪,依照本法应当负刑事责任的,虽然经过外国审判,仍然可以依照本法追究,但是在外国已经受过刑罚处罚的,可以免除或者减轻处罚。"

当所在国法律与中国国内法对同一问题规定不一致时,则要区别不同的情况,本着既维护本国主权,又尊重他国主权的精神,按国际条约或惯例处理。

【案例研究】

中国法律在境外的效力

宁某与华某共同供职于四川某建筑工程公司科威特海外工程部,1990年元月某日,两人因琐事发生争执,宁某将华某砍成重伤,被判有期徒刑,在科威特监狱服刑。

1990年8月2日,伊拉克向邻国科威特发动进攻,宁某逃出监狱,在约旦被接回国。同年10月,华某在北京发现了宁某,向北京市公安局报案。后经法院判决,送往某监狱服刑。

在本案中,宁某的犯罪行为地并不在中国境内,我国法律为什么有管辖权呢?

(2) 对外国人的效力。这包括两种情况：一是在中国领域内的外国人，不论是长期居留还是过境通行、观光旅游，除享有外交特权、豁免权或法律另有规定者外，一律适用中国法律。二是在中国领域外的外国人，如果侵害了我国国家或公民的权益，或者与我国公民发生法律交往，也可以适用中国的法律。

我国《刑法》第 8 条规定：外国人在中华人民共和国领域外对中华人民共和国国家或者公民犯罪，而按本法规定的最低刑为 3 年以上有期徒刑的，可以适用本法，但是按犯罪地的法律不受处罚的除外。这是根据国家主权原则作出的规定。它对于保护国家利益，保护驻外工作人员、留学生、侨民的合法权益是必要的，同时也尊重了别国主权。

【案例研究】

外国人在中国犯罪的管辖

什肯·阿克毛，英国籍。2007 年 9 月 12 日凌晨，阿克毛从塔吉克斯坦共和国杜尚别市携带 4030 克海洛因乘坐国际航班抵达新疆乌鲁木齐国际机场。入境时，我海关安检人员从阿克毛手提行李箱夹层内查获其携带的海洛因，经鉴定，纯度为 84.2%。因涉嫌贩毒，什肯·阿克毛于 2008 年 10 月 29 日被乌鲁木齐市中级人民法院一审判处死刑。根据我国《刑法》第 347 条规定，走私、贩卖、运输、制造海洛因 50 克以上的，可以被判处死刑。2009 年 12 月 29 日，什肯·阿克毛在新疆乌鲁木齐市被注射执行死刑。①

在本案的审理过程中，英国政府和有关团体高度关注，以各种理由要求不判处什肯·阿克毛死刑。你认为本案应如何适用法律？

(3) 外交特权和豁免。为了保证外交代表、外交代表机关以及外交人员进行正常外交活动，各国根据相互尊重主权和平等互利的原则，按照国际惯例和有关协议相互给予驻在本国的外交代表、外交代表机关和外交人员一种特殊权利和优遇。这种特殊权利和优遇，在外交上统称外交特权和豁免。

根据《维也纳外交关系公约》，外交代表在驻在国享有人身、馆舍等不可侵犯权和刑事、民事、行政管辖的豁免。驻在国当局、军警和其他人员不得对外交人员进行人身搜查、逮捕或拘禁、侮辱，即使外交人员触犯驻在国的法令，在一般情况下，也不得加以拘捕或扣留，而是通过外交途径进行交涉，求得解决。

---

① 刘长秋：《"阿克毛之死"——回归法律本原的解读》，载《社会观察》2010 年第 2 期。

按照国际惯例,享有外交特权与豁免的人员大体有以下几类:出国进行访问的国家元首、政府首脑、政府部长、特使以及由他们率领的代表团成员;外交使节和具有外交官身份的全体官员;根据有关国际协议和惯例,联合国系统各组织代表机构的代表、顾问和副代表;国际组织的代表、委员会委员、高级官员等;途经或短期停留的各国驻第三国的外交人员、外交信使;各国参加国际会议的官方代表;根据双边协定应享有特权与豁免的人员。

4. 法律的对事效力

法律的对事效力是指法律在实施过程中对哪些事项具有约束力。通常的原则是对法律所规定的事项发生效力,而对不属于法律所规定的事项则无效力。法律的对事效力,应以明文规定的事项为限。

(1) 一事不再理原则。一事不再理是指同一机关对基于同一法律关系已作出了判决,同一机关不得受理同一当事人所提出的同一请求。除符合审判监督程序的情况以外,同一当事人也不得再有同一请求。例如,我国《民事诉讼法》第124条规定:"人民法院对下列起诉,分别情形,予以处理:……(五)对判决、裁定、调解书已经发生法律效力的案件,当事人又起诉的,告知原告申请再审,但人民法院准许撤诉的裁定除外……"

(2) 一事不二罚原则。一事不二罚是指对同一行为,不得处以两次及两次以上性质相同或同一刑名的处罚。但对同一违法行为并处两种处罚是允许的,也是经常采用的。例如,在刑法上对同一犯罪事实处以徒刑和罚金,处以徒刑和剥夺政治权利;在行政法上对一违法行为同时处以拘留和罚款。

【法学小知识】

全国人大常委会通过决定加强互联网个人隐私和信息保护

2012年12月28日,第十一届全国人大常委会第三十次会议审议通过了《关于加强网络信息保护的决定》,开始建立我国网络安全保护法律制度,加强互联网个人隐私和信息保护。

随着我国信息化建设不断推进,信息技术广泛应用,信息网络快速普及。信息网络在促进经济发展、社会进步、科技创新的同时,也带来十分突出的信息安全问题;移动互联网、物联网、云计算等新的信息技术和移动终端的发展应用,给信息安全带来更为严峻的挑战。当前,一些企业随意收集、擅自使用、非法泄露甚至倒卖公民个人电子信息;一些企业对于通过正常途径收集的公民个人信息不加保密,更不删除;一些个人侵入、攻击信息系统窃取公民个人电子信息。我们生活在一个私人信息随时被"晒"在网上、稍有不慎就被"人肉搜索"、个人弱点或曾经的荒唐永远不可能被遗忘的环境中,这些永不消逝的信息使得我们不仅毫无隐私,而且深陷"网"中,在随时可能出现的被"晒"、恶搞、中伤、要挟、诈骗中惶惶不可终日。在社会上,各种利用网络信息的网络诈骗、诽谤等违法犯罪活动大量发生,严重损害公民、法人和其他组织的合法权益,国家安全和社会公共利益受到极大挑战。

互联网技术带给我们信息和便捷,也带给我们威胁和恐惧,因此,完善网络个人隐私和信息安全保护的法律制度直接关系到我们的人格尊严、幸福指数、社会稳定、国家安全;同时,稳定的用户与对网络的需求也是网络企业得以生存和发展的基本前提,离开了广大网民,互联网产业也将不复存在。全国人大常委会审议和通过《关于加强网络信息保护的决定》将为我们提供一个网络个人隐私和信息安全保护的法律依据,为下一步制定和修改相关法律法规提供了制度基础,不仅对于现在的和潜在的网民是一件好事,而且对于互联网企业的健康发展也是一件实事,有利于社会公共利益与国家安全。

近年来,已经有不少国家在立法上进行了成功探索。在美国,涉及个人隐私保护和信息安全的法律规定比较完善,且较具针对性,比较重要的法案有《计算机诈骗和滥用法案(CFAA)》《计算机安全法案(CSA)》《政府信息安全改革法案》《电子通信隐私法案(ECPA)》《儿童在线隐私保护法律(COPPA)》等。法国也是世界上对个人数据保护最为严格的国家之一,早在1978年就通过了《信息、档案与自由法》以加强个人数据保护。为适应网络环境下个人数据保护的要求,于2004年修订该法案,将欧盟关于个人数据保护的指令转化为国内法。同时,依该法成立了一个专门保护个人信息的独立行政机构"国家信息与自由委员会(CNIL)"。在加强对企业使用个人信息、网络营运商的监管的同时,制定了《互联网个人信息保护指南》和一系列建议,指导网络用户保护个人信息。2010年在法国主管数字经济发展的国务秘书召集下,包括搜索引擎在内的一些互联网企业签署了一项关于"遗忘权"的宣言,在社交网站设立"申诉处",接受网民的要求,删除网民的个人信息。网民们所熟知的2010年对谷歌"谷歌街景"侵犯个人数据的行为罚款10万欧元,就是CNIL开出的罚单。

值得注意的是,近年来网络立法中出现了一个新法律概念——"遗忘权"或者"数字遗忘权"。这个概念最早由法国两名议员向议会提出,是指一个人应该拥有被网络和数字媒介遗忘的权利。如果该权利被法律确定,个人就可以依法要求从网络上删除个人的某些行为和言论记录,而不是永远被"网"住。我国《关于加强网络信息保护的决定》第8条规定:"公民发现泄露个人身份、散布个人隐私等侵害其合法权益的网络信息,或者受到商业性电子信息侵扰的,有权要求网络服务提供者删除有关信息或者采取其他必要措施予以制止。"这意味着,我国公民的"遗忘权"开始受到法律保护。

第二讲 法律的形式

关键概念

法律体系　法律部门　法律的形式　法律的效力　行政法规　判例　溯及力

思考题

1. 我国法律体系由什么构成？
2. 我国法律包括哪些部门？
3. 我国法律的形式有哪些？
4. 我国法律的效力层次是如何规定的？
5. 我国法律的效力范围有多大？

拓展阅读

腾讯与360之争

2010年11月3日：北京市朝阳区人民法院正式受理腾讯诉360不正当竞争案，腾讯索赔40万。

11月3日18时：对于360与QQ之间的纠纷，腾讯发布公告，称在纠纷解决之前，将在装有360软件的电脑上停止运行QQ软件。业内认为，腾讯这招是逼迫用户作出二选一的选择。

11月3日：360随后发出公开信称：保证360软件和QQ同时运行，并称腾讯此举完全不顾及用户权益，要求向全国网友道歉。随后360扣扣保镖下线，360扣扣保镖官方网页和下载页面均已不能正常访问，而其也无法找到这款产品的任何入口。

11月3日21时：360又发出一封《360发致网民紧急求助信：呼吁用户停用QQ三天》，称"这是360生死存亡的紧急关头，也是中国互联网最危险的时刻，希望您能够坚定地站出来，再次给予我们您的信任与支持！"

11月4日：腾讯举行发布会并表示，已是最低抗争方式，为给用户造成的不便表示歉意。

11月4日：360先是宣布召回扣扣保镖，后在中午时分通过公开信表示决定搁置争执，让网络恢复平静。

11月4日晚间：360方面对记者透露，在国家相关部门的全力干预下，目前

QQ和360软件已经实现了完全兼容。但是腾讯方面否认。

11月5日:金山、傲游、可牛、百度,召开发布会联手宣布将不兼容360系列软件。

11月5日:360公司回应称,他们此时出来是想给360制造舆论压力,称其为"落井下石"的行为。

11月6日:腾讯新闻主题《360恶意劫持QQ事件》网页中刊登了大量360负面新闻,并且弹窗给QQ用户。

11月6日:360董事长周鸿祎对外发出一封名为"不得不说的话"的公开信,追溯了腾讯和360之间的恩怨。信中周鸿祎表示腾讯此前抄袭360安全卫士并强制推广的行为,是欲置360于死地。这种"明目张胆地欺负人",使得360选择"必须得反抗",并且回应了腾讯发布的很多新闻是"抹黑"。

11月8日:据媒体报道,360公司召回了360扣扣保镖软件,同时,腾讯公司也恢复了WebQQ的登录,QQ和360也恢复了兼容,事情的发生出现了和解的迹象。马化腾说,在事情发生后,公司就立刻与公安部门及工信部进行沟通,目前,政府部门已经介入,用行政命令的方式要求双方不再纷争。

2011年4月26日,北京市朝阳区人民法院一审宣判:北京奇虎等三被告(奇虎360相关公司)被判向腾讯公司赔偿40万元,删除相关侵权文章,并在360公司网站首页及《法制日报》上公开发表声明,消除因涉案侵权行为给原告造成的不利影响。①

请问:本案涉及哪些法律问题?结合本案,谈谈你对加强我国法制建设的建议。

---

① (2011)粤高法民三初字第2号"原告腾讯科技(深圳)有限公司(以下简称腾讯公司)、深圳市腾讯计算机系统有限公司(以下简称腾讯计算机公司)诉被告北京奇虎科技有限公司(以下简称奇虎公司)、奇智软件(北京)有限公司(以下简称奇智公司)不正当竞争纠纷案判决书"(广东省高级人民法院民事判决书)。

第三讲 法律规范

本讲导读

法治社会中法律、法规、规章、条例随处可见,众多的法律法规有着共同的特征:都由法条组成,都以法律主体的行为为规制对象,都对特定情形下的行为模式做了描述和规定,同时也确定了与此相关的法律责任。法律主体包括自然人、机构与法人、国家。法律行为包括表现于外的行动、完成行动的手段及行为所造成的后果。法律责任包括民事法律责任、行政法律责任、刑事法律责任,法律责任的实现方式包括制裁、补偿、强制。每一部法律,都有其明确的规制对象、行为模式、责任类型。众多法律构成了我国作为法治国家的法律体系——有中国特色的法律体系。

导入案例

苏格拉底之死

公元前399年,古希腊哲学家苏格拉底被雅典法庭以不信神和腐蚀雅典青年思想之罪名判处死刑。他不承认自己有罪,也曾获得逃出雅典的机会,但苏格拉底仍选择饮下毒堇汁而死。苏格拉底面对不公正的法律判决却不越狱的两个理由是:其一,如果人人都以法律判决不公正为理由而拒绝服从法律,那么社会哪里还有规矩方圆?判决的公正固然重要,但秩序同样重要。其二,如果一个人自愿生活在一个国家,并且享受国家法律给予的权利,这不等于是和国家之间有了一个契约?在这种情况下,如果不服从义务岂不是毁约?岂不十分不道德?[①]

---

① 梁晓杰:《道德、法律与苏格拉底之死》,载《厦门大学学报》2004年第1期。

一、法律规范

苏格拉底之死给人们提出一个严峻的问题：自己认为自己无罪却被法律裁决为犯罪并要接受极刑处罚时，是接受处罚以维护法律的尊严还是设法逃避惩罚？苏格拉底用他的行为对这一问题作出了回答。法律规范是建构社会秩序的基础，是社会有序化的前提，是我们每一个人都必须遵守的行为准则。

（一）何谓法律规范

在中国传统社会，法是"定分止争"的规则，恰似木匠的规矩绳墨，人类社会是由个体组成的集合体，必须通过各种规范的约束、限制，才能使社会成员目的各异的行为达到有序状态。这些规范包括社会规范、技术规范。而调整、约束人们行为的主要是社会规范，包括政治规范、法律规范、道德规范、礼仪习俗等。法律规范是各种法律法规的总称。

法律规范实际上是针对人们行为自由及其限度的规定，有的规定人们不能作出哪些行为，一旦作出就要受到处罚，如刑事法律；有的则规定人们应该如何去做，违反的话就要承担相应的责任，如民事法律。总体来看，法律规范体现了国家意志和公权力对社会行为的评价和看法。与道德规范、礼仪习俗相比，法律规范以规定法律权利和法律义务为基本内容，是一种有完整逻辑结构的特殊行为规范，对社会成员有普遍适用性。法律规范告诉社会成员可以怎样行为和应该怎样行为，在其适用范围内，对所有行为使用同一标准进行指导和评价，而且明示了违反这一规则的法律后果。概括而言，法律规范是成年人的"游戏规则"。

法律规范的具体含义体现于法律条文之中，用完整清晰的语言表述出来。一部法律，由若干条文组成，其中有些条文表述法律规范，如规定具体的法律权利、义务的条文；有些条文并不直接表述法律规范，如一部法律的总则和附则，与设置权利义务无关，只是表述立法根据、任务、目的、原则、概念和一些技术性规则。

（二）法律规范的结构

法律规范作为我国法律、法规的总称，体现为数量众多的法律、法规。每一部法律、法规的名称不同，内容各异，但立法目的、基本原则、主体内容、法律责任等内容则是所有法律、法规都有的。

每一部法律、法规都由一定数量的法律条文组成，这些法律、法规的条文内容千差万别，但都有着基本统一的逻辑结构。这是由法律的目的决定的，也是为了便于社会成员了解法律，便于司法实践中应用法律。我国法律规范的结构一般表现为前提条件、行为模式、法律后果三部分。

前提条件是指适用法律规范的必要条件。每一个法律规范都是在一定情形出现的情况下才能适用，这种情形就称为前提条件。如我国《刑事诉讼法》第41条第1款规定："辩护律师经证人或者其他有关单位和个人同意，可以向他们收集与本案有关的材料，也可以申请人民检察院、人民法院收集、调取证据，或者申请人民法院通知证人出庭作证。"这个法律规范中，"证人或者其他有关单位和个人同意"就是前提条件。在许多情况下，前提条件未明确写出，可以从规范条文中推论出来。如我国《婚姻法》第24条第1款规定："夫妻有相互继承遗产的权利。"这条没有明确写出前提条件，但可以推论出来，即夫妻一方先亡而有遗产，便是前提条件。

行为模式是指行为规范本身的基本要求。它规定人们应当做什么、禁止做什么、允许做什么。这是法律规范的中心部分，是规范的主要内容。如我国《婚姻法》第21条第1款规定："父母对子女有抚养教育的义务；子女对父母有赡养扶助的义务"，这是规定应当做什么。第27条第1款规定："继父母与继子女间，不得虐待或歧视"，这是规定禁止做什么。第14条第1款规定："夫妻双方都有各用自己姓名的权利"，这是规定允许做什么。

法律后果是指对违反法律规范将导致的后果的规定，是法律规范对人们具有法律意义行为的评价与态度。依据法律法规的不同，后果分为肯定式后果与否定式后果。肯定式后果又称合法后果，是人们按照行为模式要求行为而在法律上予以肯定评价的后果，表现为法律规则对人们行为的保护、许可或奖励。如我国《刑法》中关于"正当防卫"、"紧急避险"的规定就属此类；否定式法律后果是法律规则中规定人们不按照行为模式要求行为而在法律上予以否定评价的后果。如损害赔偿、行政处罚、经济制裁、判处刑罚等。法律规范的后果部分在法律条文中有以下几种情况：有些法律明确规定了制裁。如我国《刑法》第397条第1款规定："国家机关工作人员滥用职权或者玩忽职守，致使公共财产、国家和人民利益遭受重大损失的，处3年以下有期徒刑或者拘役；情节特别严重的，处3年以上7年以下有期徒刑。"有些法律规范的制裁部分，规定在其他法律文件中。如我国违反《选举法》的制裁，规定在《刑法》第256条中："……破坏选举或者妨害选民和代表自由行使选举权和被选举权，情节严重的，处3年以下有期徒刑、拘役或者剥夺政治权利。"不论制裁部分怎样规定，法律规范一般都有制裁内容,因为制裁是保证法律规范实现的强制措施,是法律规范区别于其他社会规范的基本标志。

法律规范的这三个部分是密切联系、缺一不可的,否则就难以完成法律规范所承担的任务。但这三个部分不一定都明确规定在一个法律条文中,有的条文未叙述前提条件,有的把行为模式与法律后果结合在一起,特别是刑事法律规范往往把行为模式与法律后果结合在一起,从表面上看它只有行为模式与法律后果两个要素,甚至有的未直接规定法律后果。这是法律规范与法律条文的区别。

法律规范的内容与规制范围并非静止不变,而是随着社会生活的变迁,不断发生着变化。法律规范的变化既有法律、法规的增减,也有具体法律条文的修订,还有通过立法解释、司法解释对法律适用所做的调整。社会变迁速度越快,法律规范内容与规制范围的变化越快;反之,则越慢。

【法学小知识】

2013年修订的《商标法》的十个新规定

2014年5月1日起施行的《商标法》,对2001年《商标法》做了很大的修订,出台了十项新规定。

1. "申请注册和使用商标,应当遵循诚实信用原则"。倡导市场主体从事有关商标的活动时应诚实守信。

2. 禁止抢注因业务往来等关系明知他人已经在先使用的商标。防止将他人已经在先使用的商标抢先进行注册,能够在一定程度上更加有效地遏制频发的商标抢注现象。

3. 惩罚性赔偿的规定,提高侵权赔偿额。规定对恶意侵犯商标专用权、情节严重的,可以在权利人因侵权受到的损失、侵权人因侵权获得的利益或者注册商标使用许可费的1到3倍的范围内确定赔偿数额,以打击商标侵权行为。

4. 侵权人举证责任。规定在商标侵权诉讼中,可以责令侵权人提供与侵权行为相关的账簿、资料,侵权人不提供或者提供虚假的账簿、资料,减轻了商标权利人在主张侵权赔偿时的举证负担,使人民法院在确定赔偿数额时更有法可依,对打击商标侵权行为具有积极意义。

5. 关于商标注册审查和案件审理时限的规定。一般申请注册的商标,商标局应在9个月内审查完毕。针对涉及双方当事人的确权案件,在12个月内审理完毕。特殊情况下可以延长3个月或者6个月。这一规定增强了商标获权时间的可预期性。

6. 加强对商标代理组织的规范。商标代理组织或者商标代理人违反诚实信用原则,侵害委托人合法利益的,应当依法承担民事责任。这有助于商标代理组织行业的自我规范和良性发展。

7. 增加声音商标。广大消费者熟知的QQ消息声、诺基亚、英特尔等常见的声音标识将可以作为商标申请注册。

8. 一标多类。方便申请人针对同一商标在多个类别的注册申请,对规模较大、跨类经营较多以及注重保护性商标注册的企业无疑是个好消息。

9. 禁止宣传和使用"驰名商标",使"驰名商标"回归为一种法律符号。

10. 商标侵权判定中引入"容易导致混淆"要件。

《商标法》的上述新规定,更加严格地规范了商标的申请、使用,有利于更好地发挥商标在市场经济中的作用。

二、法律行为

(一) 何谓法律行为

法律规范针对的是人的行为,也即"法律行为"。社会成员只能通过自己的行为,与法律规范发生关系。"法律行为"一词,来自民法学,原指"与权利和义务相关的行为"。一般是指由法律规定和调整的、能够引起法律关系产生、变更和消灭的人的有意识活动,包括合法行为与非法行为。一个行为是不是法律行为,可以从下面三个方面加以判断。

1. 是否具有社会意义

所谓社会意义,是指法律行为能够造成社会影响,具有交互性。人的社会性本质决定了他的活动和行为的社会性。法律行为的发生,一定是对行为者本人以外的其他个人或集体、国家之利益和关系产生直接或间接的影响,如盗窃行为、杀人行为,造成他人合法财产的损失或失去生命,都是对原有的社会关系和秩序的破坏,属于法律行为。在现代社会,影响到他人自由、生命等人身权利的行为,涉及财产利益的交换、赠与、继承等行为,影响社会成员权利义务和社会资源的重新配置的行为,都属于法律行为。人在社会中生活,其行为在主要方面都是指向社会的,它们与社会利益发生各种各样的联系,或者与社会利益一致,或者与社会利益产生矛盾和冲突。既可能对社会有益,也可能对社会有害。正是由于这一点,它们才可能具有法律意义。若一个行为纯粹指向自我,行为后果对社会、他人没有影响或影响甚微,如在自己家里休息、吃饭、看书学习等,就不会成为法律行为,一般不具有法律意义。

2. 是否受到法律调控

所谓法律性,是指法律行为由法律规定、受法律调整、能够发生法律效力或法律效果。指向社会的行为中,有些可能损害他人利益、造成社会矛盾、破坏社会秩序,这些行为就有必要受到法律的调整。而法律正是基于这一理由将那些具有重要社会意义的行为纳入调整范围之内,并对不同的行为模式及行为结果作出明确的规定。法律行为处在一定的法律关系之中,或对其他行为有支配力,如行使权力的行为;或受其他行为的支配,如履行义务的行为;行为受法律的约束或保护;能够引起人们之间权利义务关系的产生、变更或消灭。法律行为的后果受到法律的承认、保护或奖励,法律行为也可能会受到法律的否定、撤销或惩罚。

3. 是否具有意志性

法律行为是人所实施的行为,自然受人的意志的支配和控制,反映了人对一定的社会价值的认同、一定的利益和行为结果的追求以及一定的活动方式的选择。正是通过意志的表现,行为才获得了人的行为的性质。在法律行为的结构中,只存在意志和意识能力强弱的差别,即有时候人们完全按照自由意志来实施法律行为,有时候则可能并不完全出于自由意志实施某种行为,但它本身并不是一个意志的有无问题。在法律上,纯粹无意识的行为,如完全的精神病人所实施的行为,不能看做是法律行为。人在睡梦中的行为完全不受意志控制,一般不被当做法律行为看待。但人在醉酒状态下作出的行为如果对他人造成严重危害,却属法律行为,原因在于是否选择醉酒是受人的意志控制的。

(二) 法律行为与非法律行为的区分

法律行为作为一个法学范畴,是指受到法律规制和调整的行为,其所对应的范畴是"非法律行为"。非法律行为,是指那些不具有法律意义的行为,即不受法律调整、不发生法律效力、不产生法律效果的行为。界定法律行为与非法律行为,无论在立法上,还是在司法实践上,都具有非常重要的意义。研究法律行为,就是要在立法和司法实践中为法律行为和非法律行为确定明晰的界限,分清哪些属于法律行为,哪些不属于法律行为。

人类行为的范围是非常广泛的。在不同的社会关系和社会生活中,人可能会作出各种各样不同的行为,按照活动领域可大体分为经济行为、政治行为、道德行为、宗教行为等。法律作用的有限性,决定了法律不可能、也没有必要把人的一切行为都纳入调整范围之内。因此,从总的方面看,分清法律行为与非法律行为,就是要将法律行为与纯粹的经济行为、政治行为、道德行为和宗教行为等区别开来。

如果把人类行为做法律行为与非法律行为的二分划分的话,法律行为所占份额是相对较小的一份,在法律行为之外还存在着大量非法律行为。在有法律明文规定的情况下,法律行为与非法律行为的界定大抵不会存在什么问题。但有时候,一个行为的发生,很难根据立法清晰判断它的法律性质,这就要通过法律解释和论证过程来确定它是不是法律行为,是哪一类法律行为。

在现实社会生活中,法律行为绝不只是某一种样式,它们所表现出的形态是多种多样、纷繁复杂的。判断一个行为的法律性质和类别,除了要看有没有法律规定和由什么样的部门法规定以外,还应当参考以下标准:一是行为的主体,是什么人实施的行为?行为人有无作出该行为的法律资格?二是行为的程序,行为的实施是否按照法律规定的程序进行?行为是否符合法律的形式要件和实质要件?三是行为的时效,行为是在法律生效之前、还是在其生效之后实施的?该行为的有效期限是否已经消失,抑或仍然存在?

【案例研究】

延安黄碟案

2002年8月18日晚11时许,新婚夫妻张某夫妇在位于延安市宝塔区万花山乡的一间诊所里间播放碟片。三名民警自称从窗子外面看到有人看黄色碟片,随即以看病为由进入里间,展开搜查,其间与张某发生肢体冲突,民警制服张某并将其带回派出所留置,同时扣押收缴了碟片、VCD机和电视机。第二天,在家人向派出所交了1000元暂扣款后张某被放回。事发两个月以后,宝塔公安分局以涉嫌"妨碍公务"为由刑事拘留了张某。11月5日,张某被取保候审;12月5日,宝塔公安分局决定撤销此案;12月31日,张某夫妇及其律师与宝塔公安分局达成补偿协议,协议规定:宝塔公安分局一次性补偿张某29137元;公安宝塔分局有关领导向张某夫妇赔礼道歉;处分有关责任人。

张某夫妇在家中看碟的行为是否属于法律行为,可以从两个方面加以判断。首先,张某夫妇是否具有在家看黄碟的自由。在法治国家中,人们在涉及公民自由的问题上普遍坚持了法不禁止即自由的原则。我国《刑法》、原《治安管理处罚条例》都没有禁止公民在自己家中看黄碟的规定,即是说,公民有在家中看黄碟的自由。其次,张某夫妇在行使自由时是否超过了必要的限度。现代社会,为了避免人们在行使自由时与他人行使权利发生冲突或矛盾,法律对自

> 由的界限作出规定,以确保自由只在一定的范围内行使。案件事实说明,张某夫妇卧室拉有双层红水绒窗帘,声音很小,连住在外屋的张某父亲都没有听见,更不会对其他人造成不便。张某夫妇在自己家中看黄碟行为既无害于他人而又未被法律禁止,属于"非法律行为",法律是不能干涉的,因此,也才有后来政法机关领导的道歉行为发生。①

(三) 法律行为的结构

法律行为从结构上表现为外在方面和内在方面。外在方面包括行动、手段、结果;内在方面包括意志与意识等要素。

1. 行动

这是指人们通过身体、言语表现出的外在举动。行动,是法律行为构成的最基本的要素,它是法律行为主体作用于对象的中介及方式。没有任何外在行动的法律行为是不存在的。人的意志或意思只有外化为行动并对身外之世界产生影响,它才能成为法律调整的对象。

法律行为之外在行动分为两类:一是身体行为,指通过人的身体的任何部位所作出的为人所感知的外部举动。这一类行动可以通过自身的外力直接作用于外部世界,引起法律关系产生、变更或消灭。二是语言行为,即通过语言表达对他人产生影响的行为。它又包括两种:书面语言行为,诸如书面声明、书面通知、书面要约和承诺、签署文件等;言语行为,即通过口语表达而在说者与听者之语言交际中完成的言语过程。

2. 手段

这是指行为人为达到预设的目的而在实施行为过程中所采取的各种方式和方法。其中包括:行动的计划、方案和措施;行动的程式、步骤和阶段;行动的技术和技巧;行动所借助的工具和器械;等等。行为方式(手段)是考察行为的目的,进而判断行为的法律性质的重要标准,是考察法律行为是否成立以及行为人应否承担责任、承担责任之大小的根据。例如,同样是违法行为,刑事犯罪的方式就不能与一般的民事违法行为、行政违法行为的方式相提并论。此外,在法律

---

① 叶传星:《在私权利、公权力和社会权力的错落处——"黄碟案"的一个解读》,载《法学家》2003年第3期。

上还必须对各种特定行为方式予以规定,为法律行为性质和类别的判断提供具体的标准。特定的法律行为方式主要有正当防卫、紧急避险、父母对子女的监护行为、职务犯罪行为、遗弃、挪用公款行为等,上述行为的发生要求有具体法律规定的情境或者特殊的身份。

3. 具有法律意义的结果

法律行为必须要有结果,因此结果是法律行为事实的重要内容之一。没有结果的行为,一般不能视为法律行为。法律通常根据行为的结果来区分行为的法律性质和行为人对行为负责的界限和范围。判断法律行为结果,主要有两个标准:一是行为造成一定的社会影响。这种影响或者是表现为对他人、社会有益,或者是表现为对他人、社会有害,即造成一定的损害。此外,结果可能是物质性的(有形的),也可能是精神性的(无形的),可能是直接的,也可能是间接的。无论如何,结果、行为与行为人之间的联系,是确定结果归属的重要线索,在这里离不开因果关系的考察。没有因果关系的法律行为也是不存在的。二是该结果应当从法律角度进行评价,即由法律根据结果确定行为的法律性质和类别:行为是合法还是违法?是行政行为还是民事行为?如此等等。不过,这里应当区别的问题是:行为的结果并不等于法律后果,行为结果只是行为人承担法律后果的依据之一,但并不是法律后果本身。

4. 意志与意识

任何法律行为都是主体与客体、主观因素与客观因素交互作用的复杂过程。法律行为的内在方面是行为主体在实施行为时一切心理活动、精神状态及认知能力的总和。主要包括两个方面:

一是行为意志。它是指人们基于需要、受动机支配、为达到目的而实施行为的心理状态。就合法行为而言,其成立的条件不仅在于有没有行为人的动机和目的,而且在于有什么样的动机、什么样的目的,动机和目的是否正当、合法。就犯罪行为而言,对行为的所谓"主观恶性"的考察,就是对违法犯罪人的动机和目的的认识。在刑法中,行为目的是罪与非罪、此罪与彼罪的根据之一,动机也是定罪量刑参考的情节。在民法中,所谓意思表示,就是行为人对其动机和目的直接或间接的、真实或虚假的表达。

二是行为认知。即行为人对自己行为的法律意义和后果的认识。行为目的的形成并不完全是一个盲目的过程,它基于人的认知能力、水平,基于人对行为意义、后果的认识与判断。如果一个人根本无能力认识和判断行为的意义与后果,那么他的行为就不可能构成法律行为。在法律上,正是根据人的认知能力的有无和强弱,将自然人分为完全行为能力人、限制行为能力人和无行为能力人。

在法律活动中,行为人受主、客观多方面因素的影响,常常会发生主观认识与客观存在之间不相一致的情况,这就是所谓的认识错误。认识错误,在一定程度上影响行为人动机和目的的形成,进而影响其对行为及行为方式的选择。如:在民法中,"重大误解"是可撤销的民事行为的构成要件之一。在刑法中,认识错误是定罪量刑的参考因素,但依据"不知法者不免其罪"的原则,无论是事实错误还是法律错误,均不构成免除刑事责任的前提。

判断一个行为是不是法律行为,除了要看它的外在、内在方面的内容外,多数情况下还要看它是否经过确认以及由谁予以确认。未经确认的行为虽然在形式上符合法律行为的条件,但还不能说就是真正的法律行为。例如,我们不能把未经法院判决的行为称为"犯罪行为",尽管事实上它可能是违反刑法的、具有社会危害性而应受惩罚的行为。法律行为的认定主体主要是司法机关和某些行政机关,经当事人同意的某些组织和个人也有一定的确认权限。

【案例研究】

庞氏骗局与市场经济中的"皇帝新衣"

1917年,查尔斯·庞兹(Charles Ponzi)在波士顿宣称将从西班牙购入法、德两国的国际回邮优待券,加上一定的利润转手以美元卖给美国邮政局,以此赚取美元与法、德两国货币的"价差",一个半月内能获得50%的回报率。让那些初期投资者感到狂喜的是,他们如期获得了红利。随后,投资者越来越多,几个月内吸引投资超过了1500万美元。后来骗局被揭穿,庞兹逃之夭夭。此即"庞氏骗局"。

庞氏骗局实质上是将后一轮投资者的投资作为投资收益支付给前一轮的投资者,依此类推使卷入的人和资金越来越多。为了支付先期投资者的高额回报,"庞氏骗局"必须不断地发展下线,通过利诱、劝说、亲情、人脉等方式吸引越来越多的投资者参与,从而形成"金字塔"式的投资者结构。塔尖的少数知情者通过榨取塔底和塔中的大量参与者而谋利。毕竟投资者和资金是有限的,当投资者和资金难以为继时,庞氏骗局必然骤然崩溃。

投机性的股票交易牛市就是以庞氏骗局方式制造出来的。通过一轮一轮的投入不断抬高股价,依靠后一轮的资金投入来给前轮的投资者提供收益,这样的游戏一直持续着,直至没有新的承接者加入而崩溃。在我国,"庞氏骗局"的改进版是传销、非法集资等行为。2004年的德隆案、2007年的蚁力神事件、万里大造林事件,也是类似的骗局。

受立法技术的制约,法律对违法、犯罪行为的界定总是落后于实际发生着的犯罪行为,"庞氏骗局"的经久不衰就是典型。该骗局以低投资、高回报和投资诀窍的不可知、难以复制为特征,开始时往往难以识破,只有造成了严重的社会危害时,司法机关才会介入,通过对骗局行为特征的研究总结,非法律行为才会变成法律行为,受到法律的规范。①

(四) 法律行为的分类

我国众多的法律规定了复杂多样的法律行为,对之加以分类,可以加深对法律行为的认识,便于我们区分不同种类的法律行为。

(1) 根据行为主体性质的不同,法律行为分为个人行为、集体行为与国家行为。个人行为是公民(自然人)基于个人意志和认识所从事的具有法律意义的行为,如结婚、离婚、遗产继承等。集体行为是某一群体的成员、基于共同意志而作出的具有法律效果、产生法律效力的行为,如企业之间签订贸易合同、上市公司发行股票等。国家行为是国家作为一个整体或由其代表机关(国家机关),以自己的名义所从事的具有法律意义的行为,如交通管理部门的执法行为、人民法院的审判行为等。

(2) 根据法律行为主体数量的不同,法律行为分为单方行为、双方行为与多方行为。单方行为,指由法律主体一方的意思表示即可成立的法律行为,如遗嘱、行政命令。双方行为,是指当事人双方的意思表示达成一致才能成立的法律行为,如结婚行为。多方行为,指由两个以上的多方法律主体意思表示一致而成立的法律行为,如两个以上的当事人订立合同的行为。

(3) 根据法律行为效力对象的不同,分为抽象法律行为与具体法律行为。抽象法律行为是针对一般对象作出的、具有普遍效力的法律行为,如行政机关制定行政规章的行为;具体法律行为是指针对特定对象而作出的具有个别效力的行为,如公民办理公证手续的行为。

(4) 根据法律行为是否需要一定形式或履行一定程序,法律行为分为要式法律行为与非要式法律行为。要式法律行为是指依法律规定,必须采取一定形

---

① 周明剑:《为什么庞氏骗局能屡屡得逞?》,载《中国发展观察》2009年第3期。

式或履行一定程序才能成立的法律行为,如房屋买卖必须办理过户手续才成立。非要式法律行为是指法律不要求采用特定形式,当事人可自由选择一种形式即能成立的法律行为。大多数生活中常见的法律行为都属此类。

(5) 依行为的从属地位与相互关系,法律行为分为主法律行为和从法律行为。主法律行为,是指无需以其他法律行为的存在为前提而具有独立存在意义、产生法律效果的行为。从法律行为,是指其成立以另一种行为的存在作为存在前提的法律行为,如为保证借贷合同的履行而订立抵押合同。从法律行为的成立和效力取决于主法律行为。

此外,法律行为还可以分为行使权利的行为、履行义务的行为、自为行为与代理行为、积极行为与消极行为、有效行为与无效行为等。

三、法律关系

(一) 何谓法律关系

法律关系是根据法律规范建立的一种社会关系。法律规范是法律关系产生的前提。如果没有相应的法律规范存在,就不可能产生法律关系。在复杂庞大的社会关系中,有些领域是法律所调整的(如政治关系、经济关系、行政管理关系等),也有些是不属于法律调整或法律不宜调整的(如友谊关系、爱情关系、政党社团的内部关系)。即使那些受法律法规调整的社会关系,也并不能完全视为法律关系。例如,民事关系(财产关系和身份关系)也只有经过民法的调整(即立法、执法和守法的运行机制)之后,才具有法律的性质,成为一类法律关系(民事法律关系)。法律关系是法律规范的实现形式,是法律规范的内容(行为模式及其后果)在现实社会生活中得到具体贯彻的结果。即是说,人们按照法律规范的要求行使权利、履行义务并由此而发生特定的法律上的联系,既是一种法律关系,也是法律规范的实现状态。在此意义上,法律关系是人与人之间的合法(符合法律规范的)关系,这是它与其他社会关系的根本区别。

从实质上看,法律关系作为一定社会关系的特殊形式,主要在于它体现国家的意志。法律关系是根据法律规范有目的、有意识的建立的,像法律规范一样体现国家意志。破坏了法律关系,其实也违背了国家意志。但法律关系毕竟又不同于法律规范,它是现实的、特定的法律主体所参与的具体社会关系。因此,特定法律主体的意志对于法律关系的建立与实现也有一定的作用。有些法律关系的产生,不仅要通过法律规范所体现的国家意志,而且要通过法律关系参加者的个人意志表示一致(如多数民事法律关系)。也有很多法律关系的产生,往往基于行政命令而产生。总之,每一个具体的法律关系的产生、变更和消灭是否要通过它的参加者的意志表示,呈现出复杂的情况,不可一概而论。

法律关系是以法律上的权利、义务为纽带而形成的社会关系,它是法律规范确定的行为模式、法律权利和义务在事实社会关系中的体现。没有特定法律关系主体的实际法律权利和法律义务,就不可能有法律关系的存在。包含法律权利和义务之内容是法律关系区别于其他社会关系的重要标志。

(二)何谓法律关系主体

1. 法律关系主体

法律关系主体也称"法律主体",是指在法律关系中权利的享有者和义务的承担者。在每一具体的法律关系中,主体的多少各不相同,但大体上可以归类为相应的双方:一方是权利的享有者;另一方是义务的承担者。

法律关系主体是现实存在的自然人或者法人。因为只有法律行为才能形成法律关系,而法律行为一定是人的行为,当然还可以是组织起来的人的行为,所以,独立存在的自然人、法人才能成为法律关系的主体。而胎儿从某些层面上看,具有生命特征,但其难以与母体分离而独立存在,所以难以成为法律关系主体。

法律主体在现实生活中必须具有基本的自我意识,清晰的利益要求和维护自己利益的主观愿望;有自主决定的能力,根据自己的特定利益确定自己的行为目标;能够对自己自由选择的行为结果承担责任。

我国每一种具体的法律法规都以特定的法律关系为调整对象,因而都有其特定的法律主体。换句话说,法律关系的主体是由法律法规加以规定的。

依据享有利益的不同,法律主体具体分为个体利益主体与整体利益主体。个体利益主体是法律主体的基本形式。在现实生活中,自然人与人是两个不同的概念,人是自然的产物,自然人是法律对人从不同属性上加以确认后的产物。人的需要是多方面的,要充分地满足这些需要完全依靠自身的力量是难以完成的。为了能够更充分地满足自身的需要,无论经过怎样的过程人类必须选择合作。这样,就必然会形成各种类型的合作组织,这些组织体的行为同样需要法律规范,也就必然产生整体利益主体。

2. 权利能力与行为能力

并非所有的自然人、机构和组织都能成为法律关系主体,对此,各国法律都有相应的资格限制,这种限制被称为权利能力和行为能力。权利能力是权利主体享有权利和承担义务的能力,它反映了权利主体享有权利和承担义务的资格。公民的权利能力分为一般权利能力和特殊权利能力两种。一般权利能力为所有公民普遍享有,始于出生,终于死亡,如人身权利能力等。特殊的权利能力须待一定的法律事实出现后才能享有,如参加选举的权利能力以达到法定年龄为条件。法人的权利能力始于法人依法成立,终于法人被解散或撤销。法人权利能力的内容和范围也与法人成立的目的直接相关,并由有关法律和法人组织的章程加以规定。

行为能力是权利主体能够通过自己的行为取得权利和承担义务的能力。行为能力以权利能力为前提,自然人有权利能力并不一定有行为能力,法人的权利能力和行为能力是一致的。我国《民法通则》根据年龄和精神健康状况的不同,将自然人划分为完全行为能力人、限制行为能力人和无民事行为能力人。关于精神病人,不能完全辨认其行为的属于限制民事行为能力人,完全不能辨认其行为的属于无民事行为能力人。

与行为能力相关的是责任能力,它是某人因违法而承担法律责任的能力,是行为能力在保护性法律关系中的特殊表现形式。在大多数保护性法律关系中,责任能力无需特殊规定,如果一个人具有行为能力,也就同时具有责任能力。但在刑事法律关系中,刑事责任能力具有独立意义,它表现为主体具有了解自己行为的性质、意义和后果,并自觉控制自己行为和对自己行为负责的能力。

(三)法律关系主体的几种类型

我国的法律关系主体包括自然人主体、法人主体和国家三种。

1. 自然人(公民)主体

自然人是指有生命、具有法律人格的人,包括本国公民、外国人、无国籍人,是最基本的法律关系主体。具有中华人民共和国国籍的公民,是多种法律关系的参与者,公民与公民之间、公民与社会团体之间、企事业单位、国家机关以及国家之间可以发生多种形式的法律关系。在我国,还有一类由公民集合形成的特定主体(如农场经营户、个人合伙)可以参与一定范围的法律关系。公民作为法律主体,需要根据具体的法律关系内容来确定,法律主体的不同,决定着主张权利主体和承担义务主体的不同。

【法学小知识】

彩礼纠纷中的法律主体

我国民间在男女缔结婚约时普遍存在给付彩礼的习俗,一旦婚约解除,大多会产生婚约财产纠纷。实践中,给付彩礼和接受彩礼的不一定是婚约的男女双方,往往涉及双方的家庭成员。一旦婚约财产纠纷引起诉讼,何人作为原告主张权利,何人作为被告承担义务就需要具体分析。当给付的彩礼是男方本人劳动所得或其他合法收入时,原告只能是男方本人,其父母或男方近亲属就无权提起诉讼;当给付的彩礼源于男方全家的共同财产时,男方及其父母均可以作为原告提起诉讼。确定被告时,给付方在给付彩礼时已明确说明给付女方或其父母而女方或其父母接受的,应将女方或其父母列为被告;当给付方给付彩礼时,女方或其父母在场,而给付人也没有明确表示彩礼给谁的,发生纠纷后,如果女方及其父母互相推诿,可以将女方及其父母作为共同被告。自然人法律主体的确定以具体法律关系的内容为依据。而在婚约存续期间,男女双方基于感情交流互赠的礼品,则属于馈赠,即使婚约解除,也不能追回。

2. 法人主体

法人主体是指在法律上被认为有法律人格,能享受权利、承担义务的除自然人以外的任何实体。一般认为"法人"制度起源于罗马法,也称"法人人格"。世界各国的法律都存在法人主体,当一个组织或实体得到法律的承认因而可以以其名义实施法律行为、拥有法律利益,进行诉讼与被诉讼的自我保护,并以此与其成员或任何第三人相区别时,即可称该主体为法人,亦可认为该法人拥有法律上可以独立存在的、与其成员或任何第三人不同的人格。

第二次世界大战以后,法人这一概念逐渐由民商法领域扩展到其他领域,出现了政治法人、经济法人、文化法人等概念。根据我国《民法通则》第37条规定,法人必须是依法成立、有必要的财产和经费、有自己的名称和组织机构以及场所、能够独立承担民事责任。同时具备上述四个条件,就可以判定为法人主体。法人主体的基本特征有三个。

第一,法人是社会组织在法律上的人格化,是法律意义上的"人",而不是实实在在的生命体,其依法产生、消亡。自然人是基于自然规律出生、生存的人,具有一国国籍的自然人称为该国的公民。自然人的生老病死依自然规律进行,具有自然属性,而法人不具有这一属性。

第二,虽然法人、自然人都是民事主体,但法人是集合的民事主体,即法人是一些自然人的集合体,自然人则是以个人本身作为民事主体的。

第三,法人的民事权利能力、民事行为能力与自然人也有所不同。

3. 国家

在特殊情况下,国家可以作为一个整体成为法律关系主体。例如,国家作为主权者是国际公法关系的主体,可以成为对外贸易关系的债权人和债务人。在国内法上,国家作为法律关系主体的地位比较特殊,既不同于一般公民,也不同于法人,国家可以直接以自己的名义参与国内的法律关系(如发行国库券),但在多数情况下则由国家机关或授权的组织作为代表参与法律关系。

国家可以作为所有权主体,对国有财产享有所有权,这是国家参与的民事法律关系中最主要的类型。国家由于统治和有效的社会管理等需要,拥有大量的各种类型的财产。国有经营性资产的保值增值,只有通过商品经济活动才可以实现。国家在以国有财产为基础从事各种交易活动而形成的民事法律关系中成为民事法律关系主体。国家在对国有资产静态所有的情形下,是名副其实的民事主体;在动态经营过程中,则是授权国有企业对国有资产加以经营,其经营的收益归国家所有。目前,让公民更多分享国有资产收益之呼声的法律根源即在于此。

国家成为债权人或者债务人,是国家以民事主体身份参与民事法律关系的又一重要领域。主要包括如下几个方面:第一,国家作为债务人,发行国债;第二,国家签订合同,购买所需的物资,如政府采购;第三,国家通过合同,建设各种重大工程,如工程招标;第四,国家为了实现一些公共管理职能与自然人或各种组织签订合同,如授予一些个人或者组织某些行政特许权。其中第四类更能体现作为公权力者的国家为了实现其特定的功能而参与民事法律关系,成为民事主体。

国家成为侵权赔偿的主体。各级行政机关、司法部门在行使国家公权力的过程中出现违法行为,侵害了当事人人身权、财产权时,需要由国家负责赔偿。国家赔偿,又称国家侵权损害赔偿,是由国家对于行使公权力的侵权行为造成的损害后果承担赔偿责任的活动。根据我国《国家赔偿法》规定,国家机关和国家机关工作人员行使职权,有本法规定的侵犯公民、法人和其他组织合法权益的情形,造成损害的,受害人有依照本法取得国家赔偿的权利。国家赔偿由国家侵权行为引起;赔偿的主体是抽象的国家,具体的赔偿义务由国家赔偿法规定的赔偿义务机关履行,赔偿主体与赔偿义务人相互分离。随着行政权、司法权行使的日益民主化、法制化,国家作为侵权赔偿法律关系主体可能越来越多。

【案例研究】

佘祥林赔偿案

佘祥林,湖北省京山县雁门口镇人。1994年1月2日,佘妻张在玉因患精神病走失,张的家人怀疑张在玉被丈夫杀害。同年4月28日,佘祥林因涉嫌杀人被批捕,被荆州地区中级人民法院一审判处死刑,剥夺政治权利终身,后被湖北省高级人民法院驳回重审。1998年9月22日,佘祥林案经京山县人民法院和荆门市中级人民法院重新审理,佘祥林被判处有期徒刑15年。2005年3月28日,佘妻张在玉突然从外地回到京山。4月13日,京山县人民法院经重新开庭审理,宣判佘祥林无罪。2005年5月10日,佘祥林向荆门市中级人民法院提出国家赔偿申请,要求赔偿各项费用合计437.13万余元。9月2日下午,佘祥林获得赔偿款。

湖北省荆门市中级人民法院作为行使国家审判权的机关,因其误判,给佘祥林造成重大损失,承担了对佘祥林的赔偿。[①]

(四)法律关系客体

法律关系的客体也称法的客体,是指法律关系的权利义务所指向的对象。法律关系客体是独立于人的意识之外,并能为人的意识所感知并为人的行为所支配的各种各样的现象、能够满足主体物质利益和精神需求的各种各样物质和非物质财富。法律关系客体得到法律规范的确认和保护。

法律关系客体是一定利益的法律形式。任何外在的客体,一旦它承载某种利益价值,就可能成为法律关系客体。法律关系建立的目的,总是为了保护某种利益、获取某种利益,或分配、转移某种利益。法律客体所承载的利益本身是法律权利、法律义务联系的中介。这些利益,从表现形态上可以分为物质利益、精神利益、有形利益、无形利益、直接利益、间接利益(潜在利益);从享有主体的角度,可以分为国家利益、社会利益、个人利益。

法律关系客体是一个历史概念。在社会发展的不同阶段,法律关系客体的范围、类型也不同。中外法律制度发展变迁的历史表明,法律所涉及的权利、义务的类型越来越多,范围越来越广,法律关系客体的类型也随之扩大和增多。

---

① 姚素华:《关于佘祥林案件的几点分析与思考》,载《湖北警官学院学报》2008年第2期。

(五) 法律关系客体的类型

当代中国法所涉及的法律关系客体主要有以下几类：

1. 物

法律意义上的物是指法律规定的被人类认识和控制、有用的财富，它可以是天然物，也可以是生产物；可以是活动物，也可以是不活动物。人类的生存与发展是以消耗一定的物质为基础，而不论自然物还是生产物，在总量上总是存在稀缺性，要用于生产生活还需要付出人类劳动。所以大部分物都纳入了法律调整的范围，成为法律关系的客体。作为法律关系客体上的物与物理意义上的物既有联系，又有不同，它不仅有物理属性，而且应具有法律属性。物理意义上的物要成为法律客体，必须是独立存在并得到法律认可，人类能够控制并能给人类带来利益、具有经济价值。至于哪些物能够成为法律关系的客体，最终要由法律加以规定。在我国，大部分天然物和生产物可以成为法律关系的客体。如森林、土地、自然资源、货币以及其他有价证券（如支票、汇票、存折、股票）等。此外，近年来受到关注的"网财"或"虚拟财产"也归入"物"的范围之内，因为"虚拟财产"是由实际财产演变过来的，玩家获取它需要付出时间、金钱等耗费，也能从这些财产中得到满足感和快乐，财产是虚拟的，但是产生的利益却是实际的，"虚拟财产"受到法律保护就源于此。

【案例研究】

虚拟财产纠纷案

2003年2月17日，河北承德人李宏晨发现自己在"红月"服务器的账号内所有的虚拟装备丢失。经查证，这些装备转移到了另一个玩家的手中。李宏晨遂以游戏运营商侵犯其私人财产为由，将北极冰公司告上法庭，要求赔偿丢失的装备及精神损失费1万元。北京市朝阳区人民法院作出判决：被告北京北极冰科技发展有限公司将原告李宏晨在"红月"游戏服务器内的ID"国家主席"内丢失的虚拟装备生化盾牌一个、生化头盔三件、生化腰带两条、生化战甲一件、生化裤子一条、生化靴子两双、战神甲一件、献祭之石两个、生命水两个恢复。[①]

---

① 侯健美、侯莎莎：《我国首例虚拟财产案宣判》，载《北京日报》2003年12月19日。

2. 行为

在很多法律关系中,其主体的权利义务所指向的对象是行为。作为法律关系客体的行为是特定的,即义务人完成其行为所产生的能够满足权利人利益要求的结果。这种行为一般产生两种结果:一是物化结果,即义务人的行为(劳动)凝结于一定的物体,产生一定的物化产品或营建物(房屋、道路、桥梁等);另一种是非物化结果,即义务人的行为没有转化为物化实体,而仅表现为一定的行为过程,直至终了,最后产生权利人所期望的结果。例如,权利人在义务人完成一定行为后,得到了某种精神享受或物质享受,增长了知识、能力等。在此意义上,作为法律关系客体的行为结果不完全等同于义务人的义务,但却与义务人履行行为的过程紧密关联。义务正是根据权利人对这一行为的结果要求而设定的。如歌唱演员为晚会演唱歌曲的行为,如果不制作录音出唱片的话,一般不会产生物化结果,但付了门票的观众却可以从这种行为中得到愉悦与享受。歌唱演员的歌唱行为就成为满足听众权利的对象物,成为法律关系的客体。

3. 精神产品

精神产品也称为"智力成果""无体财产"等。精神产品是人通过某中物体记载下来并加以流传的思维成果。包括创作活动产品和其他与人身相关联的非财产性财富。创作活动的产品包括科学著作、文学艺术作品、科学发明、发现、合理化建议、商标等。精神产品作为法律关系客体集中体现在法律对知识产权的保护之中。

【案例研究】

"九佰碗"因一首背景音乐被告——背景音乐不是免费的午餐

现在很多商场、饭店都喜欢通过播放音乐来营造环境气氛,吸引顾客,但按照法律规定和国际惯例,使用这种背景音乐是需要付费的。杭州"九佰碗"餐厅曾播放一首"憨哥哥的歌"为背景音乐,长达1年之久。而"憨哥哥的歌"是我国著名音乐人樊孝斌和朱德荣创作的,两作者把歌曲的公开表演权、广播权和录制发行权授权给中国音乐著作权协会(简称"音著协"),由其进行维权。"音著协"发现"九佰碗"公开播放这首歌却从未得到授权,也没支付过使用费,多次交涉无果,只好以侵犯著作权将"九佰碗"起诉到法院,要求"九佰碗"停止公开播放这首歌,并赔偿经济损失。法庭受理这一案件,庭上"九佰碗"极力辩称自己没有侵权,但"音著协"的证据清楚证明了"九佰碗"长期播放"憨哥哥的歌"的事实。最终,法院认定"九佰碗"构成侵权,赔偿"音著协"经济损失5500元。该案例是浙江法院公布的2009年知识产权诉讼十大案例之一。①

4. 人身利益

人身是由各个生理器官做成的生理有机体,既是人的物质形态,也是人的精神利益的体现。人身利益包括公民和法人的姓名权、名称权,公民的肖像权、名誉权、人身权、人格权等。人身利益是刑事法律关系等许多法律关系的客体。在现代社会,科技和医学的发展,使得输血、植皮、器官移植、精子提取等现象大量出现,由此也产生了此类交易活动及其契约,带来了一系列法律问题。这样,人身利益作为法律关系的客体就变得很复杂。一般认为,活人的(整个)身体,不得视为法律上之物,不能作为物权、债权和继承权的客体,禁止任何人(包括本人)将整个身体作为物参与有偿的经济法律活动,不得转让或买卖。贩卖人口、拐卖妇女儿童、买卖婚姻是法律所禁止的违法行为或犯罪行为,会受到法律的制裁。此外,权利人对自己的人身不得进行违法或有伤风化的活动,不得滥用人身,或自践人身和人格。例如卖淫、自杀、自残行为属于违法或至少属于法律所不提倡的行为。再者,对人身行使权利时必须依法行使,不得超出法律授权的界限,严禁对他人人身非法强行行使权力。例如,有监护权的父母不得虐待未成年子女的人身。

【案例研究】

侵犯名誉权案

2007年9月,影视剧演员范冰冰发现北京某医院网页有"北京当代女子医院范冰冰整容暑期特别奉献"等内容,为此范冰冰将这家医院告上法庭,北京市东城区人民法院认定:该医院在未经原告范冰冰本人同意的情况下,在其网站的网页中登载"范冰冰整容暑期特别奉献"等内容,在其网页的相关页面中擅自使用了原告范冰冰的照片。此行为会致浏览被告网页的部分公众对原告范冰冰是否进行过整容等问题产生误导,并对原告的公众人物形象产生负面影

---

① 《中国音乐著作权协会诉杭州九佰碗连锁餐饮食品有限公司著作权侵权纠纷案》,载浙江省高院编:《案例指导》(2010年卷),中国法制出版社2011年版。

> 响,从而使原告的社会评价降低。判定被告医院停止侵权并赔偿原告范冰冰精神损害抚慰金10万元。①

四、法律责任

(一) 何谓法律责任

在现代汉语中,责任一词有两个密切关联的含义:一是分内应做的事,如尽责任、岗位职责;二是没有做好分内的事,因而应当承担的后果,如追究责任、问责。法律责任是因违法行为、违约行为或者法律规定而应承受的某种不利的法律后果。"欠债还钱""杀人偿命"是人们对法律责任最通俗的理解。"还钱""偿命"对于责任人来说,都是一种不利的后果,是一种法律上的负担。人类是基于对正义的追求来设定法律责任的,但随着社会生活的日趋复杂化,基于保障秩序设置的法律责任越来越多。

法律责任与法律义务密切相关。我们说一个人在法律上要对一定行为负责或者为此承担法律责任时,意思是说他做了与法律要求相反的行为时,他应受制裁。就法律责任与法律义务的关系来说,有法律义务才有法律责任,无法律义务则无法律责任;法律责任是履行法律义务的保障。法律责任与法律权利也有密切关系,法律责任规定着法律关系主体行使权利的界限,以否定的后果防止权利行使不当或滥用权力;法律责任又是法律权利受到侵犯时的救济手段。法律责任的认定、归结与实现一般都离不开司法机关、执法机关的权力;同时,法律责任也规定了行使权力的界限和越权的后果。

产生法律责任的原因大概有三种:一是违法行为,也就是侵权行为,即侵犯他人的财产权、人身权利、知识产权、政治权利或精神权利而产生的法律责任,它在全部法律责任中占多数。二是违约行为,即违反合同约定,没有履行一定法律关系中的作为义务或者不作为义务。三是法律规定,一般是指无过错责任,即仅仅由于出现了法律所规定的事实,就要承担某种赔偿责任,如产品致人损害所导致的法律责任。

---

① 傅春荣:《山寨版范冰冰整容惹官司》,载《中华工商时报》2009年1月19日。

法律责任与一般社会责任有严格的区别。其特点在于：第一，法律责任首先表现为一种因违反法律上的义务而形成的责任关系，即主体甲对主体乙的责任关系。第二，法律责任还表示为一种责任方式，即承担追究否定性、不利性后果。法律责任方式由法律规定，一般有补偿和制裁两种。第三，法律责任具有内在逻辑，存在前因后果的逻辑关系。第四，法律责任的追究和执行是由国家强制力保证和实施或者潜在保证的。

法律责任是法律整体的重要组成部分，有些法律或法规以规定法律责任为重要内容或主要内容，如《消费者权益保护法》《食品安全法》《国家赔偿法》等。法律责任在惩罚和教育违法者、补偿受害者的损失，维护社会秩序和安全等方面都具有重要作用。

（二）法律责任的构成

法律责任的构成是指认定法律责任时必须具备的条件或必须符合的标准。违法行为、违约行为是最主要的产生法律责任的原因和根据，是认定和归结法律责任的前提。根据违法行为或违约行为的构成特点，一般把违法责任的构成概括为责任主体、过错、违法行为或违约行为、损害结果和因果关系五个方面。

（1）责任主体是指因违法、违约或法律规定的事由出现而承担法律责任的人，包括自然人、法人和其他社会组织。违法、违约行为首先是一种行为，没有行为就没有违法、违约，而行为是由人的意志支配的身体的动静，因此，实施违法行为、违约行为必须有责任主体。当然，成为责任主体还要具备行为能力。

（2）过错，即承担法律责任的主观故意或过失。古代社会，按照客观原则归责，主观过错对法律责任的确定影响不大。现代社会将主观过错作为构成法律责任的主观要件之一，不同的主观心理状态对认定某一行为是否有责及承担何种责任有直接联系。在刑事法律中，过错在本质上就是行为人的主观恶性，在以道义惩罚为主的刑事责任中，过错是衡量、确定刑事责任的重要因素，还是确定罪与非罪、此罪与彼罪、一罪与数罪、重罪与轻罪的参考依据。

（3）违法行为或违约行为。违法行为与违约行为是法律责任的核心构成要素。违约行为或违法行为包括作为与不作为。作为是行为人直接实施了法律所禁止或合同不允许作的事；不作为是指行为人能够履行该义务的条件下不履行该义务。作为或者不作为，对于确定法律责任的范围、大小有意义。

（4）损害结果，指违法行为或违约行为侵犯他人或社会的利益与权利，所造成的损失或伤害。包括实际损失，丧失所得利益及预期可得利益。损害结果可以是对人身的损害、财产的损害、精神的损害,也可以是其他方面的损害。损害结果具有确定性,在客观上可以认定,它是违法行为或违约行为已经造成的侵害事实,而不是臆测的、虚构的、尚未发生的情况。认定损害结果一般根据法律、社会普遍认识、公平观念并结合社会影响、环境等因素进行。随着网络的发展,具体损失结果所产生的社会影响越来越大。

（5）因果关系,是违法行为或违约行为与损害结果之间的必然联系,即行为与损害结果之间的引起与被引起的关系。因果关系是归责的基础和前提,是认定法律责任的基本依据。法律责任上的因果关系既具有一般因果关系的基本属性,又具有特殊性。事实上的因果关系极其复杂,一因多果、多因一果、多因多果、互为因果都是事物之间因果关系存在的基本面貌,但法律责任上的因果关系只考虑其中与认定法律责任有关的因素,引起与被引起是最重要的原则,是一种法律规定的因果关系,具有法定性。

【案例研究】

张明宝醉驾案

被告人张明宝在2009年6月30日20时许,在深度醉酒的状态下独自驾驶一辆别克君越轿车,沿南京市江宁区金盛路由南向北行驶的过程中连续肇事,造成5人死亡、4人受伤、数辆机动车受损的严重后果。法院认为,张明宝明知酒后驾车违法、醉酒驾车会危害公共安全,却无视法律醉酒驾车,放任危害结果的发生,并在肇事后继续驾车连续冲撞多名行人及车辆,其行为构成以危险方法危害公共安全罪,依法应予严惩。被告人张明宝犯以危险方法危害公共安全罪,判处无期徒刑,剥夺政治权利终身。[①]

（三）归责与免责

法律责任的归结,简称归责,是指对违法行为引起的法律责任进行判断、确认、追究及免除的活动。法律责任的归结涉及归责原则和免责条件等。

（1）归责原则。归责是一个复杂的判断过程,判断、确认、追究、免除必须依照一定的原则。归责原则是立法者价值取向的集中反映,也是指导法律适用的基本原则。归责一般遵循以下几个原则:

---

① 张羽馨:《南京6.30醉酒驾车案一审判决》,载《江苏法制报》2009年12月24日。

第一,责任法定原则。责任法定原则是法治原则在责任归结上的具体运用。含义包括依法追究责任,即法律责任应当由法律规范预先规定,违法行为或违约行为发生后,应当按照事先规定的性质、范围、期限、方式追究违法者、违约者或相关人员的责任。责任法定原则的基本特点为法定性、合理性与明确性。责任法定原则排除"非法责罚"即责任擅断,强调"罪刑法定",无法律授权的任何机关或社会组织都不能向责任人认定和归结责任,国家机关和社会组织不能超越权限追求责任主体的法律责任,也无权追求法律规定以外的法律责任,更无权实施法律规定以外的责罚。一般情况下排除对行为人有害的既往追溯,强调法不溯及既往。

第二,因果联系原则。在归责之前要确认行为与危害或损害结果之间的因果关系;确认行为人主观因素与外部行为之间的因果关系;区分上述因果关系是必然还是偶然,直接还是间接,是一因多果还是一果多因或多果多因。法律上的因果关系认定比较严格,它要在事实上因果关系得到认定的基础上,还要从法律规定、司法政策、公平正义、案情发展逻辑以及一般人的普遍感觉等方面综合考虑。

第三,责任与处罚相称原则。要求法律责任的性质与违法行为的性质相适应;法律责任的轻重和种类与违法行为危害或者损害相适应;法律责任的轻重和种类与行为的主观恶性相适应。

第四,责任自负原则。即保证责任人受到追究,保证无责任人不受追究,违法行为人对自己的违法行为负责。责任自负原则是现代法学的基本原则,但在某些特殊情况下,为了法律秩序特别是财产保护的需要,也产生责任转承的问题,如监护人代替被监护人承担责任等。

(2)免责条件。是指对于行为人免除法律责任的条件。免责条件在不同的法律上有不同的规定,私法责任与公法责任明显不同,其免责条件也不同。私法免责条件有两种:一是法定免责条件;二是意定免责条件。私法的法定免责条件是"不可抗力"。我国民法上的"不可抗力"是指不能预见、不能避免、不能克服的客观情况。私法的意定免责条件,即当事人自行决定的免责条件,包括权利主张超过时效;有效补救即责任人对引起的损害采取有效补救措施,受害人愿意放弃追究责任时,可以免责;自愿协议,即双方当事人在法律许可的范围内协商同意,可以免责。通常公法责任由国家专门机关予以认定和追究,不允许在当事人之间进行和解即"私了"。公法的免责条件包括不可抗力、紧急避险、正当防卫、超过时效、自首立功、亲告罪当事人不起诉等。

【案例研究】

同居者应否负扶养义务

原告陈某与被告孙某经人介绍于2003年1月相识并订立婚约,2004年10月按照农村习惯举行了结婚仪式后同居生活,但一直未办理结婚登记手续。2005年3月,原告经诊断患有肾病综合症,先后到莒县、潍坊、济南各地医院住院治疗,支出医药费3万余元,被告支付1.1万元后不再陪同治疗,亦不再支付医药费。双方于2005年11月解除同居关系。2006年3月,原告陈某诉至山东省莒县人民法院,要求被告履行扶养义务,给付必要的医疗费。

莒县人民法院审理后认为,陈某与孙某未办结婚登记手续而以夫妻名义同居生活,属同居关系,双方不具有互相扶养的义务。原告请求被告承担医疗费用,没有法律依据,不予支持。鉴于二人共同生活期间原告患有严重疾病尚未治愈,被告应当给予适当的经济帮助。据此,莒县人民法院作出判决:孙某于判决生效后10日内付给陈某经济帮助人民币5000元;驳回陈某要求孙某履行扶养义务的诉讼请求。①

(四)法律责任的实现方式

法律责任的实现方式简称责任方式,指承担或追究法律责任的具体形式,如刑事处罚、行政罚款、赔偿损失等。法律责任根据方式可以分为三种,即制裁、补偿、强制。前两种是法律中常见的责任方式,也称为"法律制裁""惩罚性制裁"等。制裁,是指以法律的道义性为基础,通过国家强制力对责任主体实施的以人身、精神、财产方面的惩罚为内容的惩治。主要包括民事制裁、行政制裁、刑事制裁等。补偿,是指以法律上的功利性为基础,通过当事人要求或国家强制力保证,以要求责任主体以作为或不作为的形式承担弥补或赔偿的责任方式。主要包括民事补偿、行政补偿、司法补偿等。所谓强制,是指当责任主体不履行义务时,通过国家强制力对责任主体实施强制措施,迫使义务主体履行义务的法律责任方式。如强制戒毒、强制治疗、强制拆迁等。

---

① 张兴奎、许传伟:《同居关系不具有相互扶养的义务》,http://china.findlaw.cn/info/hy/hunyinfaanli/lihun/141741.html,2014年7月1日访问。

【法学小知识】

法治的代价

两千年来所有人类经验都证实,无论立法的准备工作多么小心周到,预料不到的副作用还是会发生,就像预料不到的药物副作用一样,要完全避免坏的结果是不可能的。所以,我们必须绝对忍受这些不公正,将其看做是为了整个的法律制度而付出的部分代价。

([英]阿蒂亚:《法律与现代社会》,范悦译,辽宁教育出版社1998年版,第227页)

法律平等地适用于每一个人,同样约束每一个人,而不论每一个人动机如何。这是法律的核心。由于这一理由,一个人出于道德信念而故意实施善良违法行为,并由此被确认为是一种刑事犯罪,他对此既不应该感到惊讶,也不应该为之痛苦。他必须接受这一事实,即有组织的社会不可以建立在任何其他的基础之上。

([德]拉德布鲁赫:《法学导论》,朱健、朱林译,中国大百科全书出版社1997年版,第21页)

关键概念

法律规范　法律关系　法律行为　行为能力　法律责任

思考题

1. 法律规范的结构包括哪些内容?
2. 法律主体有哪些类型?
3. 法律归责原则包括哪些?
4. 法律责任的实现方式有哪些?

拓展阅读

著作权侵权案

2000年4月,新华图书公司发行了吉林摄影出版社出版的《二十世纪中国著名作家散文经典》系列丛书。该丛书之《寻梦》单行本,署名巴金,共收入巴金不同时期创作的作品30篇。巴金起诉新华图书公司和吉林摄影出版社,吉林摄影出版社未经巴金同意,擅自将其创作的散文作品汇编成集并出版发行,未向作者支付报酬。该书的书名、选目和编排都不符合作者的意愿。吉林摄影出版社的行为侵犯了巴金依法对其创作作品享有的著作权中的使用权和获得报酬权,给作者造成了物质上和精神上的损失。吉林摄影出版社和新华图书公司的行为也构成对作者的侵权。经法院审理后判定被告立即停止发行和销售《二十世纪中国著名作家散文经典》之单行本散文集《寻梦》,在《新闻出版报》上就其侵权行为向原告公开赔礼道歉,赔偿经济损失人民币23760元。①

运用法律关系客体的相关理论,说明巴金胜诉的原因。

---

① （2000）一中知初字第117号"巴金诉吉林摄影出版社、北京新华图书公司侵犯使用权案判决书"（北京市第一中级人民法院民事判决书）。

第四讲　法律与国家

本讲导读

国家是由人民、领土、政府、主权等要素组成的联合体。国家往往由中央和地方组成,但不同的国家,中央与地方的权限也是不同的,所以存在联邦制国家和单一制国家。一般理论认为,国家的一切权力属于人民,人民通过一定的形式组成不同的国家机关,国家机关依照其职责对国家进行有效的统治与管理。资本主义国家中,主要以三权分立的原则确定国家机关(主要是指立法、行政、司法)的关系,而我国实行的是人民代表大会制,全国人民代表大会是我国最高权力机关,其他国家机关都要对其负责,受其监督。在国家权力中,政府的权力即行政权在社会上往往处于主导地位,但现代政府的权力也是受到法律限制的。

导入案例

巴勒斯坦国是一个由居住在巴勒斯坦地区的约旦河西岸以色列占领区以及加沙地带的阿拉伯人所建立的国家。1967 年,巴勒斯坦地区阿拉伯区面积 6242 平方公里,包括约旦河西岸地区 5879 平方公里(其中死海面积 220 平方公里)及加沙地区 363 平方公里。1988 年 11 月 15 日,在阿尔及利亚首都阿尔及尔举行的巴勒斯坦全国委员会第 19 次特别会议通过了《独立宣言》,宣布在巴勒斯坦土地上建立首都为耶路撒冷的巴勒斯坦国。在国际承认下,该国已拥有联合国观察员席位,并与世界上多数国家建立了正式外交关系。2007 年 6 月因内部两大势力严重不和而形成分裂局面,其中巴勒斯坦伊斯兰抵抗运动(即"哈马斯")占有加沙地带,而巴勒斯坦解放运动(即"法塔赫")主导的巴勒斯坦紧急政府则管治西岸,受巴勒斯坦民族权力机构监督。从《独立宣言》发表至今,巴勒斯坦仍旧是一个尚未完全独立的国家,其地位现今仅为一个自治区,但拥有自己的保安部队,亦可发出护照及独自参加国际体育赛事。

一般说来,法律与国家的关系非常紧密。国家对法律而言,法律的实际存在和实现要以国家为依托,法律的实现需要国家作后盾。而法律对国家也起着巨大的作用,主要表现为:确认、规定国家的合法性;国家需要法律来治理。巴勒斯坦独立的艰难过程既有复杂的政治因素,又受到国际法上关于国家、政权独立的相关规定的制约。

一、国家的要素

(一) 什么是国家

关于国家的概念,古今中外说法各异。在西方,古希腊国家大多为城邦,因而"国家"即指城邦。在中国,"国"由古汉字"國"演变而来,后者包含着"一"(土地)、"口"(人口)、"戈"(武力),已经包含了国家的若干要素。现代国际法上的国家是指隶属于一个国家主权管辖之下的地球表面的特定部分,或是指一定范围领土之上的居民在一个独立自主的政府之下组成的社会。

国家是分工和私有制的产物,是实行阶级统治的社会公共权力组织,它的本质在于阶级统治,是一种特殊的暴力机器。原始社会末期,社会分工、私有制和阶级的产生,使人类社会第一次出现了巨大的利益分化和利益对立。面对社会利益结构和利益关系的这种变化,氏族社会的原有公共权力及其组织设施制度已失去了原有的社会共同利益基础,也不能胜任维护自己的经济利益、协调新的利益矛盾的政治作用。奴隶主阶级为了维护和实现自己的经济利益,镇压和控制奴隶阶级的反抗,协调其他利益的矛盾,需要一种新的、不同以往的"特殊公共权力",国家即是这种新的公共权力组织。所以恩格斯说,国家无非是一个阶级镇压另一个阶级的机器。列宁则进一步指出,国家是迫使一切从属的阶级服从于一个阶级的机器,国家是阶级矛盾不可调和的产物和表现,在阶级矛盾客观上达到不能调和的地方、时候和条件下,便产生国家。

一个国家往往由中央与地方组成,而这两者关系便是我们所说的国家结构形式,统治阶级为了维护自己的统治,需要根据本国国情采取适当的国家结构形式。目前,世界各国的国家结构形式包括单一制、联邦制、邦联、君合国与政合国。

(1) 单一制,是指国家由若干普通行政单位、自治单位、特别行政区等组成,各组成单位是国家不可分割的一部分的国家结构形式。现代国家大多采用这种国家结构形式。单一制的基本标志是:全国只有一部宪法,只有一个中央国家机关体系(包括立法、行政、司法机关);每个公民只有一个统一的国籍;各行政单位或自治单位所拥有的权力通常都由中央以法律形式授予;国家整体是代表国家进行国际交往的唯一主体。我国是世界上单一制历史上最长的国家。自秦朝统一以来,中国在两千多年漫长的历史中基本上保持着中央集权体制。对地方政府和人民而言,中央政府的权力一直具有至高的、不可抗拒的权威。

(2) 联邦制,是指由两个或者两个以上的联邦组成单位(如邦、州、共和国等)组成联盟的国家结构形式,也是现代很常见的国家结构形式。联邦制的基本标志是:联邦和其成员国分别有自己的宪法和法律以及各自的国家机关体系(包括立法、行政、司法机关);公民具有双重国籍,既是成员国的公民,又是联邦的公民;联邦的最高立法机关通常采用两院制,其中一院由联邦成员国选派代表组成;通过划分联邦与成员国之间的权力,联邦的权力,包括立法权、行政权、司法权,来自各成员国的授予,凡未授予联邦的权力通常由各成员国保留;在对外关系方面,联邦的组成单位一般没有权力,但也有的国家允许其组成单位同外国签订某方面协定的例外。美国是典型的联邦制国家,加拿大、澳大利亚、瑞士等国家也采用联邦制。

(3) 邦联,是指若干主权独立国家为实现某种共同目的或某种共同利益而结成的松散的国家联盟。这种联盟一般以条约为基础。联盟不是一个主权国家,没有统一的宪法、国家机关、赋税、国籍等,各成员国均保留自己独立的国家主权。邦联的主要机关由各成员国派遣代表组成,或者是定期由成员国国家元首、政府首脑参加的会议,但邦联的决议必须经各成员国批准才能生效。邦联机构是协商性的,它所作的决议只有经过各成员国认可才有约束力,并通过各成国政权才能对其公民发生效力。各成员国可以自由退出邦联。由于邦联较强调各成员的独立和主权,因而严格地讲,邦联并不是真正意义上的国家,只是一种比较松散的国家联盟。世界上比较典型的邦联是1982年塞内加尔和冈比亚结成的塞内冈比亚联盟,另外欧盟也可说是一个国家联盟。

(4) 君合国与政合国。君合国是指两个以上君主国由一个君主实行统治的国家联合。在这种形式下,两国共拥有一个国际交往的主体,即一个共同的君主,没有其他的联合关系,但每个成员国又拥有自己的宪法、议会和政府,保持一定程度的独立性,在国际交往中都是独立主体。如 1815 – 1890 年荷兰与卢森堡的联合及 1867 年成立的奥匈帝国等。政合国是指两个或两个以上的国家在缔结条约基础上组成的国家联合。在这种形式下,各成员国之间有统一的宪法和国家机关,有同一个国家元首,并对军事、外交、财政等事务进行统一管理,对外是国际关系中的主体,但各成员国的内政独立,分别有自己的宪法、议会和政府,彼此之间有相对的独立性。如 1814 – 1905 年瑞典与挪威的国家联合等。

(二) 国家的要素

一般认为,当人民在他们自己的主权政府下定居在一块土地之上时,一个真正意义上的国家就产生了。即国家是指居住在特定土地上的人民在一个主权政府下组成的国际法实体。所以国家的存在必须以下面的几个要素为条件:

1. **定居的居民**

国家作为人类的集合体,必然有一定数量的人民才能成立国家。国家给人的第一印象是数不清的人群。人民是在一个国家领土内定居并受该国主权管辖的居民,是社会物质财富的主要生产者,是构成国家的基本条件和第一要素。国家是由多数人结合而成立的,是人类的一种集合组织,当然离不开人民而存在。人民是国家存在和发展的基础与起点。只有具有一定数量的居民,才能形成一定的政治经济结构,构成社会,组成国家。但不能限定人口数量,在国际上,人口数量对国家权利并无影响。

2. **确定的领土**

领土是一国的居民居住和生存的地方,是国家赖以生存的物质基础,也是一国主权活动的基本空间。有了确定的领土,居民才能聚居并进行生产,国家才能进行有效的管理和统治。领土是指国家主权支配下地球的特定空间,包括位于国家主权下的地球表面的特定部分及其底土和上空。一国对其领土享有最高权力,是国家主权的重要内容和体现,是国家独立的重要标志。国际法承认国家在其领土上行使排他的管辖权,领土完整、不受侵犯是国际法的一项基本原则。国家的大小和四周疆界是否完全划定,对国家的存在和国际法上的权利没有影响。

3. **政权组织(或称政府)**

政权组织(或称政府)是国家在政治和组织上的体现,是执行国家职能的机构,具体承担国家的权利义务。它对内依据国内法实行统治和管辖,对外代表本国和人民进行国际交往。没有一定的政权组织的形式的社会,不能成为国家。但政权组织形式的选择属于各国内政,政府代表国家进行对内统治和对外的独立权。

4. **主权**

主权是一个国家独立自主地处理国内外一切事务的能力和最高权力,具有最高、绝对排他的特性。国家主权表现为对内最高权和对外独立权。对内最高权,是指在国内作为政治统治的最高权力,不受其他权力的支配,它的意志全体公民和机关组织都必须服从和执行。对外独立权,是指国家独立自主地处理对内对外的各种事务,不受任何国家的干涉。主权作为国家固有的根本属性,是国家的生命和灵魂,是国家区别于其他社会共同体和社会组织的根本标志。尊重他国主权、不干涉别国内政是国际法的基本准则。

通常同时具备四要素才构成国际法上的国家。但有时某要素可能仅维持到极弱的程度,或可能暂时缺少某因素,仍不会影响国家的国际人格,也不会影响它作为国家而继续存在。当然,这可能对其实体权利的行使和义务的履行产生一定影响。

二、国家的统治形态

(一) 政党制度

"党"在英文中是"party",其传统意思都含有"偏向"的贬义。中国从远古就对"党"字没有太大好感。《尚书》说:"王道荡荡,无偏无党;王道平平,无党无偏。"在这个意义上,"党"就是"偏",是和公平、坦荡相对立的。这就难怪洁身自好的儒家如此强调"君子不党",且中国传统出于对"朋党之祸"的恐惧,一直抵制着政党的发展。传统的观点认为,"党"必然代表着和公共利益相对立的私人利益,如果任其发展就必将损害公共利益。但现代西方的政治实践表明,在相互认同、容许共存的基本文化前提下,多党和平竞争的自由民主秩序是可以实现的。"公正"的实现最终不是通过对政党的禁止,而恰恰是通过允许各类党派的自由与全面的发展。事实上,对于民主政体来说,现代政党的作用是巨大的,没有政党,就不可能组织有实质意义的大众选举,而大众选举是任何现代民主的基础和本质特征。政党是民主选举必不可少的动员和组织力量。政党同时是加强政府与公民联系、减少统治者与被统治者冲突的手段,它提供向政府反映社会需求的渠道,并通过这种反馈过程为政府提供统治合法性。可以说,一个国家的政党运作是否成功,直接决定着民主体制的成败。

1. 何谓政党

政党是指依靠民众的支持,通过和平的手段去争取公共政治资源的分配和政治权力行使的政治组织或团体。政党具有以下特征:(1) 政党权力是宪法规制下的权力,政党必须在尊重宪法规则的前提下开展政治活动。(2) 尽管政党活动的实质与结果不过是成为阶级和阶层的代表,但政党为了获得最大多数民众的支持,一般要以"全民"的利益代表为号召,这与利益团体公开争取、主张某一团体的利益构成重要区别。在很多情况下,政党是主义的聚合,而团体不过是利益的聚合。

2. 政党的功能

政党制与议会制、选举制一起构成现代民主制度的三大支柱,政党的所作所为关系到议会制度和宪政民主制度的成败。政党在当代国家政治生活中占据主导地位,在组织竞选、掌握政策、控制社团方面发挥着主体作用。政党一般具有下述功能:(1)利益表达和利益聚合,政党是政府和人民之间的桥梁。政党对于人民利益的表达起着重要的不可替代的作用。(2)社会整合,一个制度化程度很高、具备高度自主性的政党体系的存在,可以通过体系扩大政治参与,控制或转移破坏性的政治活动;可以缓解社会矛盾,协调各种相互冲突的利益,避免其破坏政治体系。(3)组织和控制政府,政党活动的主要目标是直接掌握政府或影响政府权力的行使。在西方国家,一个政党一旦执政,它就以政府作为本党的主要决策机构和执行机构,并以政府的名义对社会发号施令。

3. 政党制度

现代政党以参与政治为目标。所谓政党制度就是指政党参与政治的固定化的模式,即由法律规定或者在实际政治生活中形成的有关政党的组织、活动以及政党参与政权的方式、程序等一系列制度性规定的总和。根据不同的标准,可将政党制度划分为不同的类型。

(1)根据一国政党的数量或居于垄断地位政党的数量与掌权方式,政党制度可分为一党制、两党制、多党制。所谓一党制,指的是一个国家只存在一个政党或存在多个政党,但只有一个政党长期执掌国家政权。如缅甸、埃及等国。所谓两党制,并不是一个国家只有两个政党,再无其他政党,它指的是一个国家存在两个或两个以上政党,但只有两个主要政党单独轮流执掌政权。两党制首先在英国建立,后在美国、加拿大、澳大利亚等国被广泛采用。所谓多党制,是指一个国家存在三个或三个以上政党时,其中一些政党联合起来组成多数党联盟,从而能够取得优势地位,获取国家的执政权。实行多党制的国家有法国、德国、荷兰等。

(2)以社会制度和意识形态为标准,可以将政党制度分为社会主义制度下的政党制度、资本主义制度下的政党制度和新兴发展中国家的政党制度。

【法学小知识】

美国政党的"驴象"之争

民主党与共和党是美国最主要的两个政党,分别以驴和象作为自己的象征,其源于德裔美国政治漫画家汤姆斯·纳斯特的讽刺漫画。民主党最早和驴子扯在一起是1828年杰克逊竞选美国第七任总统。当时对手批评他是"笨驴"。1870年,纳斯特画了一头驴登在《哈泼斯周刊》上,以讽刺当时北部反对内战的民主党人。这幅漫画加深了人们头脑中"民主党即驴子"的印象。驴子虽然笨头笨脑,却被民主党人视为既聪明又勇敢的动物。1880年,民主党在总统选举中开始以驴子作为党的代表动物。1874年,纳斯特在《哈泼斯周刊》上画了一幅摔倒的大象,用它代表不满共和党总统格兰特执政的共和党选民。同年,共和党在国会中期选举中大败,纳斯特又画了一幅受困的大象予以讽刺。随后其他漫画家也纷纷用大象来代表共和党。被民主党讥讽为大而无当、华而不实、保守愚昧的大象,在共和党人看来,代表的却是尊严、力量和智慧。最后,共和党索性把大象作为自己的代表动物。

4. 中国的政党制度

和西方国家不同,中国实行"共产党领导的多党合作"制度。目前我国有八个民主党派,共产党领导的多党合作制度包括以下主要方面:第一,共产党是执政党与领导核心,在政治原则、政治方向和重大方针下领导各民主党派。第二,各民主党派是接受共产党领导的参政党,与执政党通力合作。第三,多党合作的基本方针是"长期共存、互相监督"。第四,民主党派参政的主要内容是参与国家大政方针和领导人选的协商,参与国家方针、政策法律及法规的制度与执行,鼓励支持民主党派与无党派人士对党和国家的方针政策、各项工作提出意见、批评、建议。第五,多党合作在目前阶段的主要方式包括共产党与民主党派的政治协商,民主党派或无党派人士在国家权力机关参政议政,并担任各级政府或司法机关的领导职务。

(二)政体制度

政体制度就是一个国家政权组织形式,亦称政体或国家管理形式,是指一个国家采取何种原则和方式去组织治理社会、维护社会秩序的政权机关。它包括政权的构成、组织程序和国家权力的分配情况,以及公民参加管理国家和社会事务的程序和方式。政体反映着政权组织内部结构以及各个组成部分之间的关系,也反映着人民同国家机关之间的关系。

现代社会是民主的社会,其根本标志是宪法和议会的存在。宪法给国家权力划定了范围并规定了使用权力的方式,从而使国家权力变得可以驾驭。议会则使封建社会及其之前的社会专属某一阶层掌握的权力归于大众所有,民众可以通过议会来实现主权在民的政治理想。议会制定法律来规范一切国家行为,可以说是现代民主制度的核心。

议会制度起源于英国。13 世纪中叶,英国开始建立国会,最初是封建贵族的代表机关,后来成为等级代表机关。14 世纪中叶,国会分为贵族院(上议院)和平民院(下议院),在资产阶级革命过程中国会扩大了权力,通过《人身保护法》《权利法案》《王位继承法》等一系列文件,确认了自己作为最高立法机关的地位,此后又逐渐取得了决定内阁人选、监督内阁施政、决定内阁去留的权力,成为资产阶级议会制的先导和典型。其他资本主义国家或多或少都受了英国国会制的影响。

资本主义国家的政体形式主要有君主立宪制和共和制。

(1)君主立宪制。君主立宪制又称有限君主制,是以君主或国王为国家元首,国家最高权力实际上或者名义上由君主一人掌握的政权组织形式。

(2)共和制。共和制政体的主要特征是:国家最高权力在实际上和形式上都不属于一人所有,而是由选举产生、并有一定任期的国家机关掌握。这种政体为当今较多资产阶级国家所采用,主要形式有议会制、总统制和委员会制。

议会制也称责任内阁制,它是资本主义国家的主要政权组织形式,议会在国家政治生活中占有主导地位;政府即内阁由议会选举产生并对议会负责;总统由选举产生,一般不掌握实权,只为名义上的国家元首。

总统制是以总统为国家元首兼政府首脑的政权组织形式。实行总统制的国家,议会的权力较小,议会的议事程序要受政府控制和支配,议会的立法权和监督权都受到严格限制。这种政体形式又可分为美国式总统制和法国式总统制。

在共和制政体中只有瑞士实行委员会制。在这种制度下,联邦议会选出七名委员,组成联邦行政委员会即联邦政府;政府向议会负责,无权解散议会,议会却有权解散行政委员会;瑞士的国家元首是联邦主席,由议会从行政委员会的七名成员中选出,任职一年且不得连任;国家主席的权力与其他行政委员会成员平等,只是对外代表瑞士;政府的一切重大问题必须由七人委员会议决定,没有政府首脑。这是一种较为民主的政权组织形式。

【法学小知识】

三 权 分 立

三权分立是一个政治学说,其主张政府的行政、立法与司法职权范围要分明,以免滥用权力。三权分立原则的起源可追溯至亚里士多德时代。17世纪,英国著名思想家洛克《政府论》的发表,表明现代意义上的分权理论初步形成。洛克在《政府论》中,对权力分立理论有详尽的描述。他把国家权力分为立法权、行政权和对外权,这三种权力应该分别由不同的国家机关行使。立法权属于议会,行政权属于国王,对外权涉及和平与战争、外交与结盟,也为国王行使。

继洛克之后,法国启蒙思想家孟德斯鸠更进一步发展了分权理论,提出著名的"三权分立"理论。他在《论法的精神》中,将国家权力分为三种:立法权、行政权和司法权。所谓三权分立,就是通过法律规定,将三种权力分别交给三个不同的国家机关执掌,既保持各自的权限,又要相互制约保持平衡。孟德斯鸠这一思想对美国的宪法制定者影响很大。美国宪法规定,国会可以弹劾总统,但是美国建国二百多年来只有几个总统遭受弹劾提案,1974年,尼克松总统就因水门事件而主动宣布辞职,没有受到弹劾,1999年美国参议院否决了对克林顿总统的弹劾案。

分权的目的在于避免独裁者的产生。古代的皇帝以及地方官员均集立法、执法(行政)、司法三大权于一身,容易造成权力的滥用。即使在现代,立法、运用税款的权力通常掌握在代表人民意愿的议会中,司法权的独立在于防止执法机构滥权。

三权分立的实现模式在各大资本主义国家有所不同,而真实的情况是只有美国(总统制)实行"三权分立",而其他绝大多数西方国家实行议会制。西方议会制国家的显著特点是,立法权与行政权不分立。议会不但是国家的立法机关,而且是国家的权力中心。行使行政权的那些人来自议会(下院),包括总理也是由议会推举的(一般是议会多数党的领袖)。他们既属于立法部门,又属于行政部门。也就是说,立法权与行政权在实质上是合一的。两种权力不但共生,即产生议会成员的选举也间接是产生总理(首相)的选举;而且共灭,即总理(首相)必须保持议会大多数成员的支持,否则要么下台,要么解散议会而重新举行大选。不但如此,一般而言,议会制是没有任期限制的,只要获得议会多数的支持,总理(首相)就可以永远干下去。在议会制下,政府(内阁)由议会中占多数席位的政党(或执政联盟)组成,并对议会负责。英国是典型的议会制国家。在议会制下,政党政治实质上是主宰议会政治的幕后之手,"议会至上"实质是"执政党至上"。

（三）我国的人民代表大会制

我国的政体是人民代表大会制。我国宪法规定，"中华人民共和国的一切权力属于人民"，并确定了我国人民政权的基本组织原则、权力配置结构和一般运作程序，形成了我国政体的基本原则，这些原则可以概括为以下几个方面：

第一，宪法明确宣告"中华人民共和国的一切权力属于人民"，这是我国政体的核心原则，它所关涉的是国家政权的一切权力的来源，它意味着一切国家机关的权力都是来自人民的，包括元首权、立法权、行政权、审判权、检察权等，都是由人民授予的，一切政治权力都应得到人民的承认和同意。根据这一原则，我国政治体制的安排和一切国家机构的设置及其权力配置，目的都应该是从政治上和组织上保证全体人民掌握国家权力，真正成为国家的主人。因此，这条原则是我国政治制度安排的最根本的原则，任何其他的原则都应该服从这条原则，对任何其他原则的强调都不应导致对这条原则的削弱、否定。

第二，人民通过他们选举产生的人民代表大会行使国家权力。我国宪法规定，"人民行使国家权力的机关是全国人民代表大会和地方各级人民代表大会"，它们"都由民主选举产生，对人民负责，受人民监督"。这表明，作为国家权力机关，人民代表大会的权力也是来自人民，人民代表大会行使国家权力必须反映人民的利益和意志。这还意味着，人民选举人民代表，实质上是一种委托，即把人民的权力委托给自己选出的代表，由他们代表人民去行使国家权力。

第三，全国人民代表大会是最高国家权力机关，又是国家最高立法机关，全国人大及其常委会行使国家立法权。地方各级人民代表大会是地方国家权力机关。"国家行政机关、审判机关、检察机关都由人民代表大会产生，对它负责，受它监督。"在全国一级，国家主席由全国人民代表大会选举产生，根据全国人大和它的常委会的决定行使其作为国家元首的职权；国务院即中央人民政府既是国家行政机关，也是全国人民代表大会的执行机关，国务院对全国人大负责并报告工作；其他国家机关，包括中央军委、最高人民法院和最高人民检察院，都是由全国人民代表大会产生并对它负责。这就是说，人民代表大会代表人民行使国家权力、立法权、监督权、决定重大事项权、选举和任免权等具有决定性意义的权力都由它行使，同时把国家的行政权、审判权、检察权分别赋予了由它产生的政府、法院、检察院等国家机关。

第四，人民代表大会和其他国家机关的工作方式以及它们之间的相互关系和权力配置，体现了我国"国家机构实行民主集中制的原则"。我国宪法在人民代表大会统一行使国家权力的前提下,对全国人大及其常委会的立法权、国家主席的元首权、国务院的行政权、最高人民法院的审判权、最高人民检察院的法律监督权和中央军委的武装力量领导权,都作了明确的划分,同时规定,全国人大常委会的委员不得同时担任国家行政机关、审判机关和检察机关的职务。这样,全国人大及其常委会、国家主席、国务院和其他国家机关都在他们各自的权力范围内进行工作,贯彻合理分工、协调一致,分工合作、相互配合的原则。就工作方式而言,人民代表大会及其常务委员会集体行使职权,按照少数服从多数的原则,以表决的方式民主决定问题,国务院则实行总理负责制,中央军委实行主席负责制。应该强调的是,我国国家机构实行的民主集中制原则,是建立在国家的一切权力属于人民的基础上的,在这个原则指导下,代表人民行使国家权力的机关,是民主选举产生的全国人民代表大会和地方各级人民代表大会,这是人民代表大会制作为一种政体的根本特征。

总之,我们之所以把这种政体称为人民代表大会制,是因为经人民选举产生的人民代表大会是我国国家生活的中心,也是国家权力的中心。我们之所以把人民代表大会制看做是一种政体,不仅仅是因为我们有了人民代表大会这样一个机关,也不是因为人大及其常委会自身的各项制度,更重要的是因为人大作为国家权力机关与人民的关系、人大与其他国家机关之间的关系。人民代表由人民选举产生并向人民负责,受人民监督,这体现了对人民的一种直接责任;其他国家机关都是由人大产生,并向人大负责,受人大监督,这体现了对人民的一种间接责任。因此,我们的人民代表大会制就是一种实现人民当家作主的代议制、共和制政体。

【法学小知识】

吴邦国:《中国绝不搞三权鼎立、两院制》

1. 人民代表大会与西方议会有着本质区别

中国的政党制度,是中国共产党领导的多党合作和政治协商制度。中国共产党是领导核心,是执政党。各民主党派是中国共产党领导的、与共产党长期合作共事的参政党,不是在野党,更不是反对党。西方资本主义国家实行的是多党制或两党制,有执政党,有反对党和在野党,各党派明争暗斗,但无论哪个党派上台执政都不可能真正代表人民利益,都是极力维护自己及其代表的利益集团的利益。西方议会无论是一院制还是两院制,都是各党派争权夺利的场所。我们的人民代表大会是中国共产党对国家和社会事务实施领导的国家权力机关。县乡人大代表是按选区直接选举产生的。县级以上人大代表实行间接选举,按照选举单位组成代表团参加代表大会。也就是说,在我们的人民代表大会中没有议会党团,也不以界别开展活动。人大常委会由代表大会选举产生。各专门委员会依法设立,并根据工作需要由代表大会或常委会决定任免其组成人员。无论是代表大会,还是常委会或专门委员会,都不是按照党派分配席位的。我国的人大代表、人大常委会组成人员及专门委员会组成人员,无论是共产党员,还是民主党派成员或者无党派人士,肩负的都是人民的重托,都在中国共产党领导下依法履行职责,为人民服务,根本利益是一致的,大家合作共事,没有西方议会中各党派的明争暗斗,而是充分发扬民主,集思广益,在充分协商、基本达成共识的基础上,按照多数人的意见作出决定。

2. 人大和"一府两院"的关系与西方国家国家机关间的关系有着本质区别

中国是由人民代表大会统一行使国家权力,"一府两院"由人大产生,对人大负责,受人大监督。各国家机关虽然分工不同、职责不同,但目标是完全一致的,都在中国共产党领导下,在各自职权范围内贯彻落实党的路线方针政策和宪法法律,为建设中国特色社会主义服务。这与西方国家议会、政府、法院"三权鼎立"有着本质区别。人大与"一府两院"不是相互掣肘,不是唱对台戏。人大统一行使国家权力要尽职尽责,但不代行行政权、审判权、检察权。人大根据党的主张和人民的意愿,通过制定法律、作出决议,决定国家大政方针,并监督和支持"一府两院"依法行政、公正司法,保障各国家机关协调有效地开展工作,把人民赋予的权力真正用来为人民谋利益。

3. 人大代表与西方议员有着本质区别

中国的人大代表,来自各地区、各民族、各方面,工人、农民、知识分子、解放军和妇女、归国华侨等都有适当比例的代表,人口再少的民族也至少有一名代表,具有广泛的代表性。中国的人大代表,工作和生活在人民中间,同人民群众保持着密切联系,对人民群众的生活和愿望感受最直接。中国的人大代表,从事各自的职业,有各自的工作岗位,深入实践、贴近实际,对党和国家的方针政策、宪法法律的贯彻实施情况体会最深刻,对现实生活中的实际问题了解最深入。中国的人大代表,是在会议期间依法集体行使职权,而不是每个代表个人直接去处理问题,各级人大常委会办事机构是代表的集体参谋助手和服务班子。不像西方议员是职业政客,分别代表某党某派的利益,还有自己的议员助手和工作班子。

三、政府的权力与职责

（一）政府的权力

所谓政府，即是指一般意义上的国家行政机关，不管是在议会内阁制或总统制国家，还是在人民代表大会制度下，国家行政机关掌握的权力大体相同。多数国家的宪法列举了行政机关的权力，这些权力包括执行法律、管理国务、处理外交关系、缔结条约、任免官吏、编写并提出预算、制定政令、决定特赦等。

1. 法规制定权

制定法规是行政机关的抽象行政行为，也是行政机关实施宪法与法律的手段。各国宪法一般明确规定行政机关在此方面的权限。行政机关制定的主要包括授权立法、行政法规、紧急命令与特别命令。

2. 提案权

该项权力是行政机关参与国家立法的权力，它又可分为提出法案与签署法案的权力。在议会内阁制与总统制国家里，这项权力的分配有很大的差异。在议会内阁制国家里，内阁有提出法案的权力，而没有签署法案的权力；而在总统制国家里，总统既有提出法案的权力，也有签署或者否决法案的权力。我国《宪法》第89条第2项规定：国务院向全国人民代表大会或者全国人民代表大会常务委员会提出提案。

3. 人事权

人事权包括任免官吏和管理官吏的权力。议会内阁制国家的内阁首相和总统制国家中的总统都享有此项权力，在议会内阁制下，作为确保内阁统一的手段，内阁首相有对其他国务大臣的任免权。在总统制下任免权的范围较议会内阁制下的内阁首相的权力更为广泛，任免的范围包括大使、公使、领事、最高法院法官及政府其他官吏。

4. 外交权

外交权包括战争权、核战略的发展、支出权、秘密行动和条约缔结权，其中与相关国家缔结条约是外交事务的重要内容。缔结条约的权力包括签订条约、批准条约和默写等权力，该权力的行使通常由一国宪法以明示方式规定。

5. 对所属及下级行政机关的领导与监督权

中央国家行政机关对其所属的行政机关具有领导权，表现在统一规定各部门职责等事项上。如我国《宪法》第89条第3项规定:国务院"规定各部和各委员会的任务和职责,统一领导各部和各委员会的工作,并且领导不属于各部和各委员会的全面性的行政工作"。同时,最高行政机关还有权监督这些部门的工作,表现为撤销这些部门发布的不适当的命令、指示和规章。另外中央行政机关对地方行政机关也有领导树敌监督权。我国《宪法》第89条第4项规定:国务院"统一领导全国地方各级国家行政机关的工作,规定中央和省、自治区、直辖市的国家行政机关的职权的具体划分"。第110条第2款规定:"地方各级人民政府对上一级国家行政机关负责并报告工作。全国地方各级人民政府都是国务院统一领导下的国家行政机关,都服从国务院。"

6. 行政特权

行政特权是指行政部门官员在接受调查时拒绝提交有关资料的权力。在美国,总统作为国家元首和政府首脑,享有这一权力,它是为了保护军事、外交或敏感的国家安全机密等授予总统的一项有条件的权力。因此,当国会听证会需要总统作证并提供有关文件资料时,它可以要求联邦最高法院对属于总统的"行政特权"的范围予以审查,一般情况下,法院会给予最大的协助。

(二) 政府权力的限制

现代国家是法治国家,所以立宪国家的政府在行使权力的过程中要受到宪法、法律原则与规范的约束,表现为依法行政或者行政法治。行政法治是宪法诸原则如人民主权原则、人权原则、权力分立原则与法治原则的具体化。根据法治国家的一般原理,政府的权力应受到如下原则的限制:

1. 法律优越原则

法律优越是指行政机关在管理国家行政事务过程中,应该遵循法律,法律的一般规定应优先于行政机关自身的决定与命令。现代国家从总体上确立了人民主权原则,该原则的实质内涵是国家事务以人民的意志为依归,表现为人民的意志即法律优于其他机关,其他机关必须服从与遵守,依法行政表现为行政机关根据立法机关的制定法来管理国家事务。法律优越原则的具体内容可概括如下:

(1) 行政应受宪法的直接拘束。这是法律优越原则的体现之一。宪法是国家的根本法,在一国法律体系中居于最上位,它不仅规定了应为行政机关所遵守的行政机关产生、组织及行政的一般原则,而且还规定了公民基本权利条款。基本权利条款不仅意味着立法机关不应以制定法的方式对公民基本权利加以侵犯与剥夺,而且条款本身还是对所有国家机关包括行政机关设置的界限,要求行政机关在行政过程中不得侵犯人权。因此,宪法所保障的基本权利的规定,具有拘束行政的效力。

(2) 行政应受一般法律原则的拘束。行政机关在行政过程中,不仅应遵守宪法有关基本权利方面的规定,不得侵犯人权,促进人权保障,且其行为还必须符合一般的法律原则。这些法律原则主要有以下几个方面:

第一,比例原则,又称禁止过度原则,旨在要求行政在其目的与手段之间达成均衡,不得为达到目的而不择手段。

第二,信赖保护原则,指人民因信赖特定行政行为所形成的法律规则而安排其生活或处置其财产时,不能因为嗣后行政行为的变更,而影响人民的既得权益,使其遭受不可预见的损害。

第三,明确性原则,是指行政授权的目的、内容范围须明确。

第四,平等原则,它的基础是宪法中的平等原则,意指基于相同的事必须相同处理,在没有正当理由的情况下不得差别对待,又可称为差别待遇禁止原则。

第五,公益原则,是指由各个成员事实上的利益,经由复杂交互影响过程所形成的理想整合状态。

第六,诚信原则,是指行政机关应以诚实信用的方法履行职责,并应保护人民正当合理的信赖。

(3) 行政应受法律的拘束。行政机关在管理国家事务过程中,其行为必须遵守法律。行政机关不仅应受其组织地位上法律所赋予职务的限制,不得逾越组织权限,而且受执行特定职务的拘束。法律对行政机关在特定职务执行过程中所施加的限制,也是行政机关必须遵守的。

【案例研究】
宁夏银川市出租车风波

2005年7月27日,宁夏回族自治区银川市人民政府发布《银川市城市客运出租汽车经营权有偿使用管理办法》和《银川市城市客运出租汽车更新管理规定》,从8月1日起施行。该规定将出租车报废年限由国家规定的8年改为5年。银川市出租车司机认为该规定严重侵犯了他们承包经营的财产权利。7月29日当地出租车司机代表连续4天集体上访市人民政府。从7月30日上午到8月1日,宁夏银川市6800多辆出租车停运。8月2日,在银川市人民政府决定停止执行上述两个规章后,全市出租车恢复正常营运。8月3日银川市市长刘学军发表电视讲话,对此次罢运对市民带来的不便向市民道歉,成功地化解了这场出租车停运风波。①

从本案例可以看出,政府的行政行为必须遵守法律。

2. 法律保留原则

法律保留原则是根据宪法一般原则,即人民主权原则、法治原则、权力分立原则与基本人权原则推论而来的。对于行政机关的行政而言,法律保留原则是指一些重要事务和决定,特别是涉及公民基本权利条款的事项必须由立法机关决定,行政机关无权规定。行政机关仅在法律所规定的范围内行事,仅根据法律的授权执行。

法律保留原则严格区分国家立法权与行政立法权,是法治在行政立法领域内的当然要求,其根本目的在于保证国家立法的至上性,划定了立法机关与行政机关在创制规定方面的权限秩序。防止行政立法的自我膨胀,有利于公民权益的保护。因此,法律保留的意义就在于"明确权力秩序,确立授权禁区"。

(三)法治政府

我国法治的目标是:到 2020 年依法治国基本方略全面落实,法治政府基本建成,司法公信力不断提高,人权得到切实尊重和保障。从中可以看出,依法行政、加快建设法治政府,是全面推进依法治国的中心环节,那么什么样的政府才是法治政府呢?

法治政府是政府治理的一种形态,也是当今世界各国政府治理正在实践或者追求的目标。一般认为衡量法治政府的标准有以下四个方面:

1. 权从法出是法治政府的根本

这里的权从法出,是指行政权从法而出,行政权要受到法律的制约。权从法出包含以下四个方面的内容:第一,政府权力来自人民的授权。人民授权的唯一合法方式是选举,包括直接选举与间接选举。第二,政府权力的实现须最终得到人民的同意,政府要直接或者间接地向人民负责。第三,政府权力的直接依据是宪法或者法律,因此,政府拥有权力的范围与实现权力的手段都须有宪法或者法

---

① 杜峻晓:《银川出租车风波,政府该反思什么》,http://www.people.com.cn/GB/shizheng/14562/2687289.html,2011 年 6 月 15 日访问。

律的明文规定,权力行使须遵循"越权无效""法律保留"等原则。第四,政府的任期有确定的期限与届数限制。

2. 依法行政是法治政府的核心

依法行政不仅是现代法治国家普遍遵循的一项法治原则,而且是各国据此原则所建立的一整套行政法律制度。作为原则的依法行政是指行政机关或者政府之行为必须依法而行,即"法无明文规定不得任意行政"。为了防止行政权力对民众权利的侵害,只有在有明确法律依据时,行政方可有所作为;如无法律之明确规定,行政不得有所作为。随着社会的发展、市场调节的失灵,行政权对社会而言已从不加干涉转化为积极补充。于是,行政权急剧膨胀,其触角伸入社会生活的方方面面。与行政权快速膨胀相比,立法对复杂社会事务的反应却显得越来越缓慢和滞后。为缓解这一现实矛盾,授权立法以及依照一般法律原则行政的情况逐渐普遍化,成为当下行政生活的主流之一。这一导向的凸显,意味着依"法律"行政的死亡,依"法"行政的苏醒。可见,依法行政原则指行政机关须依法律而行为,并于法律规定不明确或留有空间之时,则应依宪法之有关规定或法律价值来行政。

3. 服务、参与和诚信是对法治政府的具体要求

服务行政是服务型政府的最基本属性,也是法治政府的最终归宿。服务型政府具有两个方面的含义:第一,服务型政府的目的是为了公民利益的实现,而不是自身利益的实现。也就是说,政府要将公民利益作为自己一切工作的出发点和归宿,体现公民本位的行政理念。第二,在政府向公民提供服务的过程中,处于基础性地位的是公民意志,而不是政府意志。也就是说,要由广大公民来决定要不要政府服务、服务多少以及服务什么,而不是政府想提供什么服务,公民就接受什么服务。具体而言,服务行政的内容包括:坚持"以民为本"的服务理念,以为人民谋福祉为宗旨;奉行"依法行政"的服务准则,政府的服务必须在法律职权范围内,依法定程序进行;实行"顾客导向"的服务模式。既然政府的宗旨是秉承人民意志,最大限度地满足人民的需求,保护人民的合法权利,那么政府服务必然是以人民诉求为导向,真正做到"思人民之所思,急人民之所急,办人民之所盼,做人民之所需";履行"违法必究、有错必改"的服务责任,政府提供公共服务是法定权力,也是神圣的职责。人民不仅有享受政府服务的权利,还有监督行政、要求其承担责任的权利。对于政府服务得如何,是否达到人民的期望值,人民有权评判。对于政府违法服务、过失服务造成的后果,人民有权追究。

参与行政的宪政基础是公民的参政权。在议会民主向行政民主演进的过程

中,这种参政权便具体化为参与行政的权利,公民不仅要参与行政立法,还要参与到行政执法、行政司法等各种行政行为之中。行政民主是当代政治民主的一个重要组成部分,是确保政治民主得以实现的重要途径和手段。行政机关通过诱导、协调、激励等方式,使民众在一个有序、有利的环境中参与公共事务管理,行使自己的行政参与权。

诚信行政是法治政府存续的必然要求。所谓诚信,即诚实守信。政府诚信是指政府管理机关对法定权力和职责的正确履行程度、政府管理部门在自身能力的限度内实际的践约状态,包括政府管理部门的科学民主程度、政府管理部门行政的依法程度、政府管理部门作为公共权力代表的公正程度、政府官员的公信力等。政府诚信是政府自身存在的根本,也是社会诚信的核心。一方面,政府诚信对整个社会诚信体系的良性运行具有主导责任,也是政府和社会秩序的主要原则。政府作为社会公共事务管理者的定位,决定了政府诚信是社会诚信体系的基石。另一方面,政府代理公共权力的诚信度,关系到公共责任和公共利益的实现程度。政府失信于民,本质上是对公共责任的破坏和对公共利益的损害,其结果是导致政府威望的丧失与政治危机甚至社会动乱的出现。

4. 行政救济是法治政府应承担的责任

"有权利,必有救济",这是法治的要义之一。所谓行政救济是指公民、法人或者其他组织认为行政机关的行政行为造成自己合法权益的损害,请求有关国家机关给予补救的法律制度的总称,包括对违法或不当的行政行为加以纠正,以及对因行政行为而遭受的财产损失给予弥补等多项内容。在中国现行法律框架下,行政救济体系主要包括信访、行政复议与行政诉讼等三大制度。

(四) 政府承担的义务与职责

根据法治原则的要求,现代政府都应当是法治政府、责任政府,应当承担相应的职责。其主要内容包括:

1. 守法的义务

法治政府的价值主要用于摆正政府与法律的关系。这一价值意味着:政府与普通公民一样,都有守法的义务,但相比之下,政府履行守法义务更为重要。上述对法治政府价值的诠释可以通过两个权威说法加以佐证。其一是《德里宣言》对法治的解释。1959 年,在印度首都新德里召开的国际法学家会议通过的《德里宣言》总结的法治的三条原则,均指向人权保护以及公共权力的职能:立法机关的职能在于创设和维护得以使每个人保持"人类尊严"的各种条件;法治原则不仅要对制止行政权的滥用提供法律保障,而且要使政府能有效地维护法律秩序,借以保证人们具有充分的社会和经济生活条件;司法独立和律师自由是实施法治原则必不可少的条件。其二是《牛津法律大辞典》对法治的解释:法治是对立法权的限制;获得法律的忠告、帮助和保护的大量的平等的机会;对个人和团体各种权利和自由的正当保护以及在法律面前人人平等……它不是强调政府要维护和执行法律及秩序,而是说政府本身要服从法律制度,而不能不顾法律或重新制定适应本身利益的法律。

2. 政府也应承担法律责任

法治政府的基本要求是"行政合法"与"行政责任",二者缺一不可。一方面,遵从"积极的法治主义",政府应当依照法律的规定进行作为,不得在法律已赋权的情况下失职、渎职、拖延、敷衍、推诿或者不作为;遵从"消极的法治主义",政府不得超越职权,做法律未允许之事。另一方面,如果政府不遵从积极的或消极的法治主义,政府就要承担法律责任。具体而言,政府的法律责任包括以下三层含义:

第一,政府法律责任的主体是行政主体及其行政公务人员。

在我国,行政主体包括行政机关和法律法规授权的组织,其特点是能够以自己的名义行使行政权并承担由此产生的法律责任。行政公务人员包括国家公务员和其他行政公务人员,其中国家公务员是行政公务人员的主要构成部分,但由于行政活动的复杂性和专业技术性,随着公共管理社会化程度的提高,国家公务员以外的其他人员经法律法规授权或者经行政委托也行使行政职权,进入到政府的公共管理过程中,这些人员统称为其他行政公务人员。行政权力归根结底是通过一个个行政公务人员行使的,因此责任政府主体理应包括国家公务员和其他行政公务人员。

第二,政府承担责任的前提是行政主体及其行政公务人员作出了违法的或者不当的行政行为。

行政违法是指行政行为违反行政实体法和行政程序法。行政不当是指行政行为形式上合法,但内容上却由于违背法的内在精神和真正目的而显得不合理、不适当。在当代,行政不当较之行政违法更为普遍,原因就在于行政自由裁量权的扩大。第二次世界大战后,自由裁量权随着政府职能的扩展而扩大,增加了政府在法定幅度内决策的机会,行政效率得以提高。但是,自由裁量的大量存在,使行政权力成为国家权力中最具个性的力量。在自由裁量范围内,行政权力的运行不受法律的直接羁束而更多地受制于行政人员的价值取向,甚至受制于物质利益。因此,自由裁量有可能以合法的形式背离公共权力的宗旨,造成对公共利益和公民权利的威胁或者侵害。行政主体及其行政公务人员的行政行为无论违法还是不当,都必须承担法律责任。

第三,政府所承担的责任是一种法律责任。

政府的法律责任由法律设定,并依法律规定的责任范围、责任划分、责任承担、责任种类、责任追究程序等予以追究。政府的法律责任形式主要是行政赔偿。政府责任的法律性质说明,这一责任并非基于约定和道义,而是与违宪责任、民事责任、刑事责任等并列的一种独立的责任形式。

我国有着较长的封建社会史,受封建传统观念影响很深,责任意识相对淡薄。新中国成立以来,在相当长时间内,法治政府、责任政府也未得到提倡和重视。因此,使行政主体及行政公务人员逐步树立责任政府意识,使行政活动逐步步入责任行政状态,对我国来说尤为重要。政府的行政权力是人民通过人民代表机构赋予的,这种权力不仅是有限的,而且是必须承担责任的。政府责任的目的是要求政府必须对自己实施的行为负责,不允许政府只实施行为而不承担责任,从而使整个政府活动处于一种有责任状态,建立起责任政府。

【法学小知识】

中国共产党十八大及十八届三中全会关于建立法治国家的论述

中国共产党十八大报告指出:法治是治国理政的基本方式。要推进科学立法、严格执法、公正司法、全民守法,坚持法律面前人人平等,保证有法必依、执法必严、违法必究。完善中国特色社会主义法律体系,加强重点领域立法,拓展人民有序参与立法途径。推进依法行政,做到严格规范公正文明执法。进一步深化司法体制改革,确保审判机关、检察机关依法独立公正行使审判权、检察权。深入开展法制宣传教育,弘扬社会主义法治精神,树立社会主义法治理念,增强全社会学法尊法守法用法意识。提高领导干部运用法治思维和法治方式深化改革、推动发展、化解矛盾、维护稳定能力。党领导人民制定宪法和法律,党必须在宪法和法律范围内活动。任何组织或者个人都不得有超越宪法和法律的特权,不允许以言代法、以权压法、徇私枉法。

中国共产党十八届三中全会决定指出:紧紧围绕坚持党的领导、人民当家作主、依法治国有机统一深化政治体制改革,加快推进社会主义民主政治制度化、规范化、程序化,建设社会主义法治国家,发展更加广泛、更加充分、更加健全的人民民主。坚持法治国家、法治政府、法治社会一体建设。深化司法体制改革,加快建设公正高效权威的社会主义司法制度,维护人民权益,让人民群众在每一个司法案件中都感受到公平正义。

> 维护宪法法律权威。宪法是保证党和国家兴旺发达、长治久安的根本法，具有最高权威。要进一步健全宪法实施监督机制和程序，把全面贯彻实施宪法提高到一个新水平。建立健全全社会忠于、遵守、维护、运用宪法法律的制度。坚持法律面前人人平等，任何组织或者个人都不得有超越宪法法律的特权，一切违反宪法法律的行为都必须予以追究。

关键概念

国家　政府　联邦制　单一制　三权分立　政党制度　法律保留

思考题

1. 国家的构成要素是什么？
2. 我国的国家结构形式是什么？
3. 什么是"议会至上"？什么是"三权分立"？
4. 政党有哪些职能？在选举中发挥什么作用？
5. 政府的职责有哪些？政府的权力应当受到哪些限制？

拓展阅读

湖南省嘉禾县拆迁事件

2003年8月，湖南省嘉禾县县委、县政府滥用行政权力强制推进房屋拆迁。该县在修建一个以商业营业用房为主的房地产开发项目"珠泉商贸城"中，县政府有关部门在未进行项目规划定点的情况下，为开发商发放"建设用地规划许可证"；先办理"建设用地批准书"，再补办土地使用权挂牌出让手续；在开发商未缴纳土地出让金的情况下，发放"国有土地使用证"。在缺乏拆迁计划、拆迁方案和拆迁补偿安置资金足额到位证明等要件的情况下，为拆迁人发放"房屋拆迁许可证"，在没有按规定程序举行听证的情况下，对11户被拆迁人下达强制拆迁执行书。该事件经上访群众反映，根据国务院领导的批示，湖南省政府、建设部联合调查组查明了主要违法违规事实，认定这是一起集体滥用行政权力，损害群众利益的违法违规事件，对有关人员进行了处理。

结合上述案例，试分析政府的职责是什么，政府的权力是否受限制。

第五讲　法律与个人

本讲导读

个人是法律关系中最主要的主体,但只有具有一国国籍的个人才是该国公民,才普遍享有该国宪法、法律规定的一切权利。根据宪法规定,公民享有各种基本权利,这些权利本身具有固有性和不可侵犯性等特征。同时根据相关法律规定,公民还享有其他各种权利,公民在享有这些权利的同时,还应承担相应的义务,公民的权利与义务具有高度的一致性。

导入案例

2005年8月10日上午,河南省漯河市人民会堂广场来自各县区"公、检、法、司"政法系统组织来观摩大会的机关工作人员及外围群众2000多人,275名警察,52名武警战士,各种警车和10辆押解卡车,参加公安机关举行的将对100名嫌犯公开宣布逮捕和刑事拘留的大会。漯河市政法机关的主要领导人等出席了大会。在市公安局局长宣读了100名犯罪嫌疑人的简要案情,并宣布公开逮捕、刑事拘留决定后,押解100名犯罪嫌疑人开始沿着市区人民路、解放路等主要街道举行"定点揭露",亦沿着街道行走。①

一、公　　民

漯河市政法机关的做法是否合法,是否侵害了公民的权利,需要从公民的概念、权利、公民与国家关系等问题入手来加以说明。"公民"是一个共同体政治的概念,作为一项制度,它发源于古希腊。公民是"凡得参加司法事务和治权机构的人们"。即指对共同体的公共事务有发言权的人。在我国,公民为我国宪

---

① 成功:《河南漯河嫌犯"游街":有人喝彩有人质疑》,载《南方周末》2005年8月18日。

法所确定的宪法权利的一般性的主体,作为对宪法权利享有主体的指称,"公民"是我国宪法所特有的用语。但其他国家则有所不同。美国宪法采用"人民"作为人权享有主体的称谓;与此不同,德国宪法则采用"德意志人"的表述;日本宪法沿用"国民"这一用语。

(一) 什么是公民

公民指具有一个国家的国籍,根据该国的法律规范享有权利和承担义务的自然人。从其产生来看,公民作为一个法律概念,是和民主政治紧密相连的。

在历史上,最早的具有制度性的民主政治,出现在古希腊的雅典和古罗马的城邦时期。在这个奴隶制时期,在民主政治的雏形的基础上,出现了"公民"的称呼,也叫"市民"。古罗马曾经颁布过"市民法",也就是公民法,用以调整罗马市民之间的关系。欧洲封建制时期,奴隶制的民主共和形式消失了,公民的概念也就不再使用。西方资产阶级革命胜利以后,公民的概念被重新提出,各国宪法普遍地使用了公民的概念。从其性质上来看,公民具有自然属性和法律属性两个方面。公民的自然属性反映出公民首先是基于自然生理规律出生和存在的生命体。公民的法律属性是指公民作为一个法律概念,以一个国家的成员的身份,参与社会活动、享受权利和承担义务,应由国家法律加以规定。

对主权归属主体和基本权利的享有主体分别采用不同的用语,也是我国宪法的一个传统。我国民国时期的各部宪法中,基本权利的享有主体一般采用"人民"这一用语,但主权的主体则多采用"国民全体"一词。新中国成立后,则基本不采用"国民"这一传统术语。但同时确立了公民的法律内涵,即用之于表述基本权利的一般主体。所以公民与人民的区别为:(1) 范畴不同。公民是与外国人相对应的法律概念,人民在不同历史时期有不同内容。现阶段,人民是指全体社会主义劳动者,拥护社会主义的爱国者和拥护祖国统一的爱国者。(2) 范围不同。我国公民范围比人民范围更广一些。(3) 后果不同。公民中的人民,享有宪法和法律规定的一切公民权利并履行全部义务;公民中的敌人则不能享有全部权利,也不能履行某些义务。(4) 所指概念不同。公民一般表示个体的概念,是非集合概念,是具体的概念,可以落实到某个人的身上;人民所表达的是群体的概念,是集合概念。人民作为一个集合概念,则无以指向任何一个人。

【法学小知识】

敌人的概念

战争时期的敌人是指敌方阵营的人或为敌方阵营服务的人。和平时期的敌人并不是固定的,也没有指向某些特定的人。由于法律实行了"无罪推定",那些被抓获的犯罪嫌疑人,在经法院确认有罪之前,应当被推定为无罪之人,因而是不宜称作"敌人"的。如果那些因为犯罪而被剥夺政治权利的人可以被称为"敌人"的话,他们中的大部分人也不是永久的和绝对的"敌人",除了少数因罪大恶极被剥夺政治权利终身的人以外,其他大部分人被剥夺政治权利的时间是有限制的,期限届满,他们就重新拥有政治权利,又成为"人民"了。即使在被剥夺政治权利之时,或正属于"敌人"之时,其合法权益仍受法律保护。如果法律没有剥夺其生命权,则他们活着的权利受法律保护;如果法律没有剥夺其财产权,则他们使用和处分其财产的权利受法律保护,等等。

(二) 如何取得公民的资格

根据各国法律规定,如果一个人拥有一国的"公民"或"国民"的资格就必须取得该国的国籍;而根据世界各国的国籍立法,国籍的取得一般分为两种方式:一种是因出生而取得一国国籍;另一种是因加入而取得一国国籍。

1. 因出生而取得国籍

因出生而取得国籍称作"原始国籍",世界上大多数人都是因出生而取得国籍的。各国对于因出生而取得国籍的立法不同,主要有血统主义、出生地主义和混合主义三种方式:

第一,血统主义,是指一个人的国籍依其出生时父母的国籍而定,不论本人出生在何地。根据血统主义,凡本国人所生的子女,不论其出生于国内还是国外,均具有本国国籍。

第二,出生地主义,是指一个人的国籍取决于其出生的国家,而不论其父母的国籍如何。出生地主义的国籍立法,在历史上曾被美国和拉丁美洲国家广泛采取,以吸纳外国移民,增加本国人口。时至今日已没有国家纯粹采取出生地主义规则了。

第三,混合主义,是将血统主义和出生地主义相结合,用以确定本人的原始国籍的原则。采取混合主义的国家,有的以血统主义为主,兼采出生地主义;有的则以出生地为主,兼采血统主义。混合主义原则的目的,是防止和减少国籍的冲突。目前,世界上绝大多数国家都采取混合主义原则作为取得原始国籍的立法原则。

根据我国宪法的规定,凡具有中华人民共和国国籍的人都是我国的公民。所以,要想成为中国公民,就须取得中国国籍。取得中国国籍的途径由国籍法规定。国籍法是确定公民身份的依据,具有宪法的性质。按我国国籍法的规定,如果父母双方或一方是中国公民,本人出生在中国的,具有中国国籍;如果父母双方或一方是中国公民,本人出生在国外的,具有中国国籍,但父母双方或一方是中国公民,并定居在外国,本人出生时即具有外国国籍的,不具有中国国籍;如果父母无国籍或国籍不明,定居在中国,本人出生在中国,具有中国国籍。外国人或无国籍人是中国人的近亲属,或者定居在中国的,或者有其他正当理由的,愿意遵守中国宪法和法律,可以经申请批准加入中国国籍。从我国的法律规定可以看出,我国采取了原始国籍取得的血统主义为主和出生地主义为辅的原则以及不承认双重国籍的原则。

2. 因加入而取得国籍

因加入而取得国籍称为"继有国籍",是指一个人因加入某国国籍而取得该国国籍,包括自愿申请入籍、因婚姻而取得国籍、因收养而取得国籍等。

【法学小知识】

希腊的公民、古罗马的公民

古希腊是众多城市的一个集合体,每一个城市自行管理各自的事务。希腊首都雅典的民主观念作为代表,雅典即有"人民统治"的民主观念,不过与现今社会的公民标准相差甚远,虽然已有公民社会以及公民秩序的理念,但公民不包括妇女、穷人、奴隶以及居住在雅典的外国人。

罗马世界急速扩张的时期,公民权可以是一种辨识方法,分辨谁是原本住在罗马的人,谁是从别的地方来的。除奴隶外,任何在罗马出生的男人都是罗马公民。在共和国,除妇女外,公民都有权投票,有权立约。公民不能够被判处死刑,除非他们被控诉叛国罪。被征服的行省属地的人民要成为罗马公民最简单的方法是从军。

二、公 民 权

围绕着"宪法上的权利",各国宪法学者有着不同的用语。一般而言,英美学者倾向于将之称为"人权",而德国学者则习惯于"基本权利"或"基本权"的称呼,不少日本学者则采用基本人权的说法。我国通常称之为"公民的基本权利",亦简称为"公民权"。

(一) 什么是公民权

公民权是指为公民所拥有、为政府所保障的公民基本权利,它是根据宪法、法律的规定,公民享有参与公共社会生活的权利。

近代宪法率先所确认的宪法权利,在当时多被称为自由,如人身自由、精神自由和经济自由,即为近代宪法所确立的三大权利,概称为三大自由权。除了三大自由权之外,近代宪法还确认了平等权,体现了一种人道主义的精神。另外,近代宪法还在一定范围内认可了本国公民的政治权利。然而,随着权利观念和权利类型的进一步发展,各国的内部宪法又不得不承认了许多新型的基本权利,如生存权、劳动保护权等公民的经济上的或社会性的权利也开始得到确认。这些权利在英美国家被概称为"经济性的和社会性的权利",所以"宪法上的权利"的实质是"宪法所保障的权利",而非"宪法所赋予的权利"。所以,有关宪法权利又被称为"人权"或"基本人权"。我国称之为"公民权"。

综上所述,公民权具有基本权利的性质,而基本权利具有以下多样的、复合的性质:

(1) 固有性与法定性。宪法所规定的公民基本权利从何而来,有两种观点:一种观点认为,公民的基本权利直接渊源于实在的宪法规范本身,没有宪法的规定,就没有宪法权利。另一种观点则认为,人的权利或基本权利是上帝或某种造物主赋予人的权利,或是一种人基于其之为人所理应具有的、与生俱来的权利,这就是通常所说的"天赋人权"的观点或自然法思想。本书认为,公民的基本权利是公民作为构成社会整体的自律的个人,在人类社会历史发展中不断形成和发展、维护其作为人的尊严而享有的权利;从终极的意义上说,这种权利既不是造物主或君主赋予的,也不是国家或宪法赋予的,而是人本身所固有的,同时又多为宪法所认可和保障,为此其固有性与法定性是相互统一的。

(2) 不受侵犯性和受制约性。从上述特征中,可以得出另外一个结论,即公民的基本权利不受侵犯。具体来说,既然基本权利是公民所固有的权利,并为宪法这种具有最高法律效力的规范形式所确认和保障,那么必然要求这些权利不受侵犯。当然,这些基本权利又受到一个国家的历史文化、地理环境、社会制度、经济水平以及人权观念等多方面的制约。

（3）普遍性与特殊性。既然公民基本权利是公民本身所固有的、不受侵犯的权利，那么人们享有这些基本权利就完全不应该受到性别、职业、家庭出身、宗教信仰、教育程度、财产状况乃至民族、种族、国籍等方面的限制。但另一方面，人们享有宪法权利的程度以及基本权利保障的具体状态又不得不受到一个国家或民族的社会历史条件等方面的制约。同时由于基本权利的普遍性，当今世界上出现了人权的国际保障的趋势。这种趋势一方面表现在各国宪法均将本国宪法的许多权利条款适用于外国人；另一方面则表现为人权宣言、人权公约的国际法动向。我国宪法明确规定，保护在中国境内的外国人的合法权利和利益；另外我国政府亦签署了《经济、社会和文化权利公约》与《公民权利和政治权利国际公约》。

【法学小知识】

人权与公民权

人权是作为一个人所应当享有的权利，公民权是作为一国公民由法律所保障的权利。人的权利相对动物的权利和非人的待遇而言，有时候指作为一个人应当享有的起码待遇，有时候指国家对待个人的理想状态；公民的权利相对他国公民和无国籍人而言，指的是现实拥有的法律地位；国家之间和国际社会可以用人权公约或人权法来保护人权，一国之内则以国内法来保护公民权；人权的内容来自价值观，公民权的内容来自法律规定；人权与生俱来，公民权经法律认可；人权的义务方通常是国家机关，公民权的义务方可以是国家机关，也可以是其他组织和个人；人权是文明的产物，不同的文明体系有不同的人权概念，公民权是立法活动的结果，不同的法律主权有不同的公民权内容；人权随文明水平提高而发展，公民权随法治的进步而完善；人权的特定内容可以经法律采纳而成公民权，一国的公民权的特定实践可以经其他文明借鉴而成为普遍人权；广泛的、完全的人权是理想的，由法律规定的公民权是现实的。

（二）公民权的内容

公民的基本权利，就是宪法赋予公民的基本的、重要的权利，是作为公民所不可缺少的权利。正是因为基本权利的重要性，基本权利都是由宪法确认并加以保障和实施的。在众多权利中，表明公民在国家生活中的政治、经济与社会地位的权利通常被宪法确认为基本权利。与普通权利相比，基本权利在整个权利体系中处于基础和核心地位。根据我国宪法的规定，公民享有的基本权利有以下几类：

(1) 平等权。平等权是指公民平等地享有权利和承担义务，不受任何差别对待，以及要求国家平等保护的权利。平等权是与生命权、自由权有同等价值的权利。平等权的内容十分广泛，如民族平等、男女平等、教育平等、就业平等等，涉及社会生活的不同领域，其核心是公民在法律面前一律平等。按照平等权的要求，任何公民都不享有超越宪法和法律的特权；任何公民都不得强迫其他公民承担宪法和法律以外的义务；任何公民享有宪法和法律规定的权利，同时必须履行宪法和法律规定的义务。

(2) 政治权利和自由。这类权利，是指公民参加政治活动的权利和在政治上表达自己意见和见解的自由。公民的政治权利主要表现为公民享有选举权与被选举权。根据宪法的规定，年满18周岁的公民，不分民族、种族、性别、职业、家庭出身、宗教信仰、教育程度、财产状况、居住期限，都有选举权和被选举权；但是依照法律被剥夺政治权利的人除外。公民的政治自由是公民在国家政治生活中自由发表意见，表达意愿的自由，表现为公民享有言论、出版、集会、结社、游行、示威的自由，政治自由是公民参与国家管理的有效形式。

(3) 宗教信仰自由。宗教信仰自由是指公民依据内心的信念，自愿地信仰宗教的自由。作为公民的一项基本权利，宗教信仰自由属于人们的精神自由的范围，反映了人们内心的一种信念。宗教信仰自由的内容包括：公民既有信仰宗教的自由，也有不信仰宗教的自由；有信仰这种宗教的自由，也有信仰那种宗教的自由；在同一宗教里，有信仰这个教派的自由，也有信仰那个教派的自由；有过去信教而现在不信教的自由，有过去不信教而现在信教的自由。宪法对公民的宗教信仰自由及其保障作了明确规定：公民有宗教信仰自由。任何国家机关、社会团体和个人不得强制公民信仰或者不信仰宗教，不得歧视信仰宗教的公民和不信仰宗教的公民。正常的宗教活动受国家保护。但是，任何人不得利用宗教进行破坏社会秩序、损害公民身体健康、妨碍国家教育制度的活动。

【案例研究】

宪法平等权第一案

2001年12月23日，中国人民银行成都分行在《成都商报》刊登《招录行员启事》，其中第1条规定了"招录对象"："2002年普通高等院校全日制应届毕业生具有大学本科及以上学历的经济、金融、计算机、法律、人力资源管理、外语等专业的学生。男性身高168公分、女性身高155公分以上,生源地不限。"

原告蒋韬是四川大学法学院应届毕业生,身高不符合上述报名条件。他认为银行侵犯了其享有的担任国家公职的宪法平等权,在成都市武侯区法院提起诉讼。

法院判决,根据《中国人民银行法》规定,"中国人民银行在国务院的领导下,制定货币政策,对金融业实施监督管理"。被告成都分行是中国人民银行的分支机构,根据授权负责本辖区的金融监督管理,因而是"行使金融管理行政职权的行政机关"。然而"行政行为是行政机关及其工作人员依照宪法、法律、法规行使职权,实施行政管理职能的活动",法院认为被告发布的招录启事并不是"行使金融管理行政职权、实施行政管理的行为",因而不是行政诉讼意义上的可诉讼行政行为。另外,被告行为在作出时"并未对外产生拘束力或公定力"。据此,法院驳回了原告的起诉。

本案中,虽然法院没有支持原告的诉讼请求,但是此案在我国开创了一个先河,即普通公民开始以诉讼的方式来寻求平等权的保护。①

(4) 人身自由。人身自由,是指公民的人身不受非法侵犯的自由。人身自由是公民正常生活、学习和工作的保障,是公民参加各种社会活动、参加国家政治生活、享受其他权利和自由的前提条件,是公民最基本的人身权利。宪法规定的人身自由包括四项内容:一是公民的人身自由不受侵犯。任何公民非经人民检察院批准、决定或者人民法院决定,并由公安机关执行,不受逮捕。禁止非法拘禁和以其他方法非法剥夺或者限制公民的人身自由,禁止非法搜查公民的身体。二是公民的人格尊严不受侵犯。禁止以任何方法对公民进行侮辱、诽谤和诬告陷害。三是公民的住宅不受侵犯。禁止非法搜查或者非法侵入公民的住宅。四是公民的通信自由和通信秘密受法律保护。除因国家安全或者追查刑事犯罪的需要,由公安机关或者检察机关依照法律规定的程序对通信进行检查外,任何组织或者个人不得以任何理由侵犯公民的通信自由和通信秘密。

(5) 批评、建议、申诉、控告、检举权和取得国家赔偿权。公民的这类权利是公民监督国家机关及其工作人员的权利,属于公民的监督权。根据宪法的规定,公民对于任何国家机关和国家工作人员,有提出批评和建议的权利;对于任何国

---

① 靳玉馨、谌辉:《蒋韬不服中国人民银行成都分行招录行员启事行为行政纠纷案及评析》,http://cdfy.chinacourt.org/article/detail/2004/06/id/551096.shtml,2011年6月15日访问。

家机关和国家工作人员的违法失职行为,有向有关国家机关提出申诉、控告或者检举的权利,但是不得捏造或者歪曲事实进行诬告陷害。为了保障公民的批评、建议、申诉、控告和检举权利的行使,宪法还规定,对于公民的申诉、控告或者检举,有关国家机关必须查清事实,负责处理。任何人不得压制和打击报复。取得国家赔偿权是公民的合法权益在受到国家机关或者国家机关工作人员违法行使职权的侵害时,有要求国家赔偿的权利。宪法规定,由于国家机关和国家工作人员侵犯公民权利而受到损失的人,有依照法律规定取得赔偿的权利。国家赔偿法具体规定了国家赔偿的条件和程序。

(6)社会经济权利。公民的社会经济权利,是公民依照宪法的规定享有物质利益的权利,是公民实现其他权利的物质保障。我国公民享有广泛的社会经济权利。根据宪法的规定,这些权利包括:一是财产权。财产权是公民通过劳动或者其他合法方式取得财产和享有占有、收益、使用和处分财产的权利。它表明公民在社会生活中获得自由与实现经济利益的必要途径,承认公民的财产权并强化其宪法保护是市场经济发展的必然要求。宪法规定,公民的合法的私有财产不受侵犯。国家依照法律规定保护公民的私有财产权和继承权。国家为了公共利益的需要,可以依照法律规定对公民的私有财产实行征收或者征用并给予补偿。二是劳动权。劳动权是指有劳动能力的公民,有劳动和取得劳动报酬的权利。宪法规定,公民有劳动的权利和义务,国家通过各种途径,创造劳动就业条件,加强劳动保护,改善劳动条件,并在发展生产的基础上,提高劳动报酬和福利待遇。三是休息权。休息权是指劳动者休息和休养的权利。它是劳动者获得生存权的必要条件。宪法规定,劳动者有休息的权利。国家发展劳动者休息和休养的设施,规定职工的工作时间和休假制度。四是社会保障权。社会保障权是公民为了维持人的有尊严的生活而向国家要求给付的请求权。社会保障的内容包括公民的失业保险、养老保险、医疗保险、伤残保险等社会保险以及社会救济和社会福利等。向公民提供社会保障是现代国家的一个重要职能。宪法规定,国家建立健全同经济发展水平相适应的社会保障制度。宪法还规定,国家依照法律规定实行企业事业组织的职工和国家机关工作人员的退休制度。退休人员的生活受到国家和社会的保障。公民在年老、疾病或者丧失劳动能力的情况下,有从国家和社会获得物质帮助的权利。国家发展为公民享受这些权利所需要的社会保险、社会救济和医疗卫生事业。

(7)文化教育权。文化教育权是公民在文化与教育领域享有的权利。文化教育权的内容包括:一是受教育权。受教育权是公民接受文化科学教育训练的权利。宪法规定,公民有受教育的权利,国家培养青年、少年、儿童在品德、智力、体质等方面全面发展。二是公民有进行科学研究、文学艺术创作和其他文化活动的自由。国家对于从事教育、科学、文学、艺术和其他文化事业的公民的有益于人民的创造性工作,给以鼓励和帮助。

(8)特定主体的权利。宪法除对所有公民普遍享有的权利和自由作了规定外,还对特定群体的公民的权利保护作了规定,主要包括:妇女、儿童、老人、残疾人以及华侨、侨眷的权利保护。宪法规定,妇女在政治的、经济的、文化的、社会的和家庭的生活等各方面享有同男子平等的权利;婚姻、家庭、母亲和儿童受国家的保护;禁止破坏婚姻自由,禁止虐待老人、妇女和儿童;国家保护华侨的正当权利和利益,保护归侨和侨眷的合法的权利和利益;国家和社会保障残疾军人的生活,抚恤烈士家属,优待军人家属;国家和社会帮助安排盲、聋、哑和其他有残疾的公民的劳动、生活和教育。

(三)公民权的保障与限制

1. 公民权的保障

在宪法上规定某种基本权利,不如在实际上保障这种基本权利更为重要,因为无论实定宪法对基本权利的规定如何详尽,其体系如何完善,一旦不予保障,则可能流于"画饼充饥"或"望梅止渴"之类的无谓境地。也就是说,宪法权利的实际效果,并非取决于权利的宪法规定本身,而是取决于对其实际保障的程度。如美国宪法对权利的规定可能并不详尽,但在实际的保障过程中,却扩张了权利的内涵,丰富了权利的类型。另外如英国甚至没有成文的宪法,但通过其优良的宪政和法治传统,照样可在极大程度上实现对权利的保障。

目前,世界各国对宪法权利的保障有三种模式,不同的保障模式所产生的效果,也是不同的。第一种模式是绝对保障模式,又称"美国宪法型",是指对宪法所规定的基本权利,其他法规范不能加以任意限制或规定例外情形的方式。从现代各国的宪法适用状况来看,在实际操作中,采取该模式的国家一般都实行具有实效性的违宪审查制度。通过这一机制,排除了其他法规范对基本权利所可能加诸的、逾越了该基本权利本身内在所制约的限度,以及为宪法所不能接受的那些制约。同时,这种制度本身就是一种宪法上的权利救济制度。在实践中,该制度已成为保障宪法权利的一种较有实效性的制度。由于绝对保障模式是直接依据宪法规定并通过宪法自身所设置的制度而实现的,所以又被称为"依宪法的保障"模式。第二种保障模式则为相对保障模式,即允许其他法规范对宪法所规定的基本权利加以直接有效的限制的方式。采取这种模式,一般也是宪法自身的一种选择。所以有些宪法本身就规定或默示对自身所确认的某些权利可以予以限制。如规定某种宪法权利"其内容由法律规定"、"在法律的范围内"予以保障，等等。由于相对保障模式是通过普通法律而非宪法自身来实现对宪法权利的保障，为此又被称为"依据法律的保障"模式。第三种模式是介乎绝对保障和相对保障模式之间，即折中型保障模式。这种模式一方面存在具有实效性的违宪审查制度，另一方面宪法本身又将对某些基本权利的保障委之以普通法律。当代德国即采用这种模式。

我国现行宪法基本上没有明文规定对某种基本权利的具体内容和保障方法由普通法律加以规定，也没有明文规定或实际上默示性地规定普通法律可以限制某种基本权利，然而在具体的法律制度上以及实践中所形成的基本权利保障方式则倾向于相对保障模式。具体表现在：第一，在现行制度下，公民的基本权利的具体内容和保障方式均只有通过普通法律加以具体规定才能实现。其具体的运作是：宪法首先规定基本权利，普通法律再依据宪法的有关规定而对宪法权利的内容进行界定，然后在法律所界定的范围之内付诸保障和实施。第二，与此相应，只存在普通法律上的权利救济制度，而不存在具有实效性的违宪审查制度或宪法上的权利救济途径。第三，在目前的情形下，普通法律上所存在的这种救济制度，也只适用于部分情形下的部分宪法权利，而非所有情形下的所有宪法权利。

由于宪法权利规范的表述非常简约、抽象，且不具有直接可据以追究侵权行为的法律责任和予以相应处罚的强制性规范的构成要素，为此，要保障各项宪法权利，该权利本身的内容就首先有待于具体的界定，但由"谁"来界定，"如何"界定，则涉及至关重要的宪法问题。所以应该怎样选择和确立我国宪法上基本权利的保障模式，这是当今我国需要解决的问题。有的学者认为必须加强我国宪法的监督制度，如违宪审查制度；也有的学者主张在全国人大机构内部设置监督宪法实施的专门机构。

【案例研究】

齐玉苓诉陈晓琪受教育权受侵害案

齐玉苓、陈晓琪均系山东省滕州市八中1990届初中毕业生。陈晓琪在1990年中专预考时成绩不合格，失去了升学考试资格。齐玉苓则通过了预选考试，并在中专统考中获得441分，超过了委培录取的分数线。随后，山东省济宁市商业学校发出录取齐玉苓为该校1990级财会专业委培生的通知书。但齐玉苓的录取通知书被陈晓琪领走,陈晓琪以齐玉苓的名义到济宁市商业学校报到就读。1993年毕业后,陈晓琪继续以齐玉苓的名义到中国银行滕州市支行工作。1999年1月29日,齐玉苓在得知陈晓琪冒用自己的姓名上学并就业的情况后,以陈晓琪及陈克政(陈晓琪之父)、滕州八中、济宁商校、滕州市教委为被告,向枣庄市中级人民法院提起民事诉讼,要求被告停止侵害,并赔偿经济损失和精神损失。

1999年5月,枣庄市中级人民法院作出一审判决。法院认为,陈晓琪冒用齐玉苓姓名上学的行为,构成对齐玉苓姓名权的侵害,判决陈晓琪停止侵害,陈晓琪等被告向齐玉苓赔礼道歉并赔偿精神损失费3.5万元,但驳回齐玉苓其他诉讼请求。齐玉苓不服,认为被告的共同侵权剥夺了其受教育的权利并造成相关利益损失,原审判决否认其受教育权被侵犯,是错误的。遂向山东省高级人民法院提起上诉,请求法院判令陈晓琪等赔偿各种损失56万元。

二审期间,山东省高级人民法院认为该案存在适用法律方面的疑难问题,于1999年以[1999]鲁民终字第258号请示,报请最高人民法院作出司法解释。

最高人民法院经反复研究,于2001年8月13日公布了法释[2001]25号《关于以侵犯姓名权的手段侵犯宪法保护的公民受教育的基本权利是否应承担民事责任的批复》,明确指出:根据本案事实,陈晓琪等以侵犯姓名权的手段,侵犯了齐玉苓依据宪法规定所享有的受教育的基本权利,并造成了具体的损害后果,应承担相应的民事责任。

2001年8月23日,山东省高级人民法院依据《宪法》第46条、最高人民法院批复和《民事诉讼法》有关条款,终审判决此案:(1)责令陈晓琪停止对齐玉苓姓名权的侵害;(2)陈晓琪等四被告向齐玉苓赔礼道歉;(3)齐玉苓因受教育权被侵犯造成的直接经济损失7000元和间接经济损失41045元,由陈晓琪、陈克政赔偿,其余被告承担连带赔偿责任;(4)陈晓琪等被告赔偿齐玉苓精神损害赔偿费50000元。2001年11月20日,齐玉苓案执行完毕。①

2008年12月18日,最高人民法院发布如下公告:该院审判委员会第1457次会议于2008年12月8日通过了《关于废止2007年底以前发布的有关司法解释(第七批)的决定》,在此决定中包括以"已停止适用"为理由,废止了最高人民法院《关于以侵犯姓名权的手段侵犯宪法保护的公民受教育的基本权利是否应承担民事责任的批复》,该决定自2008年12月24日起施行。

---

① 《齐玉苓诉陈晓琪等以侵犯姓名权的手段侵犯宪法保护的公民受教育的基本权利纠纷案》,载《最高人民法院公报》2001年第5期。

2. 公民权的限制

公民基本权利的限制是指为了维护社会公共利益和国家的安全,根据宪法和法律的规定,在特定的情况下,对基本权利的行使进行适当的限制,或在一定的范围之内禁止其行使。

宪法在规定限制基本权利时,通常以国家安全和社会公共秩序作为限制的理由。无论基本权利的类型、种类和权利的主体情况,都可根据宪法原则性的规定,对基本权利的行使予以限制。比如我国《宪法》第51条规定:"中华人民共和国公民在行使自由和权利的时候,不得损害国家的、社会的、集体的利益和其他公民的合法的自由和权利。"具体而言,对公民的基本权利加以限制的原因主要包括以下两个方面:

(1) 公共利益原则。公共利益原则是现代宪法权利配置所必须遵循的基本原则。根据该原则,在公共利益与个人利益之间,公共利益居于支配地位,个人利益居于受支配地位。当个人利益与公共利益在同一领域相遇时,个人利益应当服从于公共利益。这是因为:首先,从性质上看,公共利益比个人利益更重要。公共利益是全体社会成员的共同利益,个人利益是单个社会成员的个体利益,个人利益与公共利益的关系就是单个社会成员的利益与有组织的全体社会成员的共同利益的关系,所以,所有社会成员个人利益的总和必然大于单个社会成员的利益,个人利益只能服从于公共利益。其次,个人利益有必要服从于公共利益。社会之所以要把个人利益聚合成公共利益,其目的也就在于保障个人利益之安全,调节社会成员利益之占有,并最终促进个人利益的增长;公共利益的发展,可供分配总量的累积,对社会成员而言只会意味着更多利益的享有;且个人利益也只有在社会秩序稳定、国家和平安全的情况下才能得以现实化。因此,公民在行使权利和自由时,须以不损害公共利益为前提。公共利益与公民个人利益产生冲突时,需要在一定程度上限制公民个人的权利和利益,以保障公共利益不受侵犯。公民在行使基本权利的过程中,个人利益必须服从公共利益,不能在行使公民个人的权利和自由时损害公共利益。

(2) 禁止权利滥用原则。不得滥用权利是指公民在行使基本权利时,不得超过一定的限度,不得损害其他公民的合法权利和利益。如果相互侵犯对方的权利和利益,那么,任何公民的权利和自由都得不到保障,从而会使社会处于无序、混乱的状态。这实际上体现了基本权利相互之间的制约,即一种基本权利对另一种基本权利的制约,某一主体的基本权利对另一主体基本权利的制约。如言论自由权的行使,不能构成对他人隐私权、人格尊严等的侵犯,这是言论自由作为一种权利在本质上所必然伴随的制约。没有一项权利绝对高于自己之外的其他一切权利,也没有一项基本权利的实现必须以牺牲其他非基本权利为代价。防止权利滥用的途径是:第一,公民行使基本权利时不得妨碍他人的基本权利和自由,具体而言是指:公民行使基本权利的时候不得有害于他人的生命和健康;不能损害他人作为人的尊严;不得妨碍他人基本权利和自由的正当行使。第二,行使权利不得违反基本权利的宗旨。国家承认个人基本权利和自由的目的,在于谋求个人知识、道德或身体之最优发展,因此,享有人身自由的人自然不能将自己的身体作为买卖的标的物,行使工作权的人不得甘愿为他人做奴隶,这就是权利本身的宗旨。可见,为了自身基本权利的享有,也为了他人基本权利的实现,以适当形式限制公民基本权利,是十分必要的。

在我国,《宪法》未规定对基本权利限制的界限。但根据我国的法律规定和保障基本权利的实践,可以认为,在任何情况下,以下几种基本权利不得予以限制:(1)生命权,但依照刑法和刑事诉讼法判处死刑的除外。(2)人格尊严,包括禁止酷刑和不人道的待遇或不文明的死刑执行方式。(3)平等权。(4)思想、良心和信仰自由权。(5)合法财产权。(6)刑事法律无溯及力,但对犯罪嫌疑人给予较轻处罚的除外。

三、权利与义务

(一) 什么是权利

一般而言,权利指的是在一定的法律关系中,法律关系的一方对另一方所享有的可以要求他方一定的作为或不作为,并为法律规范所认可的一种资格。如甲与乙订立一房屋买卖合同,合同订立后,作为卖方的甲享有请求乙方支付房屋价款的权利,作为买方的乙则享有请求甲方转移房屋所有权的权利。合同履行后,甲享有货币的所有权,而乙享有房屋的所有权。

但是,上述的表述仅仅是从合同法律关系的角度对权利的理解,这样容易导致对权利理解的简单化。要全面、正确地理解权利概念,较为关键的是把握权利的要素,而不仅仅是对权利下个定义。

权利主要包含五个要素,这些要素中的任何一个都可以表示权利的某种本质。第一个要素是利益。一项权利之所以成立,是为了保护某种利益,是由于利在其中。利益既可能是个人的,也可能是群体的、社会的;既可能是物质的,也可能是精神的;既可能是权利主体自己的,也可能是与权利主体相关的他人的。第二个要素是主张。一种利益若无人提出对它的主张或要求,就不可能成为权利。一种利益之所以要由主体通过表达意思或其他行为为主张,是因为它可能受到侵犯或随时处在受侵犯的威胁中。第三个要素是资格。提出利益主张要有所凭据,即要有资格提出要求。资格有两种,一是道德资格,二是法律资格。第四个要素是力量,它包括权威和能力。一种利益、主张、资格必须具有力量才能成为权利。力量首先是从权威或强力意义上讲的,其次是从能力的意义上讲的。由法律来赋予权威的利益、主张或资格,称法律权利。权利在获得法律认可之前是道德权利,由于仅具有道德权威,侵害它,并不招致法律处罚。在获得法律确认后,权利既是道德权利,也是法律权利。因而,侵犯权利会导致法律后果。除了权威的支持外,权利主体还要具备享有和实现其利益、主张或资格的实际能力或可能性。第五个要素是自由。在许多场合,自由是权利的内容,如出版自由、人身自由。作为权利本质属性或构成要素的自由,通常是指权利主体可以按个人意志去行使或放弃该项权利,不受外来的干预或胁迫。

综上所述,可以给权利下一个这样的定义:权利是为道德、法律或习俗所认定为正当的利益、主张、资格、力量或自由。

另外,权利可以分为私法上的权利与公法上的权利。比如某人到书店去买书。这个买卖行为是合法交易,由此产生买方对书的所有权、书店对价款的所有权,他人对合法所有权有尊重的义务;买方的权利由买方自己行使,不受他人干涉——是否买书,以及买什么书,由自己的意志来定,他人无权强迫;在买方的权利受到侵害时,买方有权请求公权力的救济,要求对方履行义务。如买方付了价款,而书店不给书时,买方就有权控告书店,并通过法律规定的强制手段要求书店把书给买方。在这个交易中,我们所说的权利就是私法上的权利。再看看什么是公法上的权利,如某人的生命健康权,这个权利的特点是:第一,该项权利来自于法律的规定,而不是交易;第二,该权利不可转让,权利主体也不能处分;第三,当该权利直接涉及社会公共利益,当该权利受到严重侵害时,公共机关会主动积极地介入;第四,该权利的义务人是不特定的人,即任何人不得非法侵害他人的生命健康权。

【案例研究】

"后悔"能够成为权利吗

随着网络购物、电视电话购物等新型购物方式的兴起,在人们购物方式发生变化的同时,如何保障购物者的权利也成为一个新的法律问题。我们通过网络、电视电话订购货物后又不想买了,是否可以后悔?一些国家针对这种情况,建立了一项新的法律制度——"冷静期(cooling-off period)制度"或者"无因退货制度"。它是指消费者在消费合同成立并生效之后,破例依法定条件和程序解除合同的民事权利。这也就是大众所说的"后悔权"。

2013年全国人大常委会在修订《消费者权益保护法》时,总结了我国有关地方立法和行政立法中保护"后悔权"的成效,也吸取了国外立法的经验,规定了中国的"后悔权"制度。《消费者权益保护法》第25条规定:

经营者采用网络、电视、电话、邮购等方式销售商品,消费者有权自收到商品之日起7日内退货,且无需说明理由,但下列商品除外:(一)消费者定作的;(二)鲜活易腐的;(三)在线下载或者消费者拆封的音像制品、计算机软件等数字化商品;(四)交付的报纸、期刊。

除前款所列商品外,其他根据商品性质并经消费者在购买时确认不宜退货的商品,不适用无理由退货。

消费者退货的商品应当完好。经营者应当自收到退回商品之日起7日内返还消费者支付的商品价款。退回商品的运费由消费者承担;经营者和消费者另有约定的,按照约定。

"后悔权"帮助消费者回归理性消费、明白消费、放心消费,换句话说,允许合理的退货期可以使消费者充分了解商品的性能并最终做出是否选购的决定。这一制度可以减少交易双方的信息不对称所可能带来的消费者不知情问题,赋予消费者理性选择的权利,有利于将消费者权益保护的关口前移;同时,它也促使经营者的营销行为更加理性,有利于构建多赢共享、诚实信用的消费环境,保障交易公平、节约交易成本、促进交易繁荣。

(二)什么是义务

法学上的义务是一个与权利相对应的概念。说某人享有或拥有某种利益、主张、资格、权力或自由,是说别人对其享有或拥有之物负有不得侵夺、不得妨碍的义务。若无人承担和履行相应的义务,权利便没有意义。故一项权利的存在,意味着一种让别人承担和履行相应义务的观念和制度的存在。如果说权利表示的是以"要求""获取"或"作"为表现形式的"得",那么,义务所表示的就是相应的以"提供""让与"或"不作"为表现形式的"予"。所以,应当按下面的方式来理解法律义务:

首先,义务当然可导致承担一种责任,但责任是在不履行义务之后的法律后果,而非义务本身。

其次,履行义务也不一定对义务人"无利益",如公民接受义务教育,实际上是强制性享受获得知识的利益。履行合同中双方协议的义务,就可以实现自己在合同规定中的权益。履行对国家集体的义务,可以巩固和提升共同的利益,反过来作为其成员的义务人也可以分享其利益。

最后,法律义务与道德义务不同,即不只是"应当",而且是"必须",即必须履行,不容规避,否则就要承担法律制裁的后果。

(三) 权利与义务的关系

法是以权利和义务为机制调整人的行为和社会关系的。权利和义务贯穿于法律现象逻辑联系的各个环节、法的一切部门和法律运行的全部过程。

在一个法律关系中,法律关系的主体所拥有的全部权利,一部分以他人履行义务而获得,一部分以自己履行义务而获得,除此之外,再没有第三种形式。所以权利义务关系对同一主体而言就是"没有无义务的权利,也没有无权利的义务",由此,权利与义务的关系可以概括为对立统一关系。

权利与义务的对立统一,首先表现在权利义务的相互对应、相互依存、相互转化的辩证过程中。从对应方面说,任何一项权利都必然伴随着一个或几个保证其实现的义务,而不管这个义务是自己的还是他人的;从依存方面说,权利以义务的存在为存在条件,义务以权利的存在为存在条件,缺少任何一方,它方便不复存在。如婚姻关系中的男女,缺少任何一方,其夫妻关系便无法成立,夫为妻而存,妻为夫而存;从转化的方面说,在同一法律关系中,权利人在一定条件下要承担义务,义务人在一定条件下享有权利,法律关系的主体既是权利主体,又是义务主体。

其次,两者之间是价值的一致性与功能的互补性。有人认为,应当主张"权利本位",因为,权利是法律的基础、出发点和归宿,其价值至上;而且先有法定权利,然后才派生出保障权利实现的义务,所以权利在起源上也居先,故法应以权利为本位。另有人认为,应当主张"义务重心",因为法律的特征是它具有国家强制性,要以义务来体现,同时必须设定义务才能保证权利的实现和法律的遵循。而我们认为两者之间是一致的,不存在以谁为本位,因为无论是权利还是义务,其设立的目的都等于立法目的。权利与义务都是主体所需要的,它们是主体所执左右两柄,共同构成了主体支配客体的手段。另外两者在功能上也是互补的,以社会需要而言,当创造力、革新为人们所追求时,权利的功能就会被人们格外重视;而当稳定、秩序与安全为人们所珍视时,义务的功能更能满足人们的要求。

【法学小知识】

公权力与私权利

什么是私权利?其英文为"private right",意指个人权利,因与"公权"或"公权力"(public power or state power)相对应,具有"私人"(个人)性质,故常被称为"私权"或"私权利",它涵盖了一切不为法律明文禁止的个人行为。根据其是否为法律明文规定和认可,私权可分为法定私权和非法定私权,前者是私权的主干部分和重要内容,并受到宪法和法律所确认、规定和保护,通称为公民权利或宪法权利、法律权利;后者是对私权的必要补充,未受法律确定但也不应受法律惩罚,常指那些个人自由或纯私人行为。

公权力是指以维护公益为目的的公团体及其责任人在职务上的权利,它是基于社会公众的意志而由国家机关具有和行使的强制力量,其本质是处于社会统治地位的公共意志的制度化和法律化,即国家权力或公共权力的总括,它可以具体分解为立法权、司法权、行政权、军事权、监督权,等等。其中每一项权力又可再分解为一些子权力,如立法权可以分解为中央立法权和地方立法权,司法权又可分为检察权和审判权,行政权又可分解为审计权、税收权、监察权等多项权力。所以,公权力是一个权力层级体系。

在实施依法治国方略、推进法治的进程中,无论是作为代表国家的公权力,还是作为代表公民个人的私权利,都有一个如何正确定位和合理配置的问题。从目前公权力与私权利的配置现状来看,公权力处于强盛和支配地位,而私权利大多处于弱小的、被支配的地位,从而导致公权力与私权利的失衡,公民权利往往得不到有效保护。所以,应该改变现实生活中的这种强弱不平衡、不对等状态,使两者保持一种平衡。要使两者保持平衡、和谐,除在实践上必须做到立法明示、宪法审查、司法校正等对公权力的限制外,其根本就是坚持"对于公权力,法不授权不得行,法有授权必须为;对于私权利,法无禁止皆权利,法无禁止不得罚"这两个原则,并将之贯彻到我们的立法、守法、执法、司法、法律监督等法制建设的各个环节中去。

四、如何维护公平正义、保障公民合法权益

何为公平正义？现代意义上的公平指的是一种合理的社会状态，它包括社会成员之间的权利公平、机会公平、过程公平和结果公平。事不公则心不平，心不平则气不顺，气不顺则难和谐。公平正义问题已经成为当前我国社会诸多矛盾的交结点，成为广大群众关注度很高的问题。比如我国社会目前存在的不公之处在于：(1) 分配不公，即贫富差距过大，极少数人占据了社会的大部分财富，而大部分人还相对贫穷；(2) 司法不公，有些公检法人员枉法司法，屡见不鲜；(3) 教育不公，有限的教育经费和良好的教育设施都严重倾斜到城市和大专院校，广大农村的学生无法享受到公平教育；(4) 特权与垄断，垄断行业和某些特权部门，利用特权与垄断地位为自己谋取大量私利等。

如何实现公平正义，保障公民合法权益？正如罗马城不是一天建起来的，公平正义也是一个逐步实现的过程，将随着经济社会发展不断螺旋式上升。我们一方面要尽力而为，力求在现有条件下，最大程度实现公平正义，这就要求大力解放和发展生产力，把蛋糕做大，为实现更高层次的公平正义创造坚实的物质基础。另一方面也应该看到，绝对的公平正义从来都是没有的，只存在于人们的观念和幻想中。在现实生活中，由于社会成员个人情况不同，天赋有差别，能力有大小，不可能每个人都处在同一起跑线上。纯粹的起点平等是做不到的，竞争的最后结果可能导致不公平，只能求得大致公平、相对公平。如果追求绝对公平，苛求整齐划一、完全一致，只会回到平均主义的老路，最终导致公平正义的倒退。总之，在目前形势下，维护公平正义、保障公民合法权益应从下面几个方面做起：

（一）权利公平

在我国，不论民族、性别、职业、财富等，每个人都应一律平等地享有基本权利。应加大法制建设力度，完善法律制度体系，保障公民合法的政治权利和经济文化社会等方面权利，建立健全公民享有和行使权力的体制机制，保障人民当家作主。重点完善公共财政制度、义务教育和职业教育制度、基本医疗卫生制度等。完善权利维护和保障机制，着力解决征地拆迁、环境污染、工资拖欠等群众权益受损的突出问题，确保权利公平的实现。

（二）机会公平

在现实生活中,每个人都有自己的理想追求,都渴望平等拥有拼搏奋斗、展现自己的机会。应强化政策保障,拆除制度"篱笆",取消不合理的准入限制,使尽可能多的人有市场准入的资格。

（三）规则公平

一方面,通过科学合理的制度安排,确保规则公正严明、不偏不倚;另一方面,全社会都应严格按照规则办事,坚决抵制违反公平的潜规则。维护公平正义,应采取得力措施,坚决反对和克服特权思想、特权现象。进一步完善权力制约监督机制,保证权力依法运行,最大限度地防止公权私用变特权。使得公平正义不仅是每个法律人的信仰,还是每个普通公民的信仰。

关键概念

公民　平等权　公共利益原则　权利　义务

思考题

1. 取得一国国籍的方式有哪些？
2. 根据我国宪法规定,公民的基本权利有哪些？
3. 公民基本权利的保障方式有哪些？我国应如何保障公民的基本权利？
4. 公民的基本权利是否应该受到限制？为什么？
5. 什么是权利？什么是义务？权利与义务的关系是怎样的？

拓展阅读

劳动纠纷案

2003年8月,上海某复合新材料公司与周某签订了一份为期一年的劳动合同,约定周某享有接受培训、分房等特殊福利待遇,若在服务期限内解除合同则应支付相应违约金。合同即将到期时又和周某签订了《商业秘密、竞业禁止及必须服务期协议》,约定公司应向周某支付工资总额3倍的经济补偿金,如周某

"跳槽",不能到类似行业就业,并须保守商业秘密。合同签订后,该公司为周某花费培训费3.5万元和1.5万元商业保险费。上述协议签订后不久,周某不辞而别,后发现周某已经到竞争对手某装饰材料公司任职去了。该公司经过劳动仲裁后很快起诉到法院,要求周某赔偿相关费用。上海市青浦区法院在裁判中认为,双方虽然签订了"竞业禁止"协议,但双方在协议中未对周某之前享受的出资培训等待遇作为必须服务期的条件,而只是约定单位给予周某经济补偿金,并在工资中每月予以支付。在实际履行中,单位并没有支付经济补偿金即没有履行约定,遂驳回了公司的诉讼请求。

结合案例分析,什么是权利与义务的一致性?原告为什么败诉?

第六讲　法律与财产

本讲导读

财产是个人和社会发展的基础,是主体权利的保证,是指用来满足人们各种需求的一切物质财富。这样的物质财富必须具有稀缺性并能被人所控制,是被法律认可的财产。财产依法可以归属于国家、集体和私人,以不动产、动产或其他形式存在。物权、债权、知识产权等财产权都必须依照法律规定的方式取得或发生变动。人作为主体不能孤立地存在,任何法律人格都建立在财产之上,即"无财产即无人格"。因而,财产权应受到特别尊重,不得侵犯。当主体的财产权受到侵犯时,可以运用私力救济或公力救济的途径予以保护。

导入案例

1980年11月22日,美国人丹尼斯·霍普向联合国、美国、苏联发布《所有权声明》,声称月球及水星、金星、火星、木星、土星、天王星、海王星、冥王星等八大行星及相应卫星归其所有,上述星球的矿藏、水、石油及液体也归其所有。同日,丹尼斯·霍普就其主张向美国旧金山土地管理部门备案,交纳相关费用,在美国内华达州建立了月球大使馆总部及银河系政府,自称月球头人及银河系政府执行官,并在中国设立了月球大使馆,指定李捷为月球大使馆大中华区大使,以北京月球村航天科技发展有限公司的名义对外销售上述星球的土地。该公司首席执行官李捷于2005年9月5日及10月5日,以每英亩2美元的价格从美国人丹尼斯·霍普处购进月球土地7110.32英亩,金星及火星土地各2000英亩。9月29日,该公司印制月球土地所有权证3000册,自10月14日至10月28日,以月球土地每英亩人民币298元的价格,共向33个人销售出48英亩月球土地。10月14日,北京市朝阳区工商分局对该公司销售月球土地情况进行了检查,依据《工商行政管理机关行政处罚暂行规定》和《投机倒把行政处罚暂行条例》(该条例已于 2008 年 1 月 23 日由国务院发布的第 516 号令《关于废止部分行政法规的决定》所废止），于 2005 年 10 月 14 日予以立案调查。10 月 22 日，朝阳区工商分局以涉嫌违法经营扣留财物，并暂扣月球大使馆的营业执照。11 月 14 日，"月球大使馆"向海淀区人民法院递交了行政诉讼状，起诉北京市工商局。①且不论诉讼结果如何，问题是，月球上的土地是法律上的财产吗？任何人都可以获得月球土地的财产所有权吗？这种财产权会受到法律保护吗？

一、什么是财产

财产就是物质财富，它是用来满足人们各种需求的一切东西。如土地、房屋、货币、汽车、笔墨纸砚等。这样的物质财富必须是有稀缺性并能被人所控制，因而空气、阳光就不是财产；同时它还必须是合法的，即被法律认可为财产，则人的身体、器官不是财产。贪污、侵占、抢夺、诈骗、盗窃、走私等方式非法获取的财产，不但不能受到法律的保护，而且行为人还要依法承担没收、返还原物、赔偿损失等法律责任，构成犯罪的，还要依法追究刑事责任。

我国于 1983 年 12 月 30 日加入《外层空间条约》，该条约规定：探索和利用外层空间（包括月球和其他天体），应为所有国家谋福利和利益……各国不得通过主权要求、使用或占领等方法，以及其他任何措施，把外层空间（包括月球和其他天体）据为己有。从该条约规定可知，任何国家均不能对月球和其他天体主张所有权，作为国家内的公民及组织，亦无权主张月球和其他天体所有权。因而就导入案例而言，所谓主张或通过买卖获得月球土地所有权是得不到法律保护的。

（一）财产的范围

依照我国法律规定，不同的主体拥有的财产是不一样的。它包括国家财产、集体财产和私人财产。这里的"国家"还包括国家机关、国家举办的事业单位、国有企业和国有公司。"集体"是指农民集体（包括村农民集体和乡镇农民集体）和城镇集体。"私人"是指除了国家、集体以外的主体，包括具有或不具有一国国籍的自然人、非公有制的公司、企业和其他社会团体。

国家财产包括：矿藏、水流、海域；城市的土地以及法律规定属于国家所有的

---

① 陈燕：《北京"月球大使馆"被查封，工商部门称其涉嫌投机倒把》，载《北京娱乐信报》2005 年 11 月 5 日。

农村和城市郊区的土地;依法属于国家的森林、山岭、草原、荒地、滩涂等自然资源;野生动植物资源;文物;铁路、公路、电力设施、电信设施和油气管道等基础设施;无线电频谱资源;国防资产等。

集体财产包括:法律规定属于集体所有的土地和森林、山岭、草原、荒地、滩涂;建筑物、生产设施、农田水利设施;教育、科学、文化、卫生、体育等设施以及属于集体的其他不动产、动产和其他财产。

自然人的个人财产包括:

(1)收入。收入是指人们从事各种劳动获得的货币收入或者有价物,主要包括:其一,工资,指定期支付给员工的劳动报酬,包括计时工资、计件工资、职务工资、级别工资、基础工资、工龄工资、奖金、津贴和补贴、加班加点工资和特殊情况下支付的报酬等;其二,从事智力创造和提供劳务所取得的物质权利,如稿费、专利转让费、讲课费、咨询费、演出费等;其三,因拥有债权、股权而取得的利息、股息、红利所得;其四,出租建筑物、土地使用权、机器设备、车船以及其他财产所得;其五,转让有价证券、股权、建筑物、土地使用权、机器设备、车船以及其他财产取得的所得;其六,得奖、中奖、中彩以及其他偶然所得;其七,从事个体经营的劳动收入、从事承包土地所获得的收益等。

(2)房屋。房屋是我国公民最主要、最基本的生活资料,包括依法购买的城镇住宅,在农村宅基地上依法建造的住宅,也包括商铺、厂房等建筑物。私人可以对房屋享有所有权,对该房屋占用的土地只能依法享有建设用地使用权或者宅基地使用权。

(3)生活用品。生活用品是指用于生活方面的物品,包括家用电器、私人汽车、家具和其他用品。

(4)生产工具和原材料。生产工具是指人们在进行生产活动时所使用的器具,如机器设备、车辆、船舶等运输工具。原材料是指生产产品所需的物质基础材料,如矿石、木材、钢铁等。

(5)除上述财产外,私人财产还包括其他的不动产和动产,如图书、个人收藏品、牲畜和家禽等。

非公有制的公司、企业和其他社会团体依法取得的动产、不动产以及其他财产属于该非公有制的公司、企业和其他社会团体所有。

(二)财产的表现形式

财产可以表现为动产、不动产和其他财产形式。能够移动位置而不损害其经济价值的财产,就是动产。大部分财产都是动产。如货币、各种交通运输工具、机器设备、生产材料、家具、衣服等。凡在空间上占有固定位置,移动后会影响其经济价值的财产就是不动产。如桥梁、房产等建筑设施,耕地、草原、滩涂、矿产等自然资源以及道路、通讯、电力、天然气等基础设施。其他财产是指具有财产性内容的权利以及不具备一定形状,但占有一定空间或能为人们所支配的财产。如知识产权、各种有价证券、股权以及其他方式的投资收益权、电、热、声、光等能源。

动产与不动产又常被称为有形财产,这之外的财产称为无形财产。

二、不一样的财产权

所谓财产权,是指以物质财富为对象,直接与经济利益相联系的民事权利,如物权、债权、知识产权等,简称产权。财产权是可以以金钱计算价值的,原则上都是可以处分的,但不具有专属性。可以处分,是指财产可以转让、可以继承、可以抛弃。不具有专属性,是指财产权可以由他人代为行使。在一般情况下,财产权的归属与行使是可以相互分离的,例如未成年人的财产权通常由他的法定代理人行使、破产人的财产权由破产管理人行使、失踪人的财产权由财产代管人行使等。当然,财产权中也有具有专属性的,例如土地所有权。在我国,土地所有权只能由国家或农民集体享有或行使,且不得转让、不得抛弃,其他任何民事主体不能获得或行使土地所有权。财产权主要有以下种类:

(一) 物权

所谓物权是人和人之间对于物的归属和利用关系在法律上的体现,体现为权利主体对物的支配权,获取利益权。支配权是对物占有、使用、收益和处分的权利,该权利的行使不需要其他人的帮助,仅由权利人的合法支配行为就能实现,因而从这个意义上来说,物权是一种绝对权。权利人通过对物的支配行为可以取得物的利益,如出租房屋收取租金、卖出房屋获得金钱、用房屋出资获得盈利分配等。物权可以分为所有权、用益物权和担保物权。

1. 所有权

所有权是所有人依法按照自己的意志独占性地对其所有物进行占有、使用、收益和处分,并排斥他人非法干涉的物权。它包括四项权能:占有权能、使用权能、收益权能和处分权能。所有权是典型的支配权,所有人对所有物的支配,不仅包括对于物的占有、使用、收益,还包括对于物最终予以处分的权利。所有权不仅能单独存在,而且所有权人可以将其部分权能交给他人行使,由此发生了所有权权能与所有人部分分离的情况,这样,他人就在该物上取得了权利,这种权利被称为他物权,但只要没发生所有权消灭的法律事实,所有人仍然保持对所有物的支配权,所有权并不消灭。在所有物上设定的他物权一旦消灭,所有权仍然恢复全面支配的状态,分离出去的各项权能仍复归所有权人。所有权除物发生灭失、转让、抛弃等法律事实外,是无期限地存在的。

所有权包括国家所有权、集体所有权和私人所有权三种形式。国家所有权是指国家对全民所有的财产进行占有、使用、收益和处分的权利。集体所有权是指劳动群众集体依法对集体所有财产的占有、使用、收益和处分的权利。它分为农民集体所有权和城镇集体所有权两种形式。私人所有权是指私人对其所有的财产依法进行占有、使用、收益和处分的权利。

通常,一项独立财产上只能由一个主体享有一个所有权,但在有些情况下,依照约定或法律的规定,也可以由两个或者两个以上的主体对同一项财产共同享有一个所有权,称之为财产共有权。若是两个或者两个以上的权利主体,对同一项财产按照应有份额享有权利,分担义务的共有叫作按份共有。按份共有可依共同购置、共同投资、约定、法定事实或推定等原因而产生。若是由两个或两个以上的主体根据法律或合同的约定对于同一项财产不分份额的共同享有权利、承担义务的共有叫作共同共有。共同共有可由夫妻关系的建立、家庭关系的存在、共同继承的遗产或其他事实的存在而发生。

2. 用益物权

用益物权,是指某个主体对其他主体所享有的所有权的某个物所取得的占有、使用和收益的物权。用益物权只能设定在不动产上。用益物权的基本类型有:建设用地使用权、宅基地使用权、土地承包经营权和地役权。

建设用地使用权,是指自然人、法人依法对国有土地所享有的占有、使用和收益,建造并经营建筑物、构造物及其附属设施的物权。

宅基地使用权,是指农村居民对集体所有的土地占有和使用,自主利用该土地建造住房及其他附属设施,以进行居住的物权。依照法律规定,农村村民一户只能申请一处宅基地。

土地承包经营权,是指农村集体经济组织成员对集体所有或国家所有,由集体经济组织长期使用的耕地、林地、草地等农业土地,采取家庭承包、公开协商等方式承包,依法对所承包的土地进行占有、使用和收益的用益物权。

地役权,是指为了更方便经济地使用自己的土地而通过补偿或免费的方式在他人的土地上享有一定权利的用益物权。地役权的产生必须有两个不同权属的土地存在,但并不要求相邻。比如甲和乙并非邻居,甲在翻修房屋,为了更方便施工,则甲可以与有较大空闲宅院地的乙协商将建筑材料堆放在乙的宅院,既可以给予一定的费用,也可以免费,则甲享有地役权。甲是地役权人,乙是供役地人。

3. 担保物权

担保物权,是指为确保债权实现,由债务人或第三人提供一定的财产,当债务人不履行债务时,债权人可以从出卖该财产获得的金钱中优先实现其债权的物权。担保物权通常有抵押权、质权和留置权三种。

抵押权,是指在担保期间,用作担保的财产仍然由提供物的人占有、使用、收益,如果债务人不履行债务,债权人就该财产出卖的金钱中优先满足其债权的担保物权。可以抵押的财产包括:建筑物和其他土地附着物;建设用地使用权;荒地的土地承包经营权;生产设备、原材料、半成品、产品;正在建造的建筑物、船舶、航空器;交通运输工具以及法律、行政法规未禁止抵押的其他财产。但土地所有权;禁止抵押的耕地、宅基地、自留地、自留山等集体所有的土地使用权;学校、幼儿园、医院等以公益为目的的事业单位、社会团体的教育设施、医疗卫生设施和其他社会公益设施;所有权、使用权不明或者有争议的财产;依法被查封、扣押、监管的财产以及法律、行政法规规定不得抵押的其他财产不得抵押。同一财产上同时存在两个以上的抵押权时,若抵押权都已经登记的,按照登记的先后顺序清偿,顺序相同的,按照债权比例清偿;已登记的先于未登记的受偿;都未登记的,按照债权比例清偿。

质权,是指债务人或者第三人将其动产交由债权人占有,或提供某种财产权利来担保债务的履行,债务人不按规定履行债务时,债权人可以就出卖该财产获得的金钱中优先实现其债权的物权。质押有动产质押和权利质押两种类型。一切依法可以自由买卖的动产都可以质押。可以质押的权利有:票据、各种债券、股票、知识产权中的财产权、基金、存款单等。

留置权,是指债务人不按规定履行债务时,债权人所享有的对已经依照合法方式所占有的债务人的动产,依照法律的规定,就该动产出卖的金钱中优先满足其债权的担保物权。债权人所占有的动产与他的债权应当是在与债务人之间建立的某一个法律关系中一起产生的。

同一动产上已设立抵押权或者质权,该动产又被留置的,留置权人的债权优先得到满足。

(二) 债权

在日常生活中,债有多种含义,有时是指欠人钱财,如"欠债还钱""债台高筑"等;有时又非指欠人钱财,而是指情感上或行为上的亏欠,"债"只不过是个借用词,如"情债""血债""文债"等。这些都不是法律上所说的债。

法律上的债是指按照合同的约定或者依照法律的规定,在当事人之间产生的特定的权利和义务关系。在这种关系中,享有权利的一方称为债权人,债权人所享有的权利称为债权;负有义务的一方称为债务人,债务人负担的义务称为债务。债权人有权请求债务人按照合同的约定或者依照法律的规定履行义务,债务人则有义务满足债权人的请求,这种关系就称为债或债权关系,也可叫人和人之间的给付关系,通常是说债权人有权请求债务人向其给付一定的财产。

依据债产生的原因,债可以分为合同之债、侵权之债、不当得利之债和无因管理之债。

根据债权人或债务人一方人数的特征,债可以分为单一之债和多数人之债。单一之债是指债权人一方和债务人一方都只有一人的债;多数人之债是指债权人一方或债务人一方至少有一方为两人以上的债。

对于多数人之债,根据多数人一方相互之间的权利和义务关系,又可分为按份之债和连带之债。

按份之债是指债的一方是多数人,且多数人之间各自按照确定的份额分享权利或分担义务的债。如甲、乙、丙共同向丁借款3万元,约定甲、乙、丙按均等份额向丁承担清偿责任,则甲、乙、丙与丁之间的债就是按份之债。

所谓连带之债,是指债的一方是多数人,且多数人一方的各个人都有权请求对方履行全部债务或者都负有向对方履行全部债务的义务,全部债权债务关系因债务的一次性全部履行而消灭的债。如通常情况下,合伙对外的债以及多人造成他人人身或财产损害而产生的债都是连带之债。

(三) 知识产权

知识产权是指自然人、法人或者其他组织对于自己在智力劳动中所取得的成果可以依照法律的规定享有的一种专有权利。通常,它包括著作权、专利权和商标权。

(1) 著作权,也叫版权,是指作者或其他人依法对文学、艺术、科学、工程技术等作品所享有的各种专有权利。著作权包括著作人身权和著作财产权两个方面。著作人身权又包括发表权、署名权、修改作品权、保护作品内容完整权等;著作财产权包括有复制权、发行权、放映权、公开表演权、广播权、信息网络传播权、展览权、摄制权、出租权、演绎权等。

著作人身权中,对作者的署名权、修改作品权、保护作品完整权的保护没有时间限制,永久保护。对于著作财产权的保护则有期限限制,若是由单一作者创作的作品,则保护期是作者有生之年加上死后50年,截止于作者死亡后第50年的12月31日;如果是合作作品,截止于最后死亡的作者死亡后第50年的12月31日。法人或者其他组织的作品,截止于作品首次发表后第50年的12月31日,但作品自创作完成后50年内未发表的,不再保护。电影作品和以类似摄制电影的方法创作的作品、摄影作品,保护期截止于作品首次发表后第五十年的12月31日,但作品自创作完成后50年内未发表的,不再保护。

这里所说的作品包括如小说、论文等文字作品,演讲等口述作品,音乐、戏剧、曲艺、舞蹈、杂技等艺术作品,绘画等美术作品,建筑作品,摄影作品,电影作品,工程设计图、地图等图形作品和模型作品,计算机软件等。但颁布的法律、法院制作的裁决、政府文件、通用数表、公式、时事新闻等就不是作品,不受著作权的保护。

(2)专利权,是指国家专利管理机构依照法律的规定授予专利权人对其发明创造在一定期限内所享有的专有权利。这样的发明创造包括有发明、实用新型和外观设计三类。

发明又可以分为产品发明、方法发明和改进发明。产品发明就是通过人们的智力劳动创造所能形成的各种制成品或产品,这样的制成品和产品在自然界是从来没有过的,如汽车、各种设备、钢笔、铅笔、人工牛黄、人工合成胰岛素等。方法发明是指把一种物品或者物质改变成另一种物品或物质所要利用的手段和步骤的发明。如合成纤维的方法、合成树脂的方法、地膜覆盖种植法、人工牛黄合成方法等。改进发明是指对已有的产品发明或方法发明所作的巨大革新的技术方案。如白炽灯是爱迪生的发明,而美国通用电器公司发明了给白炽灯充惰性气体的方法改进了白炽灯的生产方法,从而提高了该种灯的质量,延长了其使用寿命。

实用新型,是指对产品的形状、构造或者形状和构造的结合所提出的能够在工业上重复不断实施的新的技术方案。它针对的是立体的产品,这样的技术方案能够产生技术上的积极效果,具有技术性能,如能提高产品质量、节约原材料、节约能源、提高安全系数等。像轮胎上的花纹,既有立体形状,又有防滑功能,而且在不同种类、不同用途车辆上的轮胎的花纹又不尽相同,反映了其不同的功效。

外观设计,是指对产品的形状、图案或者形状和图案的结合以及色彩与形状、图案的结合所作出的富有美感并且能够在工业上应用的新设计。外观设计的产品必须是以工业方法生产出来的具有一定形状的物品,并且可以重复不断地生产出来。那么,像不能重复生产的手工艺品、农产品、畜产品、自然物及气体、液体、粉末状或颗粒状的产品不能成为外观设计的产品。构成外观设计的组合通常有这么几种形式:产品的形状、产品的图案、产品的形状和图案的组合、产品的色彩与形状和图案的组合等。产品的色彩不能独立构成外观设计,那是美术作品。

发明专利的保护期限为20年,实用新型和外观设计的保护期限为10年,都是从申请人提出要求授予发明创造以专利权申请的那一天开始计算,这一天被称为申请日。

(3)商标权,是指商标的所有人对经过商标主管机关核准注册的商标在法律规定的有效期内所享有的专有权利。

商标,俗称"牌子",是一种标志,是指由文字、图形、字母、数字、三维标志、颜色组合和声音等以及上述要素组合构成的标记。它的作用在于识别商品或服务的来源,也便于人们识牌购物。如国产电视机有很多生产厂家,为了区别不同厂家生产的电视机,也便于消费者选择购买,电视机的牌子就有长虹、康佳、熊猫、海尔等之分。

根据识别对象的不同,商标可以分为商品商标和服务商标。使用在商品上的商标,如统一、康师傅等叫商品商标;使用在服务项目上的商标,如中国航空公司的CAAC标志、中国保险公司的PICC标志则属于服务商标。

从组成商标的要素来看,商标又可以分为文字商标、图形商标和组合商标。文字商标当然是指以纯粹的文字组成的商标,文字包括汉字、数字、汉语拼音字母、少数民族语言文字以及外文等。如国光牌口琴的商标就是由"国光"两个汉字组成的,"555"牌电池商标则由数字组成,Panasonic是外国文字组成,飞跃牌电视机的商标则由汉语拼音"f"和"y"两个字母组成。像"梦酒"商标的构成是红楼梦中的人物林黛玉,这是图形商标。组合商标则是由文字和图形共同结合而制作成的商标,如"半球"电器的商标就是由半球图形和"半球"两个文字组合而成。现实中,绝大多数商标为文字和图形组合商标。

根据商标的市场知名度,商标可分为驰名商标、著名商标和知名商标。驰名商标是指由国家商标局认定,在全国范围乃至全世界范围具有较高声誉并且被大多数人所熟知的商标,如青岛、中华、海尔等。著名商标是指由省一级工商行政管理部门认可,在本行政区划范围内具有较高声誉和市场知名度的商标。知名商标是指由市一级工商行政管理部门认可的,在该行政区划范围内具有较高声誉和市场知名度的商标。

除此之外,还有证明商标、集体商标、联合商标和防御商标。证明商标是指由对某种商品或者服务具有监督能力的组织所控制,而由该组织以外的单位或者个人使用在他的商品或服务上,用来证明这个商品或者服务的原产地、原料、制造方法、质量或者其他特定品质的商标。如纯羊毛标志、纯真皮标志、绿色环保标志、安全标志等。集体商标是指以团体、协会或者其他组织名义注册供本组织成员在商事活动中使用,以表明使用者具有该组织成员资格的标志。如合作社、行业协会注册的商标供本合作社成员、协会成员使用,以表明其成员资格。联合商标是指同一个生产者或者经营者在其生产或者经营的同一种或者类似商品上申请注册两个或者两个以上的近似商标,指定其中一个为正商标,联合商标中的任何一个商标的使用认为其他商标也在使用,如某食品商将"乐福口""乐口福""口乐福""口福乐""福口乐""福乐口"等商标全部注册,形成一道防护墙,使他人无法侵犯。还有如娃哈哈公司将"娃哈哈""娃哈娃""娃娃哈""哈娃娃""哈娃哈""哈哈娃"等商标也予以全部注册,这就叫联合商标。防御商标是指商标所有人把自己的驰名商标同时注册在其他不是同种类商品上的商标,能更有利于对驰名商标的保护。

商标权的有效期为10年,从被商标主管机关核准注册之日起开始计算。有效期届满,需要继续使用的,商标注册人应当在期满前12个月内按照规定办理续展手续;在此期间未能办理的,可以给予6个月的宽展期。这样的申请称之为注册商标的续展申请。每次申请续展注册的有效期为10年,自该商标上一届有效期满次日起计算,且申请续展次数无限制。若超过法定期限未提出续展申请,该注册商标将予以注销,则其他任何主体都可以使用。

三、财产权如何取得和变动

(一) 物权的取得和变动

1. 物权的取得

(1) 所有权的取得

所有权的取得有原始取得和继受取得两种方式。

原始取得,也称最初取得,是指通过某种方式或行为第一次取得一个新形成的物上的所有权,或者一个物上虽然存在所有权主体,但取得该物的所有权却无需原所有权人的同意。原始取得主要有以下方式：

第一，通过劳动生产取得所有权。如提供劳动获得报酬、通过生产将原材料制造出来的产品等。

第二，收取孳息而取得所有权。孳息是由原物滋生、增值、繁衍出来的财产，包括天然孳息和法定孳息。天然孳息，如母鸡下的蛋、母牛生的小牛、羊身上剪下的羊毛、果树上摘下的果实等；法定孳息，如出租房屋收取的租金、存款的利息、股票的红利等等。孳息必须得与原物相分离才能产生独立的所有权。通常情况下，该所有权由原物所有权人享有。

第三，无主动产的先占取得所有权。如捡拾的垃圾、捕获的非国家保护的野生动物、野生鱼类等。

第四，通过加工、附合、混合等添附方式取得所有权。加工是指一人利用他人的物，将其加工改造为具有更高价值的新物，如将他人的木材加工成家具、在他人的宣纸上作画等；附合是指不同人的物紧密结合在一起而成为一种新物，如两个人将各自的旧自行车上的可用零件拆下来组装成一辆自行车、将分属于二人的砖、木附合在一起而建造的房屋等；混合是指不同人的物相互结合在一起，难以分开所形成的新物，如米和米的混合、油和油的混合、水泥和水泥的混合等。

另外，国家可以依法采用没收、征收、国有化、税收等强制方式取得其他主体对财产的所有权；对于超过法定期限无人认领的遗失物、漂流物、埋藏物、隐藏物所有权归国家；无人继承或无人受遗赠的财产所有权归国家或集体。

继受取得，也称传来取得，是指某个主体通过某种方式，从原所有人处取得财产所有权。继受取得主要有以下几种方式：买卖、互易、赠与、继承与遗赠。

【案例研究】

江县某管理站职工王某，用公款买了六张面额为50元的某信用联社发行的有奖有息储蓄券，打算作为工资发给每个职工一张。但该站站长虽对购买储蓄券表示默许，对发给职工的建议却表示反对。后来，任某要求该管理站偿还欠自家饭店餐费600元。于是，站长提出用六张储蓄券抵还任家的300元餐费，任某表示同意。之后，该批有奖有息储蓄券中奖号码公布，王某得知抵还任某的六张储蓄券中有一张中了一等奖，获奖金3500元，后悔莫及。第二天，他带了300元钱来到任家，哄骗任妻说从单位拿来300元钱交饭费，把六张储蓄券换回，任妻信以为真，便把储蓄券交给王某。任某得知后，多次向王某索要储蓄券，王某都以各种理由拒绝。任某只得向人民法院起诉。人民法院经过审理，将储蓄券判归任某所有。任某拿了奖券到信用联社兑了奖。此案中，该管理站以六张储蓄券抵还任家的 300 元餐费，则任家对六张储蓄券享有所有权。王某以欺骗的手段获取储蓄券则不能取得所有权。而奖金是储蓄券所产生的孳息，那么储蓄券和奖金的所有权均应归属于任家。①

（2）用益物权的取得

建设用地使用权取得的方式主要有国家出让和划拨。国家出让是国家以土地所有人的身份与土地使用人签订建设用地使用权出让合同，将建设用地使用权在一定期限内有偿地出让给使用人。国家划拨是指县级以上人民政府依照法律规定的权限和程序，将国有土地使用权无偿地交付给符合法定条件的使用人使用。一般来说，国家机关和军事用地、城市基础设施用地和公益事业用地、国家重点扶持的能源、交通、水利等项目的建设用地使用权采取划拨方式取得，其他目的用途的建设用地使用权通常采取出让方式取得。

宅基地使用权的取得是基于农民作为农村集体经济组织的一员，有使用集体所有的一定的土地建造住宅及其他诸如柴棚、猪圈、羊圈附属设施的权利。依我国现行的法律规定，农村村民只要符合法定条件就可以经县级人民政府批准而取得宅基地使用权。但一户只能申请一处宅基地。这些条件有：其一，因子女结婚等原因确需分户，缺少宅基地的；其二，外来人口落户，成为本集体成员，没有宅基地的；其三，因发生或者防御自然灾害、实施村庄和集镇规划以及进行乡村公共设施和公益事业建设，需要搬迁的。

土地承包经营权主要由作为发包方的村集体经济组织或村民委员会与作为承包方的本集体经济组织的农户通过订立土地承包经营合同取得，合同一经生效，承包方就取得土地承包经营权。土地承包经营权还可以通过招标、拍卖、公开协商、转让、互换、转包、继承等方式而取得。承包期内发包人不得调整承包地，不得收回承包地。承包地被征收的，土地承包经营权人有权依法获得相应补偿。未经依法批准，土地承包经营权人不得将承包地用于非农业建设。

地役权通常由地役权人和供役地人签订地役权合同的方式设立。地役权人

---

① 邓肯：《有奖储蓄卷应归谁所有？》，http://china.findlaw.cn/ask/question_669200.html，2011 年 5 月 11 日访问。

自地役权合同生效时取得地役权。地役权还可依法律规定或继承等方式取得。

(3) 担保物权的取得

取得抵押权,应由债权人和提供抵押财产的抵押人订立书面的抵押合同。但以建筑物和其他土地附着物、建设用地使用权、通过招标、拍卖、公开协商等方式取得的荒地等土地承包经营权以及正在建造的建筑物抵押的,应当办理抵押登记,抵押权自登记时设立。依照法律规定,以无地上附着物的土地使用权抵押的,登记机关是核发土地使用权证书的土地管理部门;以城市房地产或者乡镇、村企业的厂房等建筑物抵押的,登记机关是县级以上人民政府规定的部门;以林木抵押的,登记机关是县级以上的林业主管部门等。

【案例研究】

彭某通过招标的方式承包本村的五亩荒地,与村委会签订了承包合同,并依法登记取得土地承包经营权证书。其后,彭某将该荒地的承包经营权抵押给王某,作为其5万元借款的担保。村委会知道后,认为以荒地的承包经营权抵押是无效的。双方发生争议。本案中,彭某将通过招标方式承包的五亩荒地的承包经营权抵押给王某是合法有效的,因此,村委会的说法是没有法律依据的。

取得质权也应依法由债权人和提供质押财产的质押人订立书面的质押合同。若是动产质押,只要该动产是法律允许流通或转让的动产,则质权就在质押人将质押的财产交付给债权人时,债权人就取得了质权。若是以权利质押的,除了应订立书面合同以外,还需遵循法律规定的程序:第一,以汇票、支票、本票、债券、存款单、仓单、提单出质的,质权自权利凭证交付债权人时取得;没有权利凭证的,质权自有关部门办理出质登记时取得;第二,以基金份额、证券登记结算机构登记的股权出质的,质权自证券登记结算机构办理出质登记时取得;以其他股权出质的,质权自工商行政管理部门办理出质登记时取得;第三,以注册商标专用权、专利权、著作权等知识产权中的财产权出质的,质权自有关主管部门办理出质登记时取得;第四,以应收账款出质的,质权自信贷征信机构办理出质登记时取得。

留置权作为法定担保物权,其成立必须具备法律规定的条件:其一,债权人必须合法占有债务人的动产。以下情形中不得成立留置权:① 动产因侵权行为而占有。如小偷对盗窃物的必要费用支出不能产生对盗窃物的留置权。②动产的留置违反了公序良俗。如留置债务人仅存的生活必需品、身份证、户口簿、荣誉证书等。③动产的留置与债权人所承担的义务相抵触。如承运人负有将货物运到目的地的义务,但承运人以运费未支付而在中途留置货物,这是法律不允许的。④留置的动产是法律规定或当事人约定不得留置的动产。如对禁止流通物的留置不成立留置权。其二,债务的履行期限须先于债权人返还占有物的期限或期限相同。但债权人能够证明债务人无支付能力的除外。其三,债权人留置的动产应当与债权属于同一法律关系,但企业之间留置的除外。债权人留置的动产与债权属于同一法律关系是指债权人占有的债务人的动产和其享有的债权是在同一个法律关系中产生的。如保管合同中保管人获取保管费的债权与保管人对保管物的占有都是由于保管合同关系而产生的。在现实生活中也不排除在侵权之债、不当得利之债和无因管理之债关系中,也会具备该条件。如一家的狗跑到邻家咬了邻家的一头猪,结果狗被关在了猪圈里即符合留置权成立的条件。但在债权人和债务人均为企业的情况下,债权人留置的动产不必与债权属于同一法律关系。这种企业之间留置的情形,多称为商事留置权。商事留置权只要求留置的动产与债权有一般关联性即可,并不要求两者之间有直接的法律上的同一性。

2. 物权的变动

(1)不动产物权的变动

在我国,不动产实行统一登记制度,不动产登记是指权利人申请国家职能部门将有关申请人的不动产物权的产生、变更、转让或消灭等事项记载于专门的不动产登记簿的事实。依照我国法律规定,不动产登记有两种模式:登记生效模式和登记对抗模式。

登记生效模式要求,当不动产物权产生、变更、转让或消灭时,应当依照法律的规定申请国家有关部门办理登记,若不办理登记的,不发生不动产物权变动的后果。比如城市房屋所有权的取得、变更、消灭、抵押;建设用地使用权的设立、转让、互换、出资、赠与、消灭、抵押等都必须办理登记,否则,该不动产物权不发生变动,即不产生法律效力。但并非所有的不动产物权的变动都要登记。我国法律规定,属于国家所有的自然资源可以不登记;由于生效的人民法院、仲裁委员会的法律文书或者人民政府的征收决定等,导致物权设立、变更、转让或者消灭的,无需登记;因继承或者受遗赠取得物权的,无需登记;因合法建造、拆除房屋等行为设立、消灭物权的,无需登记;宅基地使用权的取得也无需登记。

登记对抗模式(该模式也可适用于动产物权的变动),是指物权发生变动时,即使没有登记,也可在物权变动的主体之间产生法律效力,但是不能对抗善意第三人。所谓善意第三人,是指在合法交易中,不知道物权已经发生变动并且已经办理了登记的、物权变动主体之外的人。如甲与乙之间签订一船舶买卖合同,甲将船舶交给乙后,乙就获得船舶的所有权,但是如果没有办理登记则不能对抗善意的第三人。如若丙不知道甲已将该船舶卖给了乙,而甲又不告诉丙这一事实,甲又与丙签订了买卖该船舶的合同,且办理了物权的变更登记,则丙最终获得该船舶的所有权。依照我国法律规定,船舶、航空器和机动车等物权的设立、变更、转让和消灭,未经登记,不得对抗善意第三人;土地承包经营权互换、转让,当事人要求登记的,应当登记,未经登记,不得对抗善意第三人;地役权未经登记,不得对抗善意第三人;以生产设备、原材料、半成品、产品,交通运输工具,正在建造的船舶、航空器设定抵押权的,未经登记,不得对抗善意第三人等。

【案例研究】

金和与金平是兄弟俩,其母赵某有一房屋,领有房产证。2008年3月,金和谎称赵某去世(事实上2008年11月去世),欺骗派出所出具了赵某的死亡证明。金和持赵某死亡证明,谎称自己是赵某的独生子,到房管部门将赵某的房产过户到自己名下,并领取了房产证。9月,金和持房产证与何某签订房屋买卖合同,将房屋卖给何某(何某不知道金和的房产证是骗来的);10月,何某领取了该房屋的房产证。2009年1月,金平以金和的房产证是骗领的、金和事实上并非该房屋的唯一所有人为由向法院起诉,要求确认金和与何某签订的房屋买卖合同无效。本案中,由于何某不知道金和是骗取的房产证,且支付了价款,领取了房产证,属于善意的第三人,则依据善意取得制度,金和与何某之间的买卖合同是有效的,何某可以取得房屋所有权。[1]

(2) 动产物权的变动

动产的变动采取交付的方式。交付是动产物权变动的法定方法,也是一个法定义务,当事人不能通过合同随意免除交付的义务,也不能擅自约定交付的方式和交付的效力,如在设定质权时,当事人不能约定将质押的物交付给合同当事

---

[1] 杨立新:《民法案例分析教程》,中国人民大学出版社2014年版,第177页。

人以外的任何人。

交付包括有：现实交付、简易交付、指示交付和占有改定几种方式。

现实交付，是指动产物权的出让人亲手将该动产实际地交给受让人，由受让人亲手直接地占有该动产。在有些情况下，根据交易习惯只要一方将动产置于对方能够控制的范围内也构成交付，如将信件放进收信人的邮筒等。当然现实交付也不一定完全由出让人亲自进行，也可以委托其他人辅助完成交付行为。

简易交付，是指动产物权设立或转让前，如果受让人已经依法占有了该动产，就无需再现实交付了，那么就从出让人和受让人之间的变动物权的合同生效时，该动产也就认为已经完成了交付。如甲将自行车放在乙那里保管，后来甲乙达成了买卖该自行车的协议，那么协议一生效，就认为甲已将自行车交付给了乙。

指示交付，是指当事人在动产物权设立和转让时，如果该动产已经由第三人占有，则应当承担交付义务的出让人可以要求第三人将该动产交付给受让人，或者由受让人请求第三人交付该动产。如甲将自行车放在乙那里保管，后来甲与丙达成了买卖该自行车的协议，那么甲可以要求乙将自行车交付给丙，或者丙可以直接请求乙交付该自行车。

占有改定，也叫继续占有，是指在动产物权转让时，如果转让人希望继续占有该动产，当事人双方可以通过订立合同特别约定由转让人继续占有该动产，而受让人因此取得对该动产的物权来代替实际交付。如甲将自己的汽车卖给乙，但与乙在合同中约定，甲租赁该汽车，则此时虽未实际交付，但该车的所有权已属于乙，只不过由甲在继续使用、占有。

3. 物权的消灭

（1）所有权的消灭

所有权的消灭，是指因某种法律事实的出现致使某物的所有人丧失对该物的所有权，或者由于权利主体的消灭而形成所有权转移。所有权的消灭有两种情况：一是所有人失去对物的占有和支配，此时原物尚存，只是由新的所有人取得所有权，这称为所有权的相对消灭；二是物本身不存在，不会再发生新的所有权，这称为所有权的绝对消灭。

所有权基于以下原因消灭：因买卖、赠与等原因发生所有权转让；所有权客体灭失，也就是说某物因某种原因而不存在了；自然人死亡或某个组织解散，这叫所有权主体消灭，则该主体的所有权也消灭；将物当做垃圾处理掉，称之为抛弃所有权；因为国家征收、没收、税收等强制措施导致所有权消灭等。

（2）用益物权的消灭

土地承包经营权消灭的原因主要有：发包方提前依法收回土地承包经营权；承包方提前交回土地承包经营权；土地承包经营的期限届满，承包方没有继续承包；承包地被国家征收；因自然灾害或污染等导致承包地灭失或严重毁损而无法继续从事农业生产；承包方死亡而没有继承人或继承人放弃继承。

建设用地使用权因以下原因而消灭：一般情况下，使用期限届满的，建设用地使用权消灭，但住宅建设用地使用权期限届满的自动续期，非住宅建设用地使用权期限届满的，可以依法申请办理续期；在使用期限届满前，国家因公共利益的需要征收土地，则建设用地使用权消灭；因土地全部灭失而导致该地上的建设用地使用权消灭；建设用地使用权人违反约定用途使用土地，经土地所有权人请求停止而仍不停止，或者已经造成土地永久性损害，或者建设用地使用权人未按照合同约定开发土地达到一定程度（如满两年没有动工开发的），国家可以无偿地收回建设用地使用权；建设用地使用权还可以因为抛弃或国家通过某种方式获得建设用地使用权而导致建用地使用权的消灭。

宅基地使用权可以因为发生自然灾害等原因致使宅基地灭失，或者根据城镇、乡村发展规划，宅基地使用权被依法收回或需要进行调整，或者国家为了公共利益的需要征收宅基地，或者宅基地使用权人抛弃宅基地，宅基地使用权人死亡而无人继承等都导致宅基地使用权的消灭。

地役权因供役地或需役地灭失，或由于客观情况的变化，如取水地役权因供役地水源枯竭而使设定地役权的目的事实上无法实现，或者地役权人滥用地役权或在有偿使用的情况下，地役权人不按照约定支付费用，则供役地人依法解除合同等原因引起地役权消灭。

（3）担保物权的消灭

担保物权因为以下原因而消灭：

担保物权是以担保债权人的债权实现为目的的，因而当债权人的债权得到实现时则担保物权消灭。

当债权人的债权没有得到实现时，则债权人可以行使担保物权，即将作为担保的财产通过出卖而获得的金钱中来满足自己的债权，那么这时认为担保物权已经实现，在实现的情况下，担保物权消灭。

担保物权还可以因为权利人放弃担保物权而消灭，还有如在质权和留置权担保关系中，因为债权人失去对担保的物的占有而导致质权或留置权的消灭。

（二）债权的取得和变动

1. 债权的取得

要取得债权必须存在债的法律关系。因而很显然，债权的取得也就是在发生债产生的原因的时候，债权人也就取得了债权。在我国，债发生的原因，通常有合同、侵权行为、不当得利和无因管理。

合同，也称契约，是指平等的民事主体之间设立、变更、终止民事权利义务关系的协议。在社会生活中，合同是人们获得物质资料和精神产品，满足生产、生活需要的必不可少的手段。自然人为满足生活而进行的民事活动，社会组织之间的经济往来以及国际经济技术交流的开展，大多是通过订立各种合同进行的。而任何一种民事合同的成立，都意味着在当事人之间发生债的关系。因此，合同是引起债权债务关系设立、变更或终止的最主要、最普遍的根据。因合同而产生的债，称为合同之债。

侵权行为，一般是指行为人由于过错侵害他人人身权利（如殴打他人致残、宣扬他人隐私等）、财产权利（如打砸他人的财产），依法应承担民事责任的行为，或者行为人虽无过错，但法律规定应对受害人承担民事责任的其他致害行为。侵权行为一经发生，也能在加害人和受害人之间产生权利义务关系。这种权利和义务关系也属于债权债务关系。受害人就是债权人，加害人就是债务人。因侵权行为而产生的债称为侵权之债。侵权之债是致人损害而发生的，因而债的内容着重于损害赔偿。

不当得利，是指没有合法的根据而获得某种利益，但却损害了他人的利益。不当得利，既可表现为得利人的财产增加，导致他人不应减少的财产减少了，也可表现为得利人应支付的费用没有支付，导致他人应增加的财产没有增加。由于这种获利没有法律或合同上的根据，并使他人受到损害，因而，不当得利一旦发生，利益的受害人就有权请求不当得利人返还不应得的利益，不当得利人则负有返还的义务。当事人之间的这种权利义务关系，显然也是一种债权债务关系。这种债称为不当得利之债。因不当得利事实发生而使财产受损的一方是债权人，获得财产利益的一方是债务人。如在商场购物，收银员多找回的零钱就是不当得利，这时购买者获得了利益，即财产增加了，但是商场受到了损害，即财产减少了，则商场有请求购买者返还多找回的零钱的权利，购买者有返回该笔零钱的义务。

无因管理，是指没有法定的或约定的义务，为避免他人利益受到损失，自愿管理他人事务或为他人提供服务的行为。无因管理是一种事实行为,管理他人事务或提供服务的一方叫管理人,事务受管理的一方叫本人。管理人和本人之间,本来并不存在法定的或约定的义务,只是由于无因管理事实行为的存在,才在二者之间产生了债权债务关系。这种债称为无因管理之债。管理人是债权人,有请求本人偿还因管理事务所支出的必要费用;本人是债务人,有偿还该项费用的义务。如甲的邻居,家中长期无人居住,房屋漏水严重,为了防止房屋倒塌,甲自己请人将邻居的房屋予以修缮,则甲的行为属于无因管理,甲修缮房屋所支出的必要费用有权请求邻居予以偿还,这样甲和邻居之间就产生了债权债务关系。

2. 债权的变动

(1) 债权的移转

债权的移转指的是债权人发生变更。其发生原因通常有如下几种情况:债权人通过与受让人达成债权移转协议而将其债权转让给第三人;因为法律的直接规定而发生债权的移转,如在法定继承中,被继承人的全部债权由继承人取得,又如在企业发生合并或分立时,原先企业的债权通常由存续的企业享有;债权也可由法院或仲裁机构的裁决而发生移转等。债权移转通常是由债权人和受让人之间所达成的转让债权的协议,即债权转让合同而发生,依照法律规定,通过这种方式移转债权应具备相应的条件:首先,债权人与受让人之间必须签订有效的债权移转协议;其次,债权人所转让的债权应该是有效的债权;再次,转让的债权应是法律规定可以转让的债权。依照我国法律规定,有些债权是禁止转让的,如亲属间要求支付扶养费的债权,要求支付抚恤金、离退休金的债权,在雇佣、委托、借用等关系中产生的债权以及债权人和债务人约定不能转让的债权等都是禁止转让的债权;最后,债权人应该在债权转让后通知债务人,否则,该转让对债务人不发生法律效力。

(2) 债权的消灭

因为一定法律事实的出现而导致既存的债权客观上不复存在,即为债权的消灭。债权可以因下列法律事实的出现而消灭:

第一,债权因为实现而消灭。即债权因为债务人履行给付义务,债权人的权利已经得到实现,从而债权也就自然消灭了。

第二,债权因抵销而消灭。抵销是指债权人在享有债权的同时又对债务人负担债务,即"我欠你的,你又欠我的",则双方可以通过在等价值的财产额内相互冲抵、互不向对方履行,只履行差额就可使双方的债权都得以实现。在法律上，抵销又存在法定抵销和约定抵销两种方式。法定抵销是在双方互负的债权债务都已到期，且债权债务的品质、种类相同时，任何一方都可以向对方主张在等额内进行冲抵。如甲应向乙偿还借款500元，而乙应向甲交付租金400元，则这时，甲或乙都可向对方提出冲抵400元，只须甲向乙支付100元，双方的债权都将予以消灭。如果双方的债权债务品质、种类不相同或者履行期限未到，则需要双方进行协商是否予以抵销，称之为约定抵销。如前例，甲应向乙交付价值500元的货物，若要抵销，需甲和乙进行协商，将货物作价，而后在等值内予以冲抵，一方只须履行差额就可使两个债权归于消灭。但是某些与人的身份不可分离之债，不能抵销。如借款债权与要求扶养费的债权，禁止抵销。

第三，债权因提存而消灭。因债权人的原因而使债务人无法履行债务，债务人将实现债权的财产提交给提存机关保存，从而消灭债权债务的行为，就是提存。一般而言，有下列情形之一，难以履行债务的，债务人可以将实现债权的财产提存：债权人无正当理由拒绝受领；债权人下落不明；债权人死亡未确定继承人或者丧失民事行为能力未确定监护人以及法律规定的其他情形等。从提存之日起，债务人和债权人之间的债的关系消灭。标的物提存后，毁损、灭失的风险由债权人承担；标的物的孳息归债权人所有；提存费用由债权人负担。债权人可以随时领取提存物。债权人领取提存物的权利，自提存之日起5年内不行使则消灭，提存物扣除提存费用后归国家所有。

第四，债权因混同而消灭。由于债权人和债务人合为一体，就不存在着义务的履行问题，原来所设立的债权债务关系也因此自行消灭，这就是混同。如互负债权债务的企业合并等。

第五，债权因免除而消灭。所谓免除，也就是债权人放弃债权，解除债务人所承担的义务，从而消灭债权债务关系。

第六，债权因当事人死亡而消灭。这主要是指具有人身性质的合同之债，可随着债权人或债务人的死亡而消灭。如委托合同、演出合同等。

第七，债权因法律规定的其他原因而消灭。如合同的解除、行政命令、裁决文书等。

（三）知识产权的取得和变动

1. 著作权的取得和变动

（1）著作权的取得

著作权的取得方式有原始取得和继受取得。

在我国,著作权的原始取得采取自动取得制度,即自作品创作完成之日起,不论作品是否发表,著作权人就取得著作权。但是,该作品必须具有独创性和可复制性。独创性是指作品属于作者自己的创作,完全不是或基本不是从另一个作品抄袭来的、不是剽窃或篡改他人的作品而来的。只要作品是由作者创作而产生的,体现了作者的思想感情,非单纯模仿或抄袭他人的作品,即使与他人的作品有某种雷同,也不影响其享有著作权。可复制性是要求作品能够通过印刷、绘画、录制等手段予以复制。

其他人通过合同或继承等方式从作者处获得著作权的就是继受取得。

(2) 著作权的转让和许可使用

著作权的转让是指通过签订著作权转让合同,著作权人将其著作权中的财产权利部分或者全部转移给他人所有,他人就成为著作权中财产权的所有人。转移的只能是著作权中的财产权利,著作人身权是不能转移的。如作品复制权、作品表演权、展览权、改编权、摄制权等财产权利才可以转让,但作品的发表权、署名权、修改权、保护作品完整权等人身权利是不能转让的。

著作权的许可使用是指通过著作权许可使用合同,著作权人将其作品许可他人以一定的方式、在一定的地域范围和期限内使用,但是不改变著作权的权利主体,著作权仍归原著作权人,他人只能依照约定的方式、期限和地域范围使用作品,取得的是对作品的使用权利。比如将著作权人的作品以图书出版、刊登在报刊上、改编作品、翻译作品、表演作品或将作品制作成音像制品等。在许可使用的情况下,使用人往往应该依照约定向著作权人支付报酬。

2. 专利权的取得和变动

(1) 专利权的取得

依照我国法律规定,发明和实用新型要取得专利权,应当具备新颖性、创造性和实用性三个条件。

新颖性,是指该发明或实用新型没有被公知公用,即在申请日以前没有同样的发明或者实用新型在世界范围内以文字、符号、数字、图形影像等方式在出版物上公开发表过;在国内也没有人以新产品制造、使用、销售,或新方法展示、操作表演方式公开使用过该发明或实用新型;也没有同样的发明或实用新型由其他的人向专利行政部门提出过申请并且记载在申请日以后公布的专利申请文件中。如果是通过讲演、报告、讲课或交流会上交流等口头方式公开该发明或实用新型,只要没有达到公众知晓发明创造内容、同行业一般技术人员能够了解和实施的程度,则仍然不丧失新颖性。同时,我国法律规定,在申请日以前 6 个月内存在以下情形之一的,该发明创造不丧失新颖性:在中国政府主办或承认的国际展览会上首次展出的;在规定的学术会议或者技术会议上首次发表的;他人未经申请人同意而泄露其内容的。

创造性,是指同申请日以前已有的技术相比,该发明有突出的实质性特点和显著进步,该实用新型有实质性特点和进步。所谓已有技术是指申请日前在国内外出版物上公开发表、在国内公开使用或者以其他方式为公众公知公用的技术,也叫现有技术。突出的实质性特点和显著进步通常的参考标准有:这种发明创造在国内外科技史上是前所未有的,开创了新纪元,是首创性发明;该发明创造解决了人们长期希望解决但始终未能获得成功的技术难题;该发明创造改变了人们的看法,克服了技术偏见;该发明创造同已有技术相比出现了"质"和"量"的变化,产生了新的性能,产生了预料不到的技术效果;该发明创造的技术特征直接导致了在商业上获得成功等。

实用性,是指该发明或者实用新型能够制造或者使用,并且能够产生积极效果。即首先要求该发明创造是一项完整、成熟的技术方案,能够使一般技术人员在该技术领域里进行实现,在客观上具有可实施性;其次,根据公开的技术内容,一般技术人员能够重复实施该技术方案,且重复没有数量限制,具有不断的可再现性;最后,该发明创造必须能够产生积极的技术、经济和社会效果,如有利于提高设备性能,节约资源、能源、原材料,降低产品成本,提高产品质量等,即具有有益性。

对于外观设计来说,其授予专利权的条件要求较低。只要该外观设计具备新颖性,即同申请日以前在国内外出版物上公开发表或国内公开使用过的外观设计不相同或不相近似,且富有美感,该外观设计以及该外观设计所适用的产品能够以工业的方法进行大批量生产,重复再现就符合专利权的授予条件。

对于违反国家法律、社会公德和妨害公共利益的发明创造不授予专利权,如发明的赌博工具。科学发现、智力活动的规则和方法(如游戏规则、足球比赛规则、统计方法等)、疾病的诊断和治疗方法不是发明创造,当然不能授予专利权。对于动物和植物新品种以及用原子核裂变或聚变方法获得的物质也不授予专利权,如杂交水稻、杂交种猪等品种不授予专利权,但是杂交水稻、杂交种猪的生产方法可以授予专利权。

因为申请的发明创造符合专利权授予条件而取得专利权的,可称为原始取得。同时专利权也可通过转让、赠与、继承等方式由其他人取得,可称为继受取得。

(2) 专利权的转让和专利的实施许可

专利权转让就是通过签订专利权转让合同,专利权人将其所获得的发明创造的专利的所有权转移给受让人,受让人向专利权人支付约定的价款,也就是通常所说的专利权人将专利权卖给他人,从而受让人就成为专利权人。

专利的实施许可是指通过订立专利实施许可合同,专利权人将其专利许可他人,也就是被许可方,在一定范围内使用,被许可方向专利权人支付约定的使用费。专利的实施许可有独占实施许可、排他实施许可、普通实施许可等几类。

独占实施许可是指被许可方在合同约定的时间和地域范围内,独自一人实施该专利,即使是专利权人也不得实施,更不能再许可别人实施。

排他实施许可是指专利权人允许被许可人在约定的范围内独家实施该专利,不再许可其他人实施,而专利权人仍然保留自己在该范围内实施该专利的权利。

普通实施许可是指专利权人许可被许可人在约定的范围内使用专利,同时专利权人自己也可使用,也可再许可其他人实施该专利。

(3) 专利权的消灭

专利权可以因为保护期限届满、专利权人没有按期缴纳专利年费和专利权人以书面声明方式放弃专利权而终止。专利权终止后,任何单位和个人都可以无偿使用该发明创造。

3. 商标权的取得和变动

(1) 商标权的取得

在我国,商标使用人要取得商标权必须向商标局申请商标注册,只有经商标局核准注册的商标成为注册商标,商标使用人才享有商标专用权。

依照我国法律规定,商标注册实行自愿注册原则和先申请原则。除了人用药品和烟草制品的商标必须强制注册以外,其他商品和服务上的商标是否注册,由商标使用人自行决定。但未经注册的商标虽然可以使用,但法律不予以保护,当然也不能取得商标权。若有两个或两个以上的人,在同一种商品或者类似商品上,以相同或者近似的商标申请注册的,商标局受理先提出申请的商标;如果是同一天提出申请的,就受理实际上先使用的商标。

同时,一件商标要取得商标权还应具备相应的条件:其一,商标标识的设计必须是文字、图形、字母、数字、三维标志、颜色和声音等,以及上述要素的组合;其二,申请注册的商标应具有显著特征,且方便识别;其三,该商标与其他已经注册的商标不相同或不相近似;其四,应依法向商标局申请注册,且不违背法律的禁止性规定。

根据我国《商标法》的规定，下列文字、图形不得作为商标使用：

其一，同中华人民共和国的国家名称、国旗、国徽、国歌、军旗、军徽、军歌、勋章相同或者近似的，以及同中央国家机关的名称、标志、所在地特定地点的名称或者标志性建筑物的名称、图形相同的；同外国的国家名称、国旗、国徽、军旗等相同或者近似的，但经该国政府同意的除外；同政府间国际组织的名称、旗帜、徽记等相同或者近似的，但经该组织同意或者不易误导公众的除外；与表明实施控制、予以保证的官方标志、检验印记相同或者近似的，但经授权的除外；同"红十字"、"红新月"的名称、标志相同或者近似的；带有民族歧视性的；带有欺骗性，容易使公众对商品的质量等特点或者产地产生误认的；有害于社会主义道德风尚或者有其他不良影响的；县级以上行政区划的地名或者公众知晓的外国地名（但是，地名具有其他含义或者作为集体商标、证明商标组成部分的除外，已经注册的使用地名的商标继续有效）。

其二，仅有本商品的通用名称、图形、型号的；仅直接表示商品的质量、主要原料、功能、用途、重量、数量及其他特点的以及其他缺乏显著特征的标志不得作为商标注册。但这些标志经过使用取得显著特征，并便于识别的，可以作为商标注册。

其三，以三维标志申请注册商标的，仅由商品自身的性质产生的形状、为获得技术效果而需有的商品形状或者使商品具有实质性价值的形状，不得注册。就相同或者类似商品申请注册的商标是复制、摹仿或者翻译他人未在中国注册的驰名商标，容易导致混淆的，不予注册并禁止使用。就不相同或者不相类似商品申请注册的商标是复制、摹仿或者翻译他人已经在中国注册的驰名商标，误导公众，致使该驰名商标注册人的利益可能受到损害的，不予注册并禁止使用。未经授权，代理人或者代表人以自己的名义将被代理人或者被代表人的商标进行注册，被代理人或者被代表人提出异议的，不予注册并禁止使用。商标中有商品的地理标志，而该商品并非来源于该标志所标示的地区，误导公众的，不予注册并禁止使用；但是，已经善意取得注册的继续有效。

另外，其他主体也可因转让、赠与、继承等原因取得商标权。

【案例研究】

北京波瑞包装公司以"波瑞及图"向商标局申请商标注册。该商标是椭圆形外框,除边框有中文"波瑞"和外文"BRIGHT"外,内有一个十分醒目的老鹰图。该图造型为老鹰嘴叼绶带,双翅张开,其双脚爪与翅平行,各持一枝橄榄枝,胸部为竖条盾牌结构。美国国徽的外框为圆形外框,其显著部分也是鹰图,其基本造型与申请商标相差无几,区别只在细微之处。据此,商标局以该申请的商标与美国国徽近似为由,依法驳回了该商标申请。本案中,商标局的决定是正确的。依照我国商标法的规定,申请注册的商标同外国的国家名称、国旗、国徽、军旗相同或近似的,不予核准注册。

(2) 注册商标的转让和使用许可

注册商标的转让是指注册商标所有人作为转让人与作为受让人的他人签订注册商标转让协议,依法将因注册商标产生的商标权转让给他人。转让后,原注册商标所有人不再享有该注册商标的专用权,受让人成为该注册商标的所有人,享有商标专用权。转让注册商标的,转让人和受让人应当共同向商标局提出申请。受让人应当保证使用该注册商标的商品质量。转让注册商标经商标局核准后,予以公告。受让人自公告之日起享有商标专用权。

注册商标的使用许可是指注册商标所有人通过签订商标使用许可合同,许可他人使用其注册商标,同时收取一定的许可使用费。根据法律规定,商标注册人许可他人使用其注册商标的,应当监督被许可人使用其注册商标的商品质量。被许可人应当保证使用该注册商标的商品质量。经许可使用他人注册商标的,必须在使用该注册商标的商品上标明被许可人的名称和商品产地。

(3) 商标权的消灭

商标权因注销和撤销而消灭。

商标权因下述情形而注销:注册商标有效期届满,商标权人未按规定提出续展申请;商标权人办理了放弃其注册商标的登记手续;作为享有商标权的企业解散而无继受人或自然人死亡而无人继承等。

商标权因下列情形而被撤销:自行改变注册商标、注册人名义、地址或其他注册事项;自行转让注册商标;连续三年停止使用;使用注册商标,其商品粗制滥造,以次充好,欺骗消费者;已经注册的商标,违反商标法的禁止性规定;以欺骗手段或其他不正当手段取得商标注册等。

四、财产权如何保护

财产是个人和社会发展的基础,是主体权利的保证。因为人作为主体不能孤立地存在,必须与一定的财产发生关系,这种关系就是财产关系,人作为财产的创造者和利用者生活在这种关系中。因此,从财产关系的角度看,任何法律人格都建立在财产之上,即"无财产即无人格"。因而,从财产和人格的这种关系来看,财产权应受到特别尊重,不得侵犯,即"财产权神圣"。确认财产权的神圣性,可以促进个人财富的增长,从而促进整个社会财富的增长。个人财富的增长,又将促进个人的全面发展,从而推动整个社会的进步。可见,承认财产权神圣,具有巨大的意义。也是由于这些原因,当今世界各国都非常重视对财产权的法律保护。

(一) 自己怎样保护财产权

财产权可以由民事主体进行自我保护,即财产权利人自己采取各种合法手段来保护自己的财产权不受侵犯。这种保护措施由于是权利人自己采取的,因此又叫作私力救济或自我救济。但是为维护正常的社会秩序,采取自我救济应受到法律的严格限制,权利人只能以法律许可的方式和在法律允许的限度内保护自己的财产权。

权利人可以根据行为人对自己的财产侵犯行为及程度的不同,要求行为人停止侵害、排除妨碍、消除危险、返还财产、恢复原状、赔偿损失。

停止侵害,是指要求侵害人终止其正在进行的侵害他人财产权的行为,是侵害人所应承担的一种民事责任。它的功能在于及时制止侵害行为,防止损失的扩大。它主要适用于侵害知识产权的行为。如未经著作权人许可擅自改编、表演、出版作品,未经专利权人同意,擅自生产、销售、使用专利产品或使用专利方法,未经商标权人同意在同类或类似商品上使用与注册商标相同或近似商标、生产销售侵犯商标权的商品等。存在以上情形,权利人均可要求行为人停止侵害。

排除妨碍,是指由于侵害人所实施的某种行为而导致权利人无法行使或不能正常行使其财产权,则权利人可以要求侵害人实施一定的行为排除妨碍权利人行使其权利的障碍。如未经同意在邻居的庭院里堆放杂物,妨碍邻居对庭院的使用,在邻居的房屋边挖洞危及房屋安全等,这种情况下,邻居均可要求行为人排除妨碍,如清除杂物、填埋洞穴等。

消除危险,是指要求侵害人消除确实存在的可能对权利人的财产权造成损害的某种行为或某种事实状况。如要求邻居修缮其可能倒塌的房屋,防止其倒塌后砸跨自家的房屋、要求他人砍伐一棵巨大的枯木,防止其折断砸坏权利人的财物等。消除危险的目的在于防止损害和妨害的发生,若损害或妨害已经形成,适用消除危险已经没有意义,则需适用排除妨碍或赔偿损失的方法。

返还财产,是指侵害人将其因没有合法根据所取得的财产交还给权利人。如返还不当得利;合同被撤销或确认无效后,依据该合同而取得财产的人,应当将所取得的财产返还给受到损失的权利人;非法侵占国家、集体或者其他组织、自然人的财产,应当返还给国家、集体、其他组织或自然人。

恢复原状,是指将因侵害行为而损坏的财产予以修复,使其与在被侵害以前具备同样的性能。如将撞破的汽车玻璃进行更换、撞扁的车体予以修理等。

赔偿损失,是最基本的、适用范围最为广泛的一种责任形式。它通常是在由于侵害人实施行为侵犯财产权时,通过其他的民事责任的方式,如停止侵害、排除妨碍、恢复原状、返还财产等,仍然无法弥补权利人所受到的损害情况下所适用的一种承担民事责任的方式。如合同关系中的债务人不履行债务,若通过承担其他责任,债权人仍然存在损失的,则债务人作为违约方还应承担赔偿损失的责任;在侵害知识产权的责任中,通过停止侵害,但仍然给权利人造成损失或存在损失的,则侵害人应承担赔偿损失的责任。

权利人除了可以使用以上几种主要的方式来保护财产权外,在有些情况下,比如在合同的违约责任中还可通过请求继续履行、支付违约金、修理、重做、更换等方式来救济受到侵害的财产权利。在特殊环境下可以实施正当防卫、紧急避险、实施自我救助等。

(二)国家怎样保护财产权

国家保护财产权是指当权利人的财产权受到侵犯时,由国家机关给予保护。这种手段是国家机关采取的,所以又叫作公力救济。由于财产权受到我国的宪法、民法、行政法、刑法等众多法律部门的保护,因此,在权利人的财产权受到侵犯时,权利人可以请求有关行政机关予以保护,也可以请求人民法院或者仲裁机构进行裁决。而最常用的方式就是当财产权受到侵犯时,权利人都可以向人民法院提起诉讼来保护自己的财产权。通常,根据财产权受到侵害的方式不同,权

利人提起的诉讼请求有以下几类:

(1) 确认之诉,即请求人民法院确认财产权是否存在的诉讼,如确认某项财产所有权归属等。

(2) 给付之诉,即请求人民法院责令对方履行某种行为,以实现自己的财产权的诉讼,如请求交付财产、支付违约金或赔偿金等。

(3) 形成之诉,即请求人民法院通过判决变更现有的某种财产权利义务关系,形成或消灭某种财产权利义务关系,如请求分割共有财产、解除合同等。

关键概念

财产 物权 抵押权 商标权 知识产权 债权 确认之诉 给付之诉

思考题

1. 如何理解财产和财产权?
2. 各具体财产权如何取得?
3. 财产权如何保护?

拓展阅读

世界杯空气

因售卖月球土地而出名的李捷于 2006 年 5 月 6 日看到一则有关德国一家公司准备售卖"世界杯空气"的新闻,随后与该公司取得联系。6 月 26 日,世界杯进行过半,李捷到北京市朝阳区工商分局申请变更经营范围,准备增加"特定地区特色空气"的销售。

7 月 6 日,李捷收到了工商分局不准他申请的通知书。李捷不服直接提起诉讼,认为对方不让他变更经营范围的决定,耽误了售卖"世界杯空气",要求法院撤销工商分局的通知决定。

在李捷看来,"世界杯空气"装在袋中,属于体育用品或者文化用品范畴。一旦无法亲临德国的球迷购买了这些空气,在电视机前观看比赛时就可以闻到德国浓郁的草地清香,身临其境,弥补无法到现场观看的遗憾。他指责工商局扼杀其创新意识,使他错过了四年一次的销售时机,售卖"2008 奥运会空气"的计划也因此搁浅。

对于李捷的指责,朝阳区工商分局答辩称:空气不在国民经济行业分类标准中。而分类中有关体育和文化用品也不含有空气的内容。因无法参照该标准,驳回了李捷的变更申请。请求法院依法驳回李捷起诉。

工商分局代理人还指出,李捷售卖的空气概念不明确,无法明确特定地区是哪里、特色空气是哪类。

李捷认为,特定地区特色包括奥运会的,天安门的,珠穆朗玛峰的,钓鱼岛的,月球的,猪圈、马圈、羊圈的等。朝阳区工商分局认为,这是一种无限包括,那就有可能涉及对人体有害的气体,无法得到有效监管,所以更不能为此同意李捷的申请。

李捷为证明售卖"世界杯空气"合理合法,他出示了小学一年级的课本作为证据提交,其中有一篇课文题目就叫《小狐狸卖空气》。文章讲,因为城市污染厉害,小狐狸在城市里开店卖空气,生意很好。这篇课文向小孩子灌输市场意识和环保意识,并说,"法无禁止即可以"。李捷还展示了袋装"世界杯空气",并说,"世界杯空气"是德国一家公司将世界杯草坪青草回收打碎,萃取含有青草香的空气装入密封袋中。萃取后的空气已经具有了商品的价值和使用价值,不再是自然状态下的人人都可以免费呼吸的一般意义上的空气了。

法院一审判决驳回李捷的诉讼请求,理由是:《国民经济行业分类标准》是工商部门在核定经营范围以及相应监管部门如税收、质监等部门确认相关事项的参照依据。"销售特定地区的特色空气",销售对象具有明显的不确定性,且经营行为所属行业无法参照《国民经济行业分类与代码》予以确认。[①]

思考:"世界杯空气"是可以进行转让的财产吗?

---

① 参见《新京报》2006年10月19日。

第七讲　法律与婚姻家庭

本讲导读

男女结婚自由,但要符合法律规定的条件。法律不保护无效婚姻和可撤销婚姻。夫妻双方依法享受权利和承担义务。夫妻双方依照离婚自由,可以通过协议和诉讼的方式解除名存实亡的婚姻。离婚时,任何一方可以依法寻求救济,并依法对夫妻财产进行处理。男女双方享有平等的生育权。

自然人死亡,享有继承权的其他自然人可以依法继承被继承人的合法遗产。继承的方式包括法定继承和遗嘱继承。遗嘱可以采取多种形式,其中公证遗嘱效力最高。分割遗产要依法进行,且要清偿被继承人的债务。

导入案例

黄永彬与被告蒋伦芳是夫妻关系,与原告张学英是同居关系。黄永彬于2001年4月18日立下遗嘱,将自己价值约6万元的财产在其死亡后遗赠给原告。2001年4月22日黄永彬因病死亡,但被告蒋伦芳控制了全部财产,拒不给付原告受赠的财产。原告张学英遂请求法院判令被告给付原告约6万元的遗赠财产,并承担诉讼费用。

法院经审理认为,原告张学英明知黄永彬有配偶而与其长期同居生活,其行为应为法律所禁止,社会公德和伦理道德所不容,侵犯了蒋伦芳的合法权益,于法于理不符。遗赠人黄永彬基于与原告张学英有非法同居关系而立下遗嘱,将其遗产和属被告所有的财产赠与原告张学英,是一种违反公共秩序、社会公德和违反法律的行为,破坏了社会风气,侵犯了被告蒋伦芳依法享有的合法的财产继承权,据此判决驳回原告张学英的诉讼请求。[①]

在此,若要理解法院为何作出这样的判决,就必须对婚姻制度和遗产继承制度有着清晰的理解和认识。

---

① (2001)泸民一终字第621号"张学英诉蒋伦芳遗赠纠纷案二审判决书"(泸州市中级人民法院民事判决书)。

一、合法婚姻如何成立

(一) 什么是婚姻

婚姻就是男女双方依照法律所规定的条件和程序,以组建家庭、永久共同生活为目的而自愿形成具有权利和义务内容的夫妻关系,它是一定社会制度所确认的男女两性结合的一种社会形式。男女基于婚姻成立、存续而发生于夫妻双方之间的权利和义务关系就是婚姻关系。家庭则是基于婚姻、血缘、收养等关系而发生的,由一定范围内亲属组成的共同生活单位。组建家庭的亲属一般有三个来源:婚姻、血缘和收养等法律拟制。家庭关系则是基于婚姻、血缘、收养等产生于家庭成员之间的权利和义务关系,包括夫妻关系、父母子女关系、兄弟姐妹关系等。在这些关系中,夫妻关系是核心关系,是形成家庭关系的前提。没有男女个体之间通过婚姻结成的夫妻关系,则家庭难以形成。正因为如此,婚姻是否稳定,影响到家庭是否稳定,婚姻质量的好坏往往决定着家庭的命运。为此,结婚应遵循法律的基本原则。

首先,结婚应当遵循婚姻自由原则。婚姻自由包括结婚自由和离婚自由两个方面。结婚自由,是指男或女有权依照法律的规定自主决定是否结婚、何时结婚、与谁结婚。离婚自由,是指夫妻有依法解除婚姻关系的自由,既可以协议离婚,也可以通过诉讼离婚。婚姻不受任何人的强制和干涉。禁止包办、买卖婚姻和其他干涉婚姻自由的行为;禁止借婚姻索取财物等。包办婚姻是指其他人,包括父母,违背婚姻自由原则,无视婚姻当事人的意志,强迫他人结婚或离婚。买卖婚姻,是指其他人,包括父母,以索取大量财物为目的,包办强迫他人结婚或离婚。其他干涉婚姻自由的行为是指包办、买卖婚姻以外的违反婚姻自由原则的行为,如父母干涉子女的婚姻,子女干涉丧偶或离异的父母再婚,或干涉父母离婚、复婚,干涉男方到女方家落户等。借婚姻索取财物,是指当事人自愿结婚时,一方以索取一定财物作为结婚必要条件的行为。这种婚姻基本上是自主自愿,但一方(大多是女方)以索要一定的财物为结婚的先决条件,有时女方的父母也从中获取一定的财物,不满足就不同意或不允许结婚。这种行为虽然不如买卖婚姻严重,但比买卖婚姻普遍,涉及面很广。它不仅败坏了社会风气,而且很现实的问题是给婚姻当事人的家庭和婚后的生活带来了经济困难,有时也容易成为夫妻双方离婚,导致家庭破裂的导火索。

【案例研究】

　　23岁的张某已达到法定的结婚年龄,本打算结婚,但父亲却逼迫她向男方索要彩礼,否则就不给户口本办理结婚登记手续。张某认为,父亲的行为破坏了她的幸福,已经严重侵害了她的婚姻自主权,因此,张某依据我国《婚姻法》禁止干涉婚姻自由的规定,向人民法院提起诉讼。法院审理后认为,公民享有婚姻自主权,禁止买卖、包办婚姻和其他干涉婚姻自由的行为。张某自愿决定与他人登记结婚不违反我国《民法通则》及《婚姻法》的相关规定,张父拒绝提供户口本的理由不成立。据此法院判决张某与他人结婚登记时,张父负有提供户口本的协助义务。[①]

　　其次,结婚要符合一夫一妻制原则。一夫一妻制是指一男一女结为夫妻的婚姻制度。该原则要求,任何人不得同时有两个或者两个以上的配偶;禁止重婚,即已经结婚的人在配偶死亡或在离婚之前,不得再行结婚;禁止有配偶者与他人同居,即公开的或隐蔽的一夫多妻或一妻多夫的两性关系,都是非法的。

　　最后,结婚实行男女平等原则。男女平等是指男女双方在婚姻家庭,如结婚、离婚、人身关系、财产关系、父母抚养、教育子女等方面享有平等的权利,履行平等的义务;夫妻应当相互忠实、相互尊重;禁止家庭暴力;禁止家庭成员间的虐待和遗弃。

(二) 结婚的要求:条件和手续

1. 结婚条件

结婚条件包括必须具备的条件和禁止条件。

　　结婚必须具备的条件有:(1) 结婚必须男女双方完全自愿,不许任何一方对他方加以强迫或任何第三者加以干涉。男女双方自愿是婚姻成立的首要条件,必须尊重当事人的意愿,不允许一方对他方的强制,其他任何人也无权干涉。当然,法律并不排斥当事人的父母或第三人对当事人的婚事提出建议。(2) 结婚必须达到法定婚龄。即男不得早于22周岁,女不得早于20周岁。这是法律规

[①] 刘薇:《逼女索要彩礼未果——父亲拒交户口本被判干涉婚姻》,载《京华时报》2010年11月8日。

定的男女结婚必须达到的最低年龄。如果一方或双方未达到这一年龄,婚姻登记机关将不予以登记。法律鼓励晚婚晚育。男女只有达到一定的年龄,其身体各器官才能发育成熟,有利于繁衍后代;也只有达到一定的年龄,其心理发育也会较为成熟,才能独立对自己行为的性质、后果进行判断;同时这也是我国现实的需要,目的在于降低人口出生率,缓解人口增长率。(3)结婚必须符合一夫一妻制。即男女双方必须在各自未婚、离婚或丧偶,也就是均无配偶的情况下才能结婚。

结婚的禁止条件包括:(1)直系血亲和三代以内的旁系血亲禁止结婚。这是因为血缘关系较近的男女结婚,容易生育出不健康或畸形的子女,会给家庭、社会带来负担,制约国家的发展;同时,血缘较近的男女结婚还会造成亲属身份关系的紊乱。直系血亲,指的是父母子女(包括亲生父母子女、养父母子女、继父母子女)、祖父母与孙子女、外祖父母与外孙子女等。三代以内的旁系血亲,指的是同源于祖父母、外祖父母的血亲,包括同父同母的亲兄弟姐妹、同父异母或同母异父的兄弟姐妹,伯、叔、姑、舅、姨,堂兄弟姐妹、姑表兄弟姐妹、舅表兄弟姐妹、姨表兄弟姐妹,侄子女、外甥子女等。(2)患有医学上认为不应当结婚的疾病,禁止结婚。这样规定是为了防止疾病的传染和遗传,确保当事人以及后代的身体健康。这样的疾病一般而言包括特定传染病,如艾滋病、淋病、梅毒、麻风病以及医学上认为影响结婚和生育的其他传染病;有关精神病,如精神分裂症、躁狂抑郁型精神病以及其他重型精神病。

2. 结婚的手续——登记

(1)结婚登记机关

我国法律规定,内地居民办理结婚登记的机关是县、不设区的市、市辖区人民政府民政部门或者乡(镇)人民政府。男女双方的常住户口在同一个地区的,双方到共同的户口住所地的婚姻登记机关办理结婚登记;常住户口不在同一地区的,双方共同到任何一方的常住户口所在地的婚姻登记机关办理登记。

中国公民同外国人在中国内地结婚的,男女双方共同到中国公民一方户口所在地的省、自治区、直辖市人民政府民政部门或其确定的民政部门申请登记。但现役军人、外交人员、公安人员、机要人员和其他掌握重大机密的人员以及正在服刑和接受劳动教养的人员不能与外国人结婚。

(2)结婚登记的程序——申请、审查、登记

① 申请。即自愿结婚的男女双方必须同时、亲自到婚姻登记机关进行结婚登记,不能由一方单独申请,也不能委托他人代理。申请结婚应提交相应的证件

和证明材料:本人的户口本、身份证;本人无配偶以及与对方没有直系血亲和三代以内旁系血亲关系的签字声明。现在不再要求提交婚前医学检查证明。

② 审查。即婚姻登记机关对男女双方共同提出的结婚登记申请进行审核、查实。婚姻登记人员应对申请人讲明法律规定的内容,查验当事人所提供的证件是否真实、完整。询问当事人结婚意思是否真实自愿,还要求男女双方各自填写一份《申请结婚登记声明书》,并亲笔签名。

③ 登记。婚姻登记人员对当事人提交的证件、证明、声明进行审查,若符合结婚条件的,应当当场予以登记,发给结婚证。在审查中,如发现以下任何一种情况的,婚姻登记机关不予登记:未达到法定结婚年龄的;非双方自愿的;一方或双方有配偶的;属于直系血亲或三代以内旁系血亲的;患有医学上认为不应当结婚的疾病的。

取得结婚证,即确立夫妻关系,无论他们是否举行婚礼,是否共同生活,他们都是合法的夫妻。登记结婚后,根据男女双方的约定,女方可以成为男方家庭的成员,男方可以成为女方家庭的成员。

(三) 法律不保护的婚姻:无效婚姻和可撤销婚姻

1. 无效婚姻

无效婚姻是指不符合法定条件的婚姻。婚姻法规定,有以下情形之一的,婚姻无效:(1)重婚的;(2)有禁止结婚的亲属关系的;(3)婚前患有医学上认为不应当结婚的疾病,婚后尚未治愈的;(4)未到法定婚龄的。

对于无效婚姻,除了婚姻关系的当事人以外,利害关系人也可以向人民法院提出申请宣告该婚姻无效。利害关系人包括:(1)以重婚为由宣告婚姻无效的,为当事人的近亲属和基层组织;(2)以未达到法定婚龄为由申请宣告婚姻无效的,为未达到法定婚龄者的近亲属;(3)以有禁止结婚的亲属关系为由申请宣告婚姻无效的,为当事人的近亲属;(4)以婚前患有医学上认为不应当结婚的疾病,婚后尚未治愈为由申请宣告婚姻无效的,为与患者共同生活的近亲属。申请时,法定的无效婚姻情形已经消失的,人民法院不得再宣告婚姻无效,比如当事人结婚时尚未达到法定婚龄或者患有医学上认为不应当结婚的疾病,但随着时间的推移,已经达到法定婚龄或疾病已经治愈,就不得宣告该婚姻无效。否则,人民法院应当宣告该婚姻无效。

2. 可撤销婚姻

因胁迫结婚的,受胁迫的一方可以向婚姻登记机关或人民法院请求撤销该婚姻。胁迫,是指行为人以给另一方当事人或者近亲属的生命、身体健康、名誉、财产等方面造成损害进行要挟,迫使另外一方因为恐惧而违背真实意愿结婚的事实。它严重违背了婚姻自由原则,侵犯了当事人的婚姻自主权,所以应当予以撤销。申请撤销的人只能是受胁迫的一方,其他主体无权申请撤销,这也是婚姻自由的表现。请求撤销婚姻的申请,应当自结婚登记之日起1年内提出;被非法限制人身自由的当事人请求撤销婚姻的,应当自恢复人身自由之日起1年内提出。

无效或者被撤销的婚姻,自始无效,当事人之间不具有夫妻的权利和义务。同居期间所得的财产,除重婚的以外,按照共同财产分割;但有证据证明为当事人一方的除外。对有过错的一方,可以少分或不分。当事人所生的子女,不因婚姻无效或被撤销而受影响,他们与父母之间的权利义务关系仍然受到法律的保护。

(四)夫妻双方的权利和义务

1. 夫妻人身关系中的权利和义务

(1)夫妻姓名权。即夫妻双方享有平等的姓名权,都有各自使用、更改自己姓名的权利;同时在子女的姓氏确定上,由父母双方协商确定,子女可以随父姓,可以随母姓。

(2)夫妻人身自由权。人身自由是公民人格权的内容之一,它因出生而产生,不能因结婚而受到限制。依照法律的规定,夫妻双方有选择职业、参加生产、工作、学习和参加社会活动的自由,一方不得对他方加以限制或干涉。夫妻双方应当正当行使人身权,不得滥用该权利而损害对方或家庭的利益,也不能以行使人身权利为由,逃避对家庭应承担的法律义务。

(3)夫妻婚姻住所决定权。男女双方登记结婚后,婚姻住所由双方协议,双方享有互为对方家庭成员的选择权,即女方可以成为男方家庭的成员,男方可以成为女方的家庭成员;夫妻也可以协议不加入任何一方原来的家庭而组建自己的小家庭;也可以通过协议变更原来的选择等。一方不得对另一方进行强制,第三人也不得进行干涉。

(4)夫妻家事代理权。指夫妻在日常家庭事务活动中互相可以作为代理人。它是基于夫妻身份关系当然享有的权利。夫妻在行使家事代理权时,其范围仅限于日常家事。

(5)夫妻忠实义务。也称贞操义务,是指配偶双方互相负有专一的性生活义务,不得为婚外性行为;不得恶意遗弃配偶;不得为第三人利益而损害或牺牲配偶的利益。夫妻应当互相忠实,互相尊重。

(6) 夫妻同居义务。指男女双方以夫妻身份共同生活,即夫妻居住在同一住所或居所,日常生活中应相互照顾和扶持,精神上相互慰藉以及应履行的两性结合义务。任何一方无正当理由,不得拒绝履行同居义务。同时,婚姻法禁止有配偶者与他人同居。

2. 夫妻财产关系制度

目前,我国法律规范夫妻财产关系的法律制度,即夫妻财产制,包括约定财产制和法定财产制两种。该制度主要是为了解决在夫妻关系存续期间,哪些属于夫妻共同财产,哪些属于夫妻个人财产。

约定财产制也就是夫妻以协议的方式,对婚前及婚后所得的财产的所有权的归属、管理、使用、收益、处分,家庭生活的负担,债务清偿,婚姻解除时财产清算问题进行约定,并且可以排除法定财产制适用的夫妻财产制度。依照我国法律规定,只要双方都具有完全民事行为能力,出于自愿,采用法律规定的书面形式,且约定的内容不规避法律,不违背公序良俗,不损害国家、集体和他人利益,不规避扶养、清偿债务等义务,不超出夫妻财产的范围,不论该协议是在婚前、结婚时还是婚姻存续期间,该协议都具备法律效力,夫妻双方都应该予以遵循,第三人也应受其约束。

法定财产制,是指夫妻之间没有财产约定或约定无效的情况下,在婚姻关系存续期间,夫妻一方所得的财产,除了法律另有规定外,都是夫妻共同所有。夫妻对于共同财产平等地享有占有、使用和处分权利的财产制度。法定财产制下的夫妻共同财产范围仅限于婚后所得。这里的"所得",以财产所有权的取得为准,而不是以对财产的实际占有或控制为准,如继承权的取得,以被继承人死亡,继承开始而取得,若在婚前已开始继承,即使婚后才分割,该遗产仍不能作为夫妻共同财产;相反,在婚后取得某项财产权利,而在婚姻终止前未实际占有的情况下,该财产也属于夫妻共有财产。

(1) 法定财产制下夫妻共同财产范围。夫妻在婚姻关系存续期间所得的以下财产,归夫妻共同所有:工资、奖金;生产、经营的收益;知识产权的收益(这里的收益是指实际取得的经济利益,尚未取得经济利益的知识产权,离婚时归一方所有);继承或赠与所得的财产,但遗嘱或赠与合同中确定只归夫或妻一方所有的除外;军人的复员费、自主择业费等一次性费用,若婚姻存续时间较长的,可以转化为共同财产;婚后父母出资,明确表示是为双方购置的房屋;夫妻分居两地,分别管理、使用的财产;其他应当归共同所有的财产,包括一方以个人财产投资取得的收益以及男女双方实际取得或应当取得的住房补贴、住房公积金、养老保险、破产安置补偿费等。夫妻共同财产制因夫妻约定、离婚或一方死亡而终止。

（2）法定财产制下夫妻个人财产范围。法定财产制下的夫妻个人财产是指依法规定,夫妻婚后各自保留的一定范围内的个人所有财产。包括:一方的婚前财产,包括婚后该财产所产生的孳息,但用于投资获得的收益是夫妻共同财产;一方因身体受到伤害获得的医疗费、残疾人生活补助费,包括军人的伤亡保险金、伤残补助、医药生活补助费等;遗嘱或赠与合同中确定只归夫或妻一方的财产;一方专用的生活用品,如个人使用的衣物、书籍、首饰、化妆品等夫妻各自生活、职业所需的专用物品,但婚后购置的贵重首饰,一方因职业所必须的价值较大的物品,如摩托车、汽车等,虽为个人使用,也应作为夫妻共同财产;其他应当归夫妻一方的财产,如复员、转业军人的复员费、转业费、自主择业费等。

【案例研究】

原告申某与被告钱某系夫妻关系。申某以夫妻感情破裂为由诉至法院,要求与钱某离婚。钱某同意离婚。经法院调解,双方就子女抚养问题亦达成协议。但是,在财产分割问题上二人意见严重分歧。原告诉称:自己与被告系1980年结婚,自己的父亲系1979年死亡,父亲遗留给自己的3万元存款是自己婚前个人财产,应属自己所有。被告辩称:原告所述结婚时间和其父死讯时间都是确实的,但是,原告实际取得财产是在1981年,即与自己结婚之后,所以这3万元是夫妻共同财产,应当在离婚诉讼中分割。

法院判决准予双方离婚,3万元存款归男方所有。因为依照我国《继承法》第2条规定:"继承从被继承人死亡时开始。"继承人取得继承权,确定继承人的范围和遗产的内容,以及遗嘱生效等,都必须以继承开始的时间为准,不能把遗产分割的时间当做继承开始的时间。就本案来说,双方当事人争执的存款显然不是双方在婚姻关系存续期间所得的共同财产。因为男方父亲死亡时,双方尚未结婚,此时男方已经取得了对父亲遗产的继承权,这项财产属于男方婚前财产,所以法院认定这3万元存款为男方个人财产是正确的。[①]

[①] 郭志文:《房产遗产案例解析》,中国社会出版社2009年版,第99页。

二、如何离婚

离婚是夫妻双方依照法定程序解除婚姻关系的法律行为。离婚是婚姻自由的一个方面,也是当事人的合法权利。因此,我国法律承认离婚自由,并坚持男女平等的观点。保障离婚自由,有利于改善婚姻家庭关系,维持社会的团结稳定。对于那些无可挽回的婚姻关系,已经"死亡的家庭"来说,实行离婚自由对双方都是一种解脱,可以避免因双方矛盾进一步激化而产生的更加严重的后果。若勉强维持这种名存实亡的婚姻,对夫妻双方来说是一种痛苦,对子女和家庭也是一种更大的伤害。当然,保障离婚自由不是鼓励离婚,而是要在维持婚姻关系稳定的同时,通过自由的离婚,解除那些名存实亡的婚姻。离婚自由也不是绝对的、任意的、不受任何约束的,离婚必须严格按照法定条件和程序进行,不能损害社会利益,要反对轻率的离婚,当事人应当承担极为重要的法律责任和道德责任。

(一)离婚的方式

1. 协议离婚

协议离婚,是指夫妻双方自愿离婚,并就离婚的法律后果,如离婚后子女的抚养、财产分割、债务清偿等问题达成协议,经法定部门认可而解除婚姻关系的一种制度。按照我国婚姻法的规定,男女双方自愿离婚的,准予离婚。双方必须到婚姻登记机关申请离婚。婚姻登记机关查明双方确实是自愿并对子女和财产问题已有适当处理,符合离婚条件的,应予以登记,发给离婚证,婚姻关系解除。可见,协议离婚必须符合以下条件:(1)双方必须具有合法的夫妻关系。即凡是未办理结婚登记的,未持有结婚登记证的同居者,不能办理离婚登记。(2)双方当事人必须具有完全民事行为能力。如果任何一方属于无民事行为能力或限制民事行为能力人,婚姻登记机关不予办理离婚登记。(3)必须双方自愿离婚,即要求双方都有离婚的意愿,并达成了一致,而且该意愿是真实的,不能是一方欺诈或胁迫另一方而达成的协议,或者双方为了某种不可告人的目的,如逃避债务,恶意串通而作出的假离婚表示。(4)对子女的抚养、财产、债务等问题已经有安排或适当处理。(5)必须到婚姻登记机关申请离婚。自愿离婚的,男女双方应当共同到一方当事人常住户口所造地的婚姻登记机关办理离婚登记。

申请离婚时,当事人应提交本人的身份证、户口本、结婚证及双方共同签订的离婚协议等证件和证明材料。当事人的申请及提交的相关材料,经过婚姻登记机关的审查,符合离婚条件的,予以登记并发给离婚证;若发现当事人未达成离婚协议、当事人属于无民事行为能力人或限制民事行为能力人或者其结婚登记不是在中国内地办理的,不予以办理离婚登记。

2. 诉讼离婚

诉讼离婚,是指夫妻双方就是否离婚等问题无法达成协议,而向人民法院提起诉讼,人民法院经过审理后,通过调解或判决解除婚姻关系的一种离婚制度。我国法律规定,人民法院审理离婚案件应当进行调解;如果感情确已破裂,调解无效,应准予离婚。可见,诉讼离婚的法定条件是:(1)双方感情确已破裂;(2)经调解无效。

我国法律规定,认定感情确已破裂有以下几种情形:(1)重婚或有配偶者与他人同居的。重婚是指有配偶的人与他人公开以夫妻名义共同生活或有配偶者又与他人登记结婚;有配偶者与他人同居是指有配偶者与婚外异性,不以夫妻名义,持续、稳定地共同生活。这些行为都是破坏夫妻感情,违反一夫一妻原则,严重违背夫妻忠实义务,破坏婚姻秩序的严重过错行为。若无过错方要求离婚的,应准予离婚;如果是有过错方提出离婚,且经考察双方感情确已破裂的,应准予离婚,否则,不准予离婚。(2)实施家庭暴力或虐待、遗弃家庭成员的。家庭暴力是指行为人以殴打、捆绑、残害、强行限制人身自由或者其他手段,给其家庭成员的身体、精神等方面造成一定伤害后果的行为。如果家庭暴力具有持续性、经常性,则构成虐待;偶尔冲动而发生的打骂不是虐待。遗弃是对年老、年幼、患病或者其他没有独立生活能力的家庭成员,负有法定的抚养义务而拒绝抚养的行为。(3)一方有赌博、吸毒等恶习屡教不改而导致无法维持正常的婚姻关系时,人民法院应准予离婚。(4)因感情不和分居满两年的。分居达到两年,已足以说明双方感情已经破裂,应准予离婚。需要注意的是,分居的缘由是因为感情不和,而不是因为学习、工作等原因。(5)一方被宣告失踪,另一方提出离婚诉讼的。(6)其他导致夫妻感情破裂的情形。如一方患有法定禁止结婚疾病,或者一方有生理缺陷,或其他原因不能发生性行为,且难以治愈;双方婚前缺乏了解,草率结婚,婚后未建立起夫妻感情,难以共同生活的;一方婚前隐瞒了精神病,婚后久治不愈,或者婚前知道对方患有精神病而与其结婚,或在夫妻共同生活期间患精神病,久治不愈的;双方办理结婚登记后,未同居生活,无和好可能的;一方被依法判处较长期限徒刑,或其违法、犯罪行为严重伤害夫妻感情的等。

在诉讼离婚中,我国法律对妇女和军人实行特殊保护。我国法律规定,女方在怀孕期间、分娩后1年内或者中止妊娠后6个月内,男方不得提出离婚。女方提出离婚或者人民法院认为确有必要受理男方离婚请求的,不受此限制。所谓确有必要,通常有两种情况:一是双方确实存在不能继续共同生活的重大紧迫事由,即一方对他方有危及生命、人身安全的可能;二是女方虽然怀孕,但胎儿不是男方的。

现役军人的配偶要求离婚,须得军人同意,但军人一方有重大过错的除外。这里指的是非军人方向军人方提出离婚诉讼,须得到军人方同意,若是军人方向非军人方提出离婚诉讼或者双方都是军人的,则按婚姻法的一般规定处理。现役军人是指正在人民解放军和人民武装警察部队服役,具有军籍的干部和战士,退伍、转业的军人和军事单位中不具有军籍的职工不包括在内。所谓重大过错,是指军人方重婚、有配偶的与他人同居;实施家庭暴力或虐待、遗弃家庭成员;有赌博、吸毒等恶习屡教不改以及其他违背法律或公序良俗导致夫妻感情破裂的重大情形,如卖淫嫖娼、犯罪等。

人民法院判决不准离婚或调解和好的离婚案件,如果没有新情况、新理由,先前离婚诉讼中的原告在6个月内又起诉离婚的,法院不予受理;若是被告起诉,则不受6个月的限制。

(二)离婚时的救济方式

1. 补偿请求权

我国法律规定,夫妻双方约定在夫妻关系存续期间所取得的财产归各自所有的,一方因抚育子女、照料老人、协助另一方工作等付出较多义务的,离婚时有权向另一方请求补偿,另一方应当予以补偿。可见,行使补偿请求权应该以双方约定婚后所得财产归各自所有为前提,权利人应是在家庭共同生活中付出义务较多的一方。该权利只能在离婚时由当事人主动提出,在离婚之前和离婚之后都不能提出,且不考虑双方的过错,即无论对方或己方是否有过错,付出较多义务的一方都有权要求经济补偿。

2. 帮助请求权

我国法律规定,离婚时,如果一方生活困难,另一方应从其住房等个人财产中给予适当帮助。具体办法可以由双方协议;如果协议不成,由人民法院判决。该规定赋予了生活困难方在离婚时向另一方请求帮助的权利,体现了法律和社会对弱势群体的保护和帮助。行使该权利要求一方生活困难,即一方离婚后依靠个人财产和离婚时分得的财产无法维持当地基本生活水平,如没有住处、没有经济来源等;且生活困难需发生在离婚时,离婚以后所发生的生活困难,不能行使帮助请求权;同时提供帮助的一方必须具有提供帮助的经济能力。如果对方也生活困难,则不能请求帮助;生活困难一方如果已经再婚,也不能再行使帮助请求权。

经济帮助的具体方法,由双方协议;协议不成的,通常由人民法院根据实际情况判决。一般来说,经济帮助的具体方法有:离婚时一方有劳动能力,只是暂时有生活困难,另一方给予一次性的帮助或短期的帮助;离婚时一方已丧失劳动能力,又无生活来源的,另一方可在生活和住房方面给予适当的安排;离婚后一方没有住处的,另一方以个人财产中的住房对其进行帮助,如给其房屋居住或给予房屋所有权等。

3. 离婚损害赔偿请求权

我国法律还规定,有以下情形之一导致离婚的,无过错方有权请求损害赔偿:(1)重婚的;(2)有配偶者与他人同居的;(3)实施家庭暴力的;(4)虐待、遗弃家庭成员的。

这个规定赋予了离婚时无过错方有权请求损害赔偿的权利,即离婚损害赔偿请求权。这里的损害赔偿既包括物质损害赔偿,也包括精神损害赔偿。如果是无过错方作为离婚诉讼中的原告行使该权利的,应该在离婚诉讼的同时提出;如果是无过错方作为离婚诉讼中的被告,且不同意离婚,也没有在诉讼时提出损害赔偿要求的,可以在离婚后1年内单独提出损害赔偿请求。

这项权利的规定,填补了受害人的损失,使被害人不仅能够在经济上得到补偿,精神上也能够得到抚慰。它通过对过错方责任的追究,可以有效地遏制重婚、有配偶者与他人同居,实施家庭暴力、虐待、遗弃家庭成员等违法行为的发生,维护婚姻家庭的稳定,促进社会的稳定团结。

(三)离婚后子女的抚养和探视

父母与子女间的关系,不因父母离婚而消除。离婚后,子女无论由父或母直接抚养,仍是父母双方的子女。离婚后,父母对于子女仍有抚养和教育的权利和义务。离婚后,哺乳期内的子女,以随哺乳的母亲抚养为原则。哺乳期后的子女,如双方因抚养问题发生争执不能达成协议时,由人民法院根据子女的权益和双方的具体情况判决。

离婚后,一方抚养子女的,另一方应负担必要的生活费和教育费的一部或全部,负担费用的多少和期限的长短,由双方协议;协议不成时,由人民法院判决。关于子女生活费和教育费的协议或判决,不妨碍子女在必要时向父母任何一方提出超过协议或判决原定数额的合理要求。

离婚后,不直接抚养子女的父或母,有探望子女的权利,另一方有协助的义务。行使探望权利的方式、时间由当事人协议;协议不成时,由人民法院判决。父或母探望子女,不利于子女身心健康的,由人民法院依法中止探望的权利;中止的事由消失后,应当恢复探望的权利。

(四) 离婚后的财产处理

1. 夫妻共同财产的分割

离婚时,依照法律规定或夫妻双方的约定,属于夫妻个人财产的,归个人各自所有;属于夫妻共同的财产应该依法进行分割。离婚时,夫妻的共同财产由双方协议处理;协议不成时,由人民法院根据财产的具体情况,遵循立法原则予以判决。该原则包括:(1) 男女平等原则。即夫妻双方对共同财产有平等分割的权利,对共同债务也应平等承担清偿义务。(2) 照顾子女和女方权益的原则。(3) 照顾无过错方的原则。即在分割夫妻共同财产时,对于无过错方应当多分得一些财产。(4) 有利生产、方便生活的原则。即应当尽量发挥财产的效用和不损害财产的经济价值,生产资料或一方从事职业所需要的工具、其他物品等,应分给需要的一方;不宜分割的特定物,应根据财产来源分给其获得者;当年无收益的种植业、养殖业应分给继续经营的一方;生活必需品,考虑子女和双方的需要,分给需要的一方,对未分得以上财产的一方可以分给其他财产或由另一方给予相应的经济补偿。(5) 遵循约定优于法定,不损害国家、集体或他人利益的原则。

对于在婚前收取的彩礼,离婚时要求返还的,我国法律也作出了明确规定:若双方办理结婚登记手续但确实没有共同生活,或婚前给付彩礼并导致给付人生活困难的,离婚后,给付方可以请求返还给付的彩礼。

离婚时,一方隐藏、转移、变卖、毁损夫妻共同财产,或伪造债务企图侵占另一方财产的,分割夫妻共同财产时,对隐藏、转移、变卖、毁损夫妻共同财产或伪造债务的一方,可以少分或不分。离婚后,另一方发现有上述行为的,可以向人民法院提起诉讼,请求再次分割夫妻共同财产。

2. 夫妻债务的清偿

夫妻债务包括夫妻共同债务和夫妻个人债务。

夫妻共同债务是指夫妻一方或双方在婚姻存续期间为维持家庭共同生活或为共同生产、经营活动中所产生的债务。包括:(1) 为共同生活所产生的债务。

如为履行法定赡养、扶养、教育义务产生的债务;为购置家庭生活用品、支付家庭日常生活开支所产生的债务;为夫妻一方或双方治疗疾病所产生的债务;购置房屋、交通运输工具所产生的债务等。(2)为共同生产、经营活动所产生的债务。如夫妻双方共同经营、投资工商业、金融证券活动所产生的债务;夫妻一方用共同财产投资但以个人名义从事生产经营活动所产生的债务;一方自筹资金从事生产经营活动,如从事个体工商户经营等,但收益用于共同生活所产生的债务等。

夫妻共同债务为连带债务,应当由夫妻共同负担,具体来说方法如下:(1)对于已经到期的债务,离婚时夫妻有共同财产的,应由夫妻共同财产偿还;(2)如果共同财产不足以清偿共同债务,或夫妻实行约定财产制,或者共同债务还未到清偿期限的,夫妻一方或双方不愿意提前清偿的,可以由双方协议确定各自承担的债务份额;但是该协议不能约束债权人,即离婚协议若已经对夫妻财产分割作出处理的,债权人有权要求男方或女方或同时要求男女双方清偿全部债务;(3)如果夫妻双方不能达成协议,人民法院可根据双方的经济情况以及照顾女方和子女的原则,判决双方按照一定的比例承担债务,但这样的判决不能约束债权人,债权人仍有权要求男方或女方或同时要求男女双方清偿全部债务;(4)如果男方或女方死亡,生存一方仍应当对没有清偿完毕的夫妻共同债务承担清偿责任;(5)夫妻一方在清偿夫妻共同债务后,若因清偿超出了自己所应当清偿的份额,有权向另外一方进行求偿;若双方已经离婚,可以根据离婚协议或人民法院的裁决书向另外一方进行追偿。

夫妻个人债务,是指夫妻一方在婚前或婚后以个人名义所产生的与夫妻、家庭共同生活、生产经营无关的债务。通常包括:(1)夫妻一方婚前所产生的个人债务;(2)婚姻关系存续期间,夫妻一方能够证明,对方以个人名义与债权人所产生的债务明确约定为个人债务,或者夫妻双方约定在婚姻关系存续期间所得的财产归各自所有,第三人作为债权人也知道该约定的,则为个人债务;(3)夫妻一方未经对方同意擅自资助与其没有抚养义务关系的亲朋好友所产生的债务;(4)夫妻一方未经对方同意,自筹资金从事经营活动,且其收益没有用于夫妻、家庭共同生活所产生的债务;(5)一方因违法行为、工作失职行为,为满足个人私欲、生活享乐等所产生的债务等。对于夫妻个人债务,原则上由本人以其个人财产清偿。当然,法律并不禁止另外一方在平等自愿的基础上同意以夫妻共同财产或以其个人财产清偿。

三、生育的法律规定

(一) 什么是生育权

生育权,是指公民享有生育或不生育子女的权利,他人不得予以强制或干涉,以及获得与此相关的信息和服务权利。

公民的生育权是公民的一项法定权利,是一项基本的人权,是与生俱来的,是先于国家和法律发生的权利。作为人的基本权利,生育权与其他由宪法、法律赋予的选举权、结社权等政治权利不同,是任何时候都不能剥夺的。随着社会的发展,生育权就是自由且负责任地行使生育权,强调夫妻和个人对子女、家庭和社会的"责任",强调夫妻和个人在行使生育权时,要考虑到将来子女的需要和对社会的责任。从这个意义上讲,公民有生育的权利,但同时应当承担对家庭、子女和社会的责任。

生育权一般包括以下内容:

(1) 生育知情权。生育知情权是指生育主体对与自身生育相关的信息所具有的了解知晓的权利。生育知情权的义务主体为生育关系伙伴、医疗卫生机构及政府相关部门。生育关系伙伴如夫妻,夫妻互为权利主体和义务主体。他们彼此有权告知对方以下情况:生育意愿,即是否愿意生育子女;生育机能,即有无生育能力,有无不宜生育的疾病等;避孕节育的方式及为生育采取的措施;怀孕、生育及节育状况。医疗卫生机构作为义务主体,应将相关的医学检查结果、医院相关处置措施及其风险、医生建议等医疗单位应知或应作出的有关生育的信息告知生育主体。政府相关部门(主要是计划生育机构)应该通过各种途径向生育主体告知生育的相关法律法规和政策;提供充分有效的计划生育和避孕方法的信息,介绍各种避孕方法的效果、优缺点和适应对象,使需要采取避孕措施的育龄群众在充分了解情况的基础上,自主、自愿而且负责任地作出决定,选择安全、有效、适宜的避孕措施;还应向生育主体提供优生优育的科学知识和方法。

(2) 生育方式选择权。生育方式选择权是指生育主体依法自由选择生育方式的权利。具体说来就是,生育主体有权根据自身的情况选择传统的自然生育方式或现代人工生殖技术方式生育子女,在分娩时可以选择自然生产或剖腹生产。

(3) 生育请求权。生育请求权是指夫妻双方有权相互请求对方配合自己进行生育的权利。

（4）生育决定权。生育决定权是指生育主体自主决定是否生育和生育子女的时间、数量、间隔的权利。它是整个生育权的核心内容,最能体现生育权的本质。它包括生育的自由和不生育的自由,不受其他任何人的干预。不生育的自由是通过避孕、堕胎、绝育等来实现的。

（5）生育调节权。生育调节权是指夫妻有权根据个人或夫妻的生理特点选择避孕节育的措施。在生育调节的技术措施中,最常见的是避孕、终止妊娠(堕胎)和绝育。一个普遍的共识是:这些措施的运用须以生殖健康为出发点,其基本要求是"安全、有效、负担得起和可接受的"。

（6）生育隐私权。生育隐私权是指生育主体在生育方面的隐私权。生育涉及个人或夫妇许多私人的、与公共利益无关的个人信息、私人活动和私有领域,其有关信息他人无权知晓。

（7）生育健康权。生育健康权是指公民有保持自己的生殖器官完整和生育能力健康发展和延续的权利。任何人不得非法侵害公民的生殖健康,计划生育管理部门应依法行政,在实施计划生育的过程中,不能损害公民生殖健康。医疗机构在实施人流、绝育等手术中如造成公民生殖健康的损害,应承担侵权责任。

（8）生育保障权。生育保障权是指夫妻在进行生育的过程中,有获得国家提供保障的权利。包括:孕产期和哺乳期不被解雇权、产期休假权、劳动时间哺乳权和特殊劳动保护的权利;享受生育社会保险的权利;孕产期和哺乳期对男方离婚诉权的限制以及同等条件下,丧失生育能力一方优先抚养子女的权利等。

（二）生育权如何行使

生育权既可以行使,也可以不行使。但我们应该知道,权利的实现往往借助于义务的履行,没有义务的权利是不可能存在的。因此行使生育权应该遵守权利与义务相一致的原则,在合法行使权利的同时,也应遵守合法的限制。

1. 夫妻双方生育权的行使

（1）夫妻双方的生育权是平等的,因此,是否生育、何时生育、选择什么方式生育应由夫妻双方进行协商,任何一方都不能强迫对方生育或者不生育。若夫妻双方在生育的问题上难以达成一致时,应将生育决定权赋予女方。这是因为,第一,男性的性权利和生育意愿要通过女性才能实现。任何违背女性意志的男性强权都是违反妇女人权的违法行为,是对妇女人身权的侵害。第二,生育不是婚姻的必然结果,女性也并非生育工具。结婚本身并不意味着双方必须有孩子,公民既然有生育的权利,同样应享有"不生育的自由"。第三,女性不仅在照顾、抚育子女方面履行更多的义务,而且在生育的全过程中,妇女承担着特殊的职能,起着难以取代的作用。从十月怀胎到一朝分娩,女性不仅有一系列的生理变化,增加生理负担,而且还要承受着巨大的心理压力,甚至还会有生命危险。不仅如此,妇女的生育过程还直接影响着胎儿的健康发育与安全。因此,对妇女予以特殊保护,确认和保障妇女的生育权理所当然。

需要注意的是,即使夫妻双方达成了生育协议,该协议也是不能强制履行的。

【案例研究】

赵某与张某于2000年4月登记结婚,不久张某怀孕,但她不想要孩子。赵某则坚决不同意妻子去堕胎。迫于无奈,张某只好写了一张内容为"自愿堕胎,夫同意妻在堕胎后两年内怀胎生子,如违反,赔偿男方生育权安慰金78500元"的字条。张某在后来的两年中一直没有怀孕。

2002年12月19日,盼子愿望落空的丈夫委托律师向河南省方城县法院起诉,要求妻子履行承诺,怀胎生子,或者支付侵权赔偿金78500元。2005年10月26日,河南省南阳市中级人民法院终审判决驳回原告赵某的诉讼请求,并由赵某承担一二审全部诉讼费。①

夫妻一方有请求另外一方配合自己行使生育的权利,但只能向对方提出生育请求,而不能选择婚姻关系以外的第三人作为生育关系伙伴。

夫妻双方有权根据自身的情况选择自然生育方式或人工生殖技术方式生育子女。在分娩时可以选择自然生产或剖腹生产。但是,基于道德、伦理等因素,无性生殖方式——克隆人技术则严格禁止。如确实因某种原因不能生育需采用人工生殖方式的,须双方共同向特定的医疗机构作出生育请求,一方不能未经他方同意而提出请求,否则就构成对另一方生育权的侵犯。

(2)夫妻双方行使生育权应遵守合法的限制。包括实行计划生育的义务;以公序良俗及社会伦理道德为限,不能进行牟利性生育,如"借腹生子"或将精子、卵子、胚胎等作为商品买卖,也不得因为胎儿性别而终止妊娠等。

---

① 曾庆朝、程远景、王明珠:《全国首例生育权纠纷案审结》,载《法制日报》2005年12月31日。

2. 其他特殊情况下生育权的行使

（1）单身公民生育权的行使。根据我国《人口与计划生育法》第17条的规定,公民有生育的权利,也有依法实行计划生育的义务,夫妻双方在实行计划生育中负有共同的责任。可见,我国法律及法规规定单身公民是具有生育权的,生育权是单个的权利。吉林省于2002年11月1日颁布《吉林省人口与计划生育条例》第30条第2款规定:"达到法定婚龄决定终身不再结婚并无子女的妇女,可采取合法医学辅助技术手段生育一个子女。"明确赋予了单身妇女可自行行使生育权。

（2）未成年人的生育权行使。虽然生育权是公民不可剥夺的权利,我国法律也没有关于禁止未成年人生育的规定,但是,由于年龄决定生育生殖能力,而此年龄段的人由于尚未成年,缺乏养育后代的能力,要合法行使它,条件尚未成熟,所以未成年人的生育权是应受到限制的。出于对子女、家庭和社会的责任,未成年人最好不生育。

（3）各种犯罪中怀孕妇女生育权的行使。若妇女因被强奸或重婚而怀孕,该妇女生育权的行使是否受到限制,取决于受害妇女是否愿意。若受害妇女同意保留胎儿,则应依该妇女独立行使生育权而得以保留。

（4）非婚情况下生育权的行使。其一,若是未成年人的非婚生育,则其权利应受到限制。其二,成年人的非婚生育,我国的法律并未明确禁止,则其可以自由行使。

四、谁来继承遗产

（一）什么是继承

继承,即财产继承,专指自然人死亡或被宣告死亡后,按照法律的规定或者合法的遗嘱将死者遗留的合法财产转移给他人所有的一种法律制度。死者称为被继承人,取得财产的人称为继承人,死者遗留的财产叫遗产,继承人取得被继承人遗产的权利就是继承权。

死亡是引起继承发生的法律事实,即继承从被继承人死亡时开始,继承法律关系产生。继承仅限于财产继承,一般而言,人格、身份、地位等排除在外。继承制度设置的根本目的是为了更好地保障个人的合法财产所有权,发挥家庭职能,维护社会安定团结的局面。

(二) 可以继承的财产:遗产

遗产是自然人死亡时所遗留的合法财产,是依照继承法律规范能够转移给他人的财产。遗产主要包括:(1) 被继承人享有所有权的财产。如被继承人的合法收入、房屋、储蓄、生活用品、林木、牲畜、家禽、文物、图书资料;法律允许自然人所有的生产资料以及其他的合法财产。(2) 被继承人依法享有的无形财产权。如著作权、专利权中的财产权利,商标专用权、发现权、科技进步权等中的财产权利,个体工商户、私营企业的名称权或商号权等。(3) 被继承人所享有的因为合同、不当得利、无因管理、侵权行为而产生的具有财产给付内容的债权。但需要注意的是,在人身保险合同中,被保险人死亡,若投保人或被保险人指定受益人的,该保险金归受益人,不属于遗产;若没有指定受益人,或受益人是被保险人本人,或受益人先于被保险人死亡的,则保险金是遗产。另外,对于农村承包合同来说,个人承包所获得的收益,若承包人死亡,则是遗产;若承包人死亡时尚未取得收益的,死者生前对承包所投入的资金和所付出的劳动及其增值和孳息,由发包单位或者接受承包的人合理折价、补偿,其价额可以作为遗产。(4) 被继承人的有价证券,如股票、债券、仓单、提单等都是遗产。

(三) 继承遗产的资格:继承权

继承权是自然人依照法律规定或者死者生前所立合法遗嘱取得被继承人遗产的权利。继承权属于绝对权,也是一种财产权,它的发生以被继承人死亡为前提。继承权包括继承人有接受、放弃继承的权利,接受、取得遗产的权利和继承权受到侵害时请求恢复的权利等内容。放弃继承权的,应当在继承开始后,遗产分割前以书面或口头的方式明确表示;没有表示的,视为接受继承。若继承人因放弃继承权,致其不能履行法定义务的,放弃继承权的行为无效。

根据我国法律的规定,继承人的继承权因以下行为之一而丧失:(1) 故意杀害被继承人的。继承人故意杀害被继承人的,不论是既遂还是未遂均丧失继承权;若是过失杀害被继承人的,不丧失继承权;实施故意杀害行为的继承人,只丧失对被害被继承人的继承权,对其他被继承人的继承权不因此而剥夺。(2) 为争夺遗产而杀害其他继承人的。只要杀害其他继承人的目的是出于争夺遗产,则无论既遂还是未遂,都应确认其丧失继承权,即使是遗嘱继承人。(3) 遗弃被继承人的,或者虐待被继承人情节严重的。遗弃被继承人是指有能力的继承人对年老体衰、丧失劳动能力或没有独立生活能力的被继承人拒不履行赡养或扶养义务。虐待被继承人是指对被继承人以各种手段进行精神上或肉体上的摧残折磨。(4) 伪造、篡改或者销毁遗嘱,情节严重的。继承人采用以上手段,直接侵害了未成年人或其他缺乏劳动能力又无生活来源的继承人的利益,并造成他们生活困难的,应认定其行为情节严重,确认其丧失继承权。继承人的以上行为无论是发生在被继承人死亡之前还是之后,均丧失继承权;继承人遗弃被继承人,或者虐待被继承人情节严重,如以后确有悔改表现,而且被虐待人、被遗弃人生前又表示宽恕的,可不确认其丧失继承权。

确认自然人丧失继承权只能由人民法院通过判决作出,其他任何组织或个人都无权剥夺自然人的合法继承权。

(四) 依照法律直接规定分配遗产:法定继承

法定继承是指由法律直接规定继承人范围、继承顺序、遗产分配原则的一种继承方式,它与遗嘱继承相对称。

1. 法定继承的适用范围

依照我国继承法的规定,继承开始后,按照法定继承办理;有遗嘱的,按照遗嘱继承或者遗赠办理;有遗赠扶养协议的,按照协议办理。据此可知,被继承人死亡时,有遗赠扶养协议的,先要执行协议;没有遗赠扶养协议或者协议无效时,先适用遗嘱继承或遗赠,即按遗嘱办理;没有遗嘱或者遗嘱无效时,才能适用法定继承。依照我国法律规定,具体来说,存在以下情形之一的,遗产中的有关部分适用法定继承:(1) 被继承人生前未立遗嘱,也未订立遗赠扶养协议的;(2) 遗嘱继承人放弃继承或者受遗赠人放弃受遗赠所涉及的遗产;(3) 遗嘱继承人丧失继承权或受遗赠人丧失受遗赠权所涉及的遗产;(4) 遗嘱继承人、受遗赠人先于遗嘱人死亡的;(5) 遗嘱全部无效或部分无效所涉及的遗产;(6) 遗嘱未处分的遗产。

2. 法定继承人的范围和顺序

法定继承人的范围是指适用法定继承方式时,哪些人可以作为死者遗产的继承人,即依法规定享有继承权的人。我国继承法规定的法定继承人的范围是:配偶,子女(包括婚生子女、非婚生子女、养子女和有扶养关系的继子女),父母(包括生父母、养父母和有扶养关系的继父母),兄弟姐妹(包括同父母的兄弟姐妹、同父异母或同母异父的兄弟姐妹、养兄弟姐妹、有扶养关系的继兄弟姐妹),祖父母、外祖父母,符合法定条件的丧偶儿媳、丧偶女婿。

但是,被继承人死亡后,并不是在法定继承人范围内所有的亲属都同时有权继承遗产,而必须按照法律规定的顺序来继承。我国法律规定的继承顺序是:第一顺序:配偶、子女、父母。丧偶的儿媳对公婆、丧偶的女婿对岳父母尽了主要赡养义务的,列为第一顺序继承人。第二顺序:兄弟姐妹、祖父母、外祖父母。

继承开始后,第一顺序继承人有优先继承权;在没有第一顺序的继承人或者第一顺序的继承人全部放弃继承权或者被剥夺继承权的情况下由第二顺序继承人继承遗产。

3. 代位继承和转继承

(1) 代位继承

代位继承是指被继承人的子女(被代位继承人)先于被继承人死亡,由被继承人子女的晚辈直系血亲(代位继承人)代替先死亡的长辈直系血亲继承被继承人遗产的一种法定继承方式。代位继承只适用于法定继承,且被代位继承人具有继承权。代位继承人只能是被代位继承人的晚辈直系血亲,同样也是被继承人的晚辈直系血亲,且该晚辈直系血亲不受亲属辈分的限制,即被继承人的孙子女、外孙子女、曾孙子女、外曾孙子女都可以代位继承;被继承人的养子女、已经形成扶养关系的继子女的生子女可以代位继承;被继承人的亲生子女的养子女可以代位继承;被继承人的养子女的养子女可以代位继承;与被继承人已经形成扶养关系的继子女的养子女也可以代位继承。代位继承人不论人数多少,原则上只能继承被代位继承人有权继承的财产。继承人丧失继承权的,其晚辈直系血亲不得代位继承。

比如,甲是乙的儿子,乙是丙的儿子,乙先于丙死亡。现在丙死亡,若应该适用法定继承,则这种情况下,假如乙作为丙的法定继承人应从丙的遗产中获得1万元,那么甲作为乙唯一的子女就可以代替乙的位置继承这1万元。如果乙被依法剥夺了继承权,则甲无权继承这1万元。在这里,丙是被继承人,乙是被代位继承人,甲是代位继承人。

(2) 转继承

转继承是指被继承人死亡后,继承人在尚未实际接受遗产之前就死亡,其应继承的份额转由他的继承人继承的一种继承方式。对于转继承,继承人必须在被继承人死亡后,遗产分割前死亡,且继承人没有放弃或被剥夺继承权时,才能发生。而且转继承不仅适用于法定继承,还适用于遗嘱继承和遗赠。

（五）依照死者意愿分配遗产：遗嘱继承和遗赠

1. 遗嘱

遗嘱是指自然人生前按照法律规定的方式处分自己的财产或其他事务，并于其死后发生法律效力的法律行为。

（1）遗嘱的有效条件

遗嘱要发生法律效力，就必须具备以下条件：其一，遗嘱人立遗嘱时必须具有民事行为能力。无行为能力人或限制行为能力人所立的遗嘱无效；但是立遗嘱时有行为能力，后来丧失了行为能力的，不影响遗嘱的效力。其二，遗嘱必须是遗嘱人真实意思的表示。因而遗嘱人受胁迫、欺骗所立的遗嘱无效；伪造的遗嘱无效；被篡改的遗嘱内容无效。其三，遗嘱的内容必须合法。即遗嘱的内容不得违背国家法律、行政法规的强制性规定，如指示他人从事违法犯罪活动等；遗嘱不得取消或减少缺乏劳动能力又没有生活来源的继承人，以及未出生的胎儿对遗产应继承的份额；遗嘱内容只能处分遗嘱人的个人财产，处分属于国家、集体和他人的财产，或者处分违法犯罪所得的财产的，遗嘱无效。其四，遗嘱人必须按照法律规定的程序和方式立遗嘱，否则，遗嘱因不符合法律规定的形式而无效。

（2）遗嘱的形式

① 公证遗嘱。它是指经过国家公证机关依法认可其真实性和合法性的书面遗嘱。公证遗嘱必须由遗嘱人本人亲自到公证机关办理公证，并在所立遗嘱上签字、盖章，注明日期，不得委托他人代理办理公证；公证机关办理公证时应有两个以上的公证人员参加。

② 自书遗嘱。即指由遗嘱人本人亲笔书写的遗嘱。遗嘱人应当在遗嘱上亲笔签名，并注明日期。

③ 代书遗嘱。即指由遗嘱人口述遗嘱内容，他人代为书写而制作的遗嘱，也叫代笔遗嘱或口授遗嘱。代书遗嘱必须由遗嘱人亲自口述遗嘱内容，并有两个以上见证人在场见证，由其中一人代书；代书人所记录的遗嘱，经遗嘱人确认后，必须由遗嘱人、代书人、其他见证人在遗嘱上签名，并注明日期。遗嘱人如果确实不能书写自己的姓名的，可用按手印代替签名。代书的遗嘱应当当场密封，并由遗嘱人、见证人、代书人在封口处签名，在开启前，代书人、见证人有保密的义务。

④ 录音遗嘱。即指以录音方式录制遗嘱人口述的遗嘱内容而制作的遗嘱。以录音形式立的遗嘱，应当由遗嘱人亲自口述遗嘱的全部内容，不能由他人转述，还必须有两个以上见证人在场见证，在遗嘱中要说明见证人的姓名，立遗嘱的地点、时间，见证人还要分别口述自己的姓名，并且表明是自愿见证。

⑤ 口头遗嘱。即指由遗嘱人口头表述,但是没有任何载体记载的遗嘱。我国继承法规定,遗嘱人在危急情况下,可以立口头遗嘱,并须有两个以上见证人在场见证。危急情况解除后,遗嘱人能够用书面或者录音形式立遗嘱的,所立的口头遗嘱无效。可见,口头遗嘱只能在遗嘱人危急的情况下,如遗嘱人生命垂危,或在战争中,或临时发生意外、灾害,随时都有生命危险时才能采用,且来不及或根本无法选择其他遗嘱形式。如果可以设立其他形式的遗嘱,即使已经设立了口头遗嘱,也属无效。危急情况解除后,且遗嘱人没有死亡,遗嘱人能够用其他形式设立遗嘱,这时不管遗嘱人是否另设立了其他形式的遗嘱,原来所立的口头遗嘱都归于无效。

在代书遗嘱、录音遗嘱、口头遗嘱中,我国法律规定都必须有两个以上的见证人在场见证。但并非任何人都可以作为见证人。我国继承法规定,无行为能力人、限制行为能力人、继承人、受遗赠人,与继承人、受遗赠人有利害关系的人不能作为遗嘱见证人。所谓"与继承人、受遗赠人有利害关系的人"通常包括继承人、受遗赠人的近亲属(如配偶、父母、子女、兄弟姐妹、祖父母、外祖父母、孙子女、外孙子女)、债权人、合伙人等。

遗嘱人立遗嘱后,有权变更或撤销所立的遗嘱,但自书、代书、录音、口头遗嘱不得变更、撤销公证遗嘱。如果遗嘱人以不同形式立有数份内容相抵触的遗嘱,其中有公证遗嘱的,以最后所立公证遗嘱为准;没有公证遗嘱的,以最后所立的遗嘱为准。遗嘱人生前的行为与遗嘱的意思表示相反,而使在遗嘱中处分的财产在继承开始前灭失、部分灭失或所有权全部或部分转移的,遗嘱视为被撤销或部分撤销。

2. 遗嘱继承

遗嘱继承是指继承人按照被继承人生前所立的合法有效的遗嘱进行继承的一种继承方式。遗嘱继承人只能是法定继承人范围内的一人或数人,且不受法定继承顺序的限制。遗嘱继承优于法定继承,遗嘱继承中不适用代位继承。

适用遗嘱继承应当符合法定的条件:(1)被继承人立有遗嘱,且遗嘱合法有效。被继承人若未立遗嘱或所立的遗嘱无效,不能适用遗嘱继承。(2)须遗嘱继承人没有丧失继承权,也没有放弃继承权。继承人丧失继承权或者放弃继承权的,有关的遗产只能按法定继承处理。(3)必须遗嘱继承人后于遗嘱人死亡。遗嘱人先于遗嘱继承人死亡,遗嘱继承可以正常适用;遗嘱继承人在遗嘱人死亡后,遗产分割前死亡的,遗嘱继承按转继承适用;遗嘱继承人先于遗嘱人死亡,遗嘱人及时撤销或变更遗嘱的,原遗嘱内容废止;遗嘱继承人先于遗嘱人死亡,而遗嘱没有被撤销或变更的,遗嘱继承不再适用,有关遗产部分按照法定继承办理。(4)必须没有遗赠扶养协议的存在。遗赠扶养协议的效力高于遗嘱,如果有遗赠扶养协议的,就应按遗赠扶养协议执行,不能按遗嘱来继承。

遗嘱人在遗嘱中仅对部分遗产作出了有效处分,尚有部分遗产没有被遗嘱处分或者遗嘱所做处分无效的,这部分遗产按照法定继承来办理。即使是遗嘱继承人,只要他是符合法定继承人范围和顺序的法定继承人仍有权再参与该部分遗产的分配。

【案例研究】

杨某与前妻生有三个子女:杨甲、杨乙、杨丙。杨某的前妻于新中国成立前去世,没有留下任何遗产。新中国成立后,杨某又与刘某结婚,生有杨丁、杨戊两个子女。"文革"期间,杨某受到迫害,被遣送到偏远山区劳动。在此期间,杨甲、杨乙、杨丙不但对杨某和刘某尽了赡养义务,而且对异母弟、妹杨丁、杨戊尽了扶养义务。1978年,杨某平反,补发工资近3万元,除去各种花费外,他赠给五个子女每人现金1000元。当时,这五个子女均已成年,并独立生活。1984年,杨某亲笔写下遗嘱,写明"继承人是遗孀刘某,我的全部私有财物一律归刘某全权所有,任何人不得干涉"。杨某病故后,其前妻所生的三个子女,为了继承遗产,与刘某发生争执。杨甲等向某区人民法院诉称:自己是被继承人的子女,而"文革"中对父亲尽了大量赡养义务,继承遗产天经地义。刘某则坚持自己是被继承人指定的遗嘱继承人,不同意原告诉讼请求。法院经过审理认为:杨某在生前有权处理属于自己的财产,所立遗嘱是合法有效的,应予保护。据此,判决杨某的遗产全部由刘某继承。

人民法院对这一案件的判决是正确的。本案被继承人杨某所立遗嘱,显然是其真实意思的表示,遗嘱没有处分家庭共有财产或夫妻共有财产,而是处分自己所有的财产,该遗嘱又是本人亲笔书写,符合自书遗嘱的规定,而且,被继承人的子女均已成年,有固定工资收入,不存在缺乏劳动能力又没有生活来源的问题,所以,法院根据遗嘱将遗产全部判决归遗嘱继承人继承,是符合法律规定的。①

---

① 参见《杨某遗产继承案》,http://www.doc88.com/p-841519027573.html,2011年4月5日访问。

3. 遗赠

遗赠，是指遗嘱人以遗嘱的方式将遗产的一部分或者全部无偿赠给国家、集体组织或法定继承人以外的自然人，并于其死亡后发生法律效力的法律行为。遗嘱人为遗赠人，接受遗赠的人为受遗赠人。

受遗赠人仅限于国家、集体组织和法定继承人以外的其他自然人，法定继承人不能作为受遗赠人。

受遗赠人有接受或者放弃受遗赠的权利以及请求给付遗赠利益的权利，这个权利称其为受遗赠权。该权利要得以实现，也应具备相应的条件：(1) 遗嘱必须是合法有效的。(2) 遗嘱人生前的行为没有与遗赠发生冲突。即没有撤销遗赠或没有将遗嘱中拟遗赠的财产进行处分。(3) 拟遗赠的财产在遗嘱人死亡时客观存在，并且能够交付给受遗赠人。若该财产灭失，或必须得用来清偿遗赠人生前所欠的税款和债务，则遗赠已经不可能，受遗赠权也不能实现。(4) 受遗赠人的受遗赠权与特殊条件下的继承人所必须继承的份额权（学理上称为"必继份权"）不发生冲突。我国法律规定，遗嘱应当对缺乏劳动能力又没有生活来源的继承人保留必要的遗产份额；未保留的，在遗产处理时，应当为该继承人留下必要的遗产，剩余的部分，才可参照遗嘱确定的分配原则处理。因此，如果遗赠的内容侵犯了继承人的"必继份权"，受遗赠权将因此全部或部分失效。(5) 须受遗赠人后于遗赠人死亡。当受遗赠人先于遗赠人死亡时，遗赠因受遗赠人的不存在而失去法律效力，有关的财产只能按法定继承办理；如果受遗赠人在遗赠人死后，表示接受遗赠之前死亡的，则其接受或者放弃受遗赠的权利由受遗赠人的继承人继承。(6) 受遗赠人必须没有丧失受遗赠权。

4. 遗赠扶养协议

遗赠扶养协议，是指遗赠人与扶养人之间所订立的，以扶养人承担遗赠人生养死葬义务为条件，遗赠人将其财产在死后赠与扶养人的协议。扶养人可以是法定继承人以外的自然人，也可以是集体经济组织。遗赠扶养协议的效力优先于遗嘱继承、遗赠和法定继承。无论在订立遗赠扶养协议之前还是之后，遗赠人还立有其他以遗赠或遗嘱继承为内容的遗嘱，如果该遗嘱所涉及的遗产内容与遗赠扶养协议相抵触的，归于无效，或者只能在遗赠扶养协议执行完毕后才能执行。遗赠扶养协议订立后，遗赠人与其法定扶养人之间的扶养权利义务关系不能因遗赠扶养协议而免除；相应的，扶养人对遗赠人承担扶养责任后，扶养人与其自身的法定扶养人之间的扶养权利义务关系仍然存在，不允许借遗赠扶养协议之名而逃避其法定扶养义务。对于遗赠扶养协议中未做处分的遗产，遗赠人的继承人仍有权继承。

（六）如何处理遗产

遗产分割应遵循分割自由的原则。即继承人可以自由协商遗产的分割时间，任何继承人都可以随时行使遗产分割请求权。

遗产分割要遵循有利于生产、生活，不损害遗产效用的原则。即在分割遗产时，应考虑遗产的性质和继承人各自的特点。对于生产资料的分割，要从有利于生产的目的出发，考虑生产的需要和财产的用途，将生产资料尽可能分配给有生产经营能力的继承人；对于生活资料，要考虑到继承人的实际需要，首先分配给有特殊需要的继承人。当取得生产资料或生活资料的继承人所得的遗产价值超出其应继承的遗产价值的，应给其他继承人以合理的补偿。对于无法分割或不易分割的遗产，可以采取折价、作价补偿、共有或分割价款的办法处理，以充分保护遗产的效用。

遗产分割还要遵循保留胎儿应继承份额的原则。遗产分割时，如果还有未出生的胎儿，应当为胎儿保留一定的遗产份额。应当保留而没有保留的，应从继承人所继承的财产中扣回。为胎儿保留的遗产份额，如胎儿出生后死亡的，由胎儿的法定继承人继承；如果胎儿出生时就是死体的，由原被继承人的继承人继承。

1. 遗产分割的具体规定

这里的遗产分割是针对法定继承而言。有遗赠扶养协议或有遗嘱的，遗产的处理按照遗赠扶养协议或遗嘱办理。

在法定继承中，遗产分割的时间、办法和份额，由继承人协商确定。协商不成的，可以由人民调解委员会或者向人民法院提起诉讼。

夫妻在婚姻关系存续期间所得的共同所有的财产，除有约定的以外，如果分割遗产，应当先将共同所有的一半分出为配偶所有，其余的为被继承人的遗产；遗产在家庭共有财产之中的，应当先分出他人的财产。

同一顺序继承人继承遗产的份额，一般应当均等。继承人协商同意的，也可以不均等。分配遗产时，对生活有特殊困难的缺乏劳动能力的继承人，应当予以照顾；对被继承人尽了主要扶养义务或者与被继承人共同生活的继承人，可以多分；有扶养能力和有扶养条件的继承人，不尽扶养义务的，应当不分或少分。

对于继承人以外的依靠被继承人扶养的缺乏劳动能力又没有生活来源的人，或者继承人以外的对被继承人扶养较多的人，可以分给他们适当的遗产。

2. 被继承人债务的清偿

继承遗产应当清偿被继承人依法应当缴纳的税款和债务,缴纳税款和债务以他的遗产实际价值为限。超过遗产实际价值部分,继承人自愿偿还的不受限制。

继承人放弃继承的,不负偿还责任。但继承人放弃继承权,致其不能履行法定义务的,放弃继承权的行为无效。因继承人能尽而不尽赡养义务致使被继承人因生活需要而欠的债务,在遗产不足清偿时,继承人仍负有清偿责任。

清偿被继承人的债务,不能影响缺乏劳动能力又没有生活来源的继承人的基本生活需要以及为胎儿所保留的适当份额。因此,即使遗产的实际价值不足以清偿债务也应为这些继承人保留适当的遗产。

执行遗赠应在清偿债务后执行,清偿债务后,无遗产可供执行遗赠的,则不能执行遗赠。

遗产已被分割而未清偿债务时,如有法定继承又有遗嘱继承和遗赠的,首先由法定继承人用其所得遗产清偿债务;不足清偿时,剩余的债务由遗嘱继承人和受遗赠人按比例用所得遗产偿还;如果只有遗嘱继承和遗赠的,由遗嘱继承人和受遗赠人按比例用所得遗产偿还。

3. 无人继承和无人受遗赠的遗产的处理

一般来说,有以下情形之一的,即可确定该财产为无人继承和无人受遗赠的遗产:被继承人无法定继承人又未立遗嘱指定继承人、受遗赠人,或所立的遗嘱或遗赠无效;所有的继承人和受遗赠人都放弃或拒绝继承或受遗赠;所有继承人都被剥夺继承权;有无继承人或受遗赠人情况不明,经公告期满后仍无人出面主张继承权或受遗赠权。

但需要注意的是,当第一顺序继承人全部放弃或丧失继承权时,若有第二顺序继承人存在,不属于无人继承;当遗嘱继承人、受遗赠人全部放弃或丧失继承权、受遗赠权时,若有后位继承人、受遗赠人存在,也不属于无人继承又无人受遗赠。

对于该类遗产,在支付有关费用、缴纳税款和清偿债务后,有剩余的,归国家所有;死者生前是集体所有制组织成员的,归所在集体所有制组织所有。该类财产在收归国家或集体所有制组织时,对继承人以外的依靠被继承人扶养的缺乏劳动能力又没有生活来源的人,或者继承人以外的对被继承人扶养较多的人,可以分给他们适当的遗产。这样做有利于发扬我国人民尊老爱幼、扶助病残弱的优良传统,有利于促进社会主义精神文明建设。

关 键 概 念

婚姻　继承　遗嘱　财产分割法定继承　代位继承　生育权

思 考 题

1. 结婚需要具备哪些条件？
2. 夫妻人身关系中，双方的权利和义务有哪些？
3. 夫妻离婚时有哪些救济措施？
4. 什么是生育权？生育权如何行使？
5. 何为继承和继承权？继承权因什么原因而丧失？
6. 什么是法定继承？如何确定法定继承人的范围和顺序？
7. 遗嘱有哪些形式？适用遗嘱继承需要符合什么条件？

拓 展 阅 读

一、丈夫的生育权如何实现

2003年1月，小王和小刘登记结婚。2月，两人到镇计生部门办理了生育证。不久，小刘便怀有身孕。为了维持生活，小王便去上海打工。没想到的是，小刘却私自实行了引产手术，终止了妊娠。于是小王一纸诉状将妻子小刘告上了法庭，诉称小刘未经其允许终止妊娠，剥夺了其生育权，要求她赔偿其精神损失10万元。法院经审理后认为，小刘未经其丈夫小王的同意擅自终止妊娠，虽然其行为是不道德的，但这并不违法，不需要承担法律责任，法院依法驳回小王要求小刘赔偿精神损失的诉讼请求。[①]

思考：小刘有权私自终止妊娠吗？法院的判决正确吗？为什么？

二、如何分割遗产

谢某、郑甲系被继承人郑某之父母，陈甲、陈乙、陈丙、陈丁系被继承人陈某之兄姐。郑某与陈某于1985年相识恋爱，自1987年1月起，以夫妻名义公开共同生活，购置财产。1989年4月11日晚，郑某与陈某在家中被害身亡，其财产经公安局核对后交给谢某与陈丁，并由陈丁等保管。郑某与陈某遗产计有：现金及

[①] 《妻子未经丈夫同意终止妊娠，丈夫能否状告医院索赔》，载《河南法制报》2008年11月13日。

债权共 2.3 万元,夏普彩电一台,索尼彩电一台,三洋电冰箱一台,夏普洗衣机一台,日立收录机一台,电视投影机一台,富丽录像机一台,长城落地电风扇一台,大立柜、写字台、高低柜、梳妆台、装饰柜、双人沙发、床头柜、茶几、碗柜、小橱柜、竹茶几、电子钟各一个,另有双人床一副,圆桌一张,竹椅一对,单人沙发一套,煤气灶一套,煤气罐一个,气枪一支,被面四条,毛巾被一条,金项链一条,景泰蓝装饰品七盒及灶具、餐具等物。陈某生前欠陈某债务 1000 元。原告一方谢某、郑甲与被告一方陈甲、陈乙、陈丙、陈丁因陈某与郑某之遗产分割发生纠纷,谢某与郑甲遂于 1989 年 5 月诉至人民法院,要求继承郑某之遗产。陈甲、陈乙、陈丙、陈丁辩称,郑某与陈某生前系非法同居,争议财产属其弟陈某个人所有,不同意原告之诉讼请求。

另查,陈某之父母已先后于 1977 年 6 月、1982 年 3 月去世。①

请结合本讲内容回答:本案诉争遗产应如何分割?请说明理由。

---

① 参见《陈某等人继承遗产纠纷案》,http://www.gsfzb.gov.cn/FLFG/SFJS/200504/27958.shtml,2014 年 5 月 6 日访问。

第八讲　法律与犯罪

本讲导读

犯罪是一种与人类社会生活密切相关的现象。刑法规定了哪些行为属于犯罪、应该如何惩罚,用明确的罪状描述把犯罪行为勾画出来,使社会成员知所趋避。犯罪是人的行为,一行为是否构成犯罪,需要从犯罪主体、外在行为、罪过形式等方面做综合判断,刑法分则的规定就是这种判断的依据。精确认识、区分犯罪行为,准确表示对行为之法律评价的依据是罪名,我国现有四百多个罪名,且有不断增加的趋势。犯罪要受到刑罚处罚,我国刑罚包括主刑、附加刑两大类,与量刑、行刑有关的制度包括累犯、自首、立功、减刑、假释等。

导入案例

高晓松醉驾案

2011年5月9日晚10时,高晓松驾驶着一辆英菲尼迪越野车在北京市东城区东直门十字坡附近与前车追尾,造成4车连撞,4人轻伤。警方的血检结果显示,高晓松血液中酒精含量为243.04mg/100ml。法律规定血液中酒精含量达到80mg/100ml驾驶汽车即为醉驾。高晓松因涉嫌危险驾驶罪被警方刑拘。法院审理认为,被告人高晓松违反法律规定,在道路上醉酒驾驶机动车,致多车追尾,并有人受伤,其行为危害了公共安全,已构成危险驾驶罪,判处高晓松拘役6个月,并处罚金4000元。①

高晓松是国内知名音乐人,却因酒后驾车成为"京城醉驾第一案"的罪犯。2011年5月1日前,醉驾导致4人轻伤的行为都不会构成犯罪,此后则要被追究刑事责任,原因何在?就在于2011年3月25日通过的《刑法修正案(八)》在这

---

① 牛旭:《高晓松醉驾案今日宣判》,载《检察日报》2011年5月18日。

一天正式生效,其中增加了醉驾为犯罪行为的新规定。

一、何谓犯罪

(一) 刑法规定的犯罪

在人类极其复杂多样的行为类型中,一些行为被写进刑法,成为犯罪行为,其余没有写进刑法的,则不是犯罪行为。写进刑法的犯罪行为,有些以社会成员的生命、财产为侵害对象,如杀人、抢劫、盗窃等;有些以推翻政府、颠覆国家政权为目的,如颠覆政权罪、分裂国家罪等;有些行为破坏社会风俗和生活秩序,也被纳入刑法,确定为犯罪。具体说,是刑法规定了哪些行为是犯罪和应负刑事责任,并给犯罪人以何种刑罚处罚。有了刑法,才有犯罪。高晓松的醉驾行为就是在《刑法修正案(八)》中被写入刑法,规定为犯罪,并于 2011 年 5 月 1 日生效的。

刑法不是惩罚犯罪、保护人民的万能良药。19 世纪意大利著名刑法学者菲利就说过:如果你能将一个老盗窃犯改造成一个诚实的人,你就可以将一条老狐狸变成一条家犬了。但没有刑法是万万不能的。根据不同时代、不同社会的现实情况,世界上各个国家不断地对刑法进行制定、修改、废止。我国 1979 年颁布了《刑法》,1997 年第八届全国人大第五次会议做了全面修订。此后,全国人大常委会又根据惩治犯罪的需要,先后通过多个刑法修正案,不断对刑法作出修订和调整,以适应社会发展的需要。

刑法与国家政权同步出现,不同时代、不同民族的刑法表现出不同的特征。决定一部刑法基本特色的,是刑法基本原则。它贯穿于全部刑法规范、制约和指导刑事立法与刑事司法并体现刑事法制基本精神。我国《刑法》确定了罪刑法定、适用刑法人人平等、罪责刑相适应三大刑法基本原则。

罪刑法定原则起源于法国大革命,德国学者将其概括为"法无明文规定不为罪,法无明文规定不处罚"。我国《刑法》表述为:"法律明文规定为犯罪行为的,依照法律定罪处刑;法律没有明文规定为犯罪行为的,不得定罪处刑。"这一原则要求对什么行为是犯罪、对犯罪如何处罚必须有刑法的明文规定,否则不得定罪处罚;还要求对什么行为是犯罪、应该怎样追究刑事责任有明确规定,不能含混与矛盾。罪刑法定原则的精神内涵在于限制国家刑罚权、保障人权,符合近代以来法律以保障人权为核心的发展趋势,因而成为当代世界各国刑法中最重要、最基本的原则。

我国《宪法》规定："中华人民共和国公民在法律面前一律平等。"任何组织或个人,都必须遵守宪法和法律,这一原则在刑法中的体现就是适用刑法人人平等原则。其基本含义是任何人实施犯罪,都必须严格按照刑法规定定罪量刑,而不论行为人家庭出身、社会地位、职业性质、财产状况、政治面貌、才能业绩如何。中国有过漫长的封建社会,封建特权思想残留依然存在,所以,确立刑法面前人人平等原则有着重大的社会意义。

刑罚的轻重,应当与犯罪分子所犯罪行和承担的刑事责任相适应,即罪责刑相适应原则或罪刑均衡原则,也称作罪刑相适应原则。目的在于限制法官量刑中的自由裁量,防止刑罚的滥用。这一原则强调刑罚的轻重与犯罪的客观社会危害性、犯罪人的主观恶性和人身危险性相适应,犯多大的罪,就应承担多大的刑事责任,判处相应轻重的刑罚,做到无罪无刑、轻罪轻刑、重罪重刑、罪刑相称、罚当其罪。

(二) 何谓犯罪

犯罪作为一种与人类社会相伴随的社会现象,是政治学、犯罪学、法学、社会学等很多学科研究的对象。不同的学科,对犯罪的内涵外延都有不同的界定,但只有《刑法》规定的犯罪概念才有法律意义,为立法、司法活动所遵守。犯罪是指违反我国刑法、应受刑罚惩罚的严重危害社会的行为。严重的社会危害性是行为被界定为犯罪的根本原因。

犯罪的本质在于行为危害了国家或人民的利益,如果某种行为根本不可能给社会带来危害或者危害不大,法律就没必要把它规定为犯罪。决定犯罪的社会危害性大小的因素主要有行为侵犯了什么样的社会关系,犯罪行为的手段、后果、罪过形式等。行为的社会危害性会因为评价主体的立场、观念不同而不同,《刑法》就是评价行为社会危害性的客观标准。《刑法》对各种犯罪行为的特征做了描述,凡是符合这一特征的行为,我们就认定是犯罪行为。

《刑法》通过对各种罪状的确定,将犯罪和触犯其他法律法规的一般违法行为或不道德行为区别开来,有助于司法部门认定犯罪,有利于规范人们的行为。刑法规定什么行为是犯罪,实际表明了法律对这种行为的否定态度,向社会明示哪些行为是刑法禁止的,从而使人们知所趋避,实现刑法的规制功能;从司法角度讲,它是犯罪的社会危害性的唯一判断尺度。达到犯罪程度的社会危害性只能以刑事违法行为为载体,舍此便无法存在和表现出来,而评价现实中的某种行为是否具有犯罪的社会危害性,也只能以行为是否为刑法所禁止为唯一尺度。一种行为被界定为犯罪,随之而来的强制性后果就是接受刑罚处罚,刑罚是犯罪的法律后果,刑罚只能适用于犯罪这种严重危害社会并违反刑法规范的行为。立法主体将某种行为判定为严重危害社会关系的行为,才会将之写进刑法,确定为犯罪行为,对这种行为确定一定形式的处罚并建立实施这一处罚的相关制度,这一系列过程构成了《刑法》确定犯罪的完整程序。值得注意的是,在司法实践中,被确定为犯罪的行为不等于实际上一定要判处刑罚,还存在对犯罪行为免予刑事处罚的情形。

(三) 犯罪主体

现代刑法规定,动物、植物、自然现象即使对人类造成了严重损害,也不再构成犯罪。犯罪是人的行为,但并非所有人实施的犯罪行为都会被评价为犯罪。受年龄、生理发育状态等的影响,有些人即使实施了犯罪行为,也难以作为犯罪主体承担刑事责任。刑法对构成犯罪主体的条件作了详细规定。

我国刑法规定,犯罪主体是实施危害社会的行为、依法应当负刑事责任的自然人和单位。自然人犯罪主体,是指具备刑事责任能力、实施危害社会的行为并且依法应负刑事责任的自然人,单位成为犯罪主体的范围以《刑法》的规定为限。刑事责任能力是行为人辨认和控制自己行为的能力,受人的年龄、精神因素等诸多方面制约。我国《刑法》规定,未满14周岁的人,完全不负刑事责任,其一切行为都不构成犯罪;已满14周岁不满16周岁的人,犯故意杀人、故意伤害致人重伤或死亡、强奸、抢劫、贩卖毒品、放火、爆炸、投放危险物质罪的,应当负刑事责任;已满16周岁的人,对一切犯罪都应负刑事责任。已满14周岁不满18周岁的人犯罪,应当从轻或者减轻处罚。应注意的是,刑事责任年龄是指实足年龄,其计算一律按照公历的年、月、日进行,生日之后为新一岁的开始。是否满14周岁或16周岁,以犯罪行为实施的时间点为计算标准。

【案例研究】

陈某杀人案

陈某,男,出生于1995年10月5日,2009年8月5日晚11时许,陈某经过一处商店,从没有关闭的窗户看见店主已经熟睡,遂起盗窃之念。他由窗户翻入店内,拿走店主的手机、金表;撬开钱柜,取出全部现金;又翻出一箱中华烟。

> 准备离开时,看到墙上挂着一柄长约80公分的工艺刀,非常漂亮,就拿在手中。陈某翻窗出来时,惊醒了店主,店主翻身抓住陈某衣服。陈某无法脱身,遂抽出手中的工艺刀,向店主面部、胸部连刺数刀。店主倒地,陈某逃跑。不久陈某被抓获归案。据查,陈某盗窃现金1.7万元,中华牌香烟一箱,价值8000元,手机一部,价值4000元;金表一只,价值2万元;工艺刀一柄,价值2000元;店主被刺中心脏,不治而亡。陈某盗窃数额巨大,致他人死亡。陈某作案时因为不满14周岁,被处以劳动教养的处罚。[①]

刑法对刑事责任年龄的规定,意味着法律认为正常人达到了规定的年龄就具有对相应犯罪负刑事责任的能力,但有些人由于精神上或生理上的缺陷而丧失或减弱了辨认或控制自己行为的能力,相应地也就不负刑事责任或可减轻其刑事责任。我国《刑法》规定,精神病人在不能辨认或者不能控制自己行为的时候造成危害结果,经法定程序鉴定确认的,不负刑事责任,但是应当责令他的家属或者监护人严加看管和治疗;在必要的时候,由政府强制医疗。间歇性的精神病人在精神正常的时候犯罪,应当负刑事责任。尚未完全丧失辨认或者控制自己行为能力的精神病人犯罪的,应当负刑事责任,但是可以从轻或者减轻处罚。醉酒的人犯罪,应当负刑事责任。又聋又哑的人或者盲人犯罪,可以从轻、减轻或者免除处罚。

我国刑法规定的单位犯罪,是指由公司、企业、事业单位、机关、团体实施的依法应当承担刑事责任的危害社会的行为。公司、企业、事业单位、机关、团体实施的危害社会的行为,刑法规定为单位犯罪的,应当负刑事责任。当然,单位必须是依法成立的合法组织,包括公司、企业、事业单位、机关、团体。单位犯罪必须是在单位意志支配下由单位内部员工来实施,主要是故意犯罪,也有少数过失犯罪。所谓单位意志,一般从行为的决策程序来判断。如果单位按照决策正常经营管理行为的程序决定实施犯罪行为,一般都会认定为单位犯罪;如果与正常的决策程序不符,一般不认定为单位犯罪。

对单位犯罪的处罚有两种原则:(1)双罚制,即单位犯罪的,对单位和单位直接责任人均予以刑罚处罚;(2)单罚制,即单位犯罪的,只对单位予以刑罚处罚,而对直接责任人员不予处罚,或只对直接责任人员予以刑罚处罚而不处罚单

[①] 赵秉志主编:《中国刑法案例与学理研究》(第一卷),法律出版社2004年版,第77页。

位。我国刑法对单位犯罪以双罚制为常态,单罚制为补充。

> 【案例研究】
> **饲料公司非法经营案**
>
> 龙海市某某饲料预混有限公司营养研发部于2008年生产出一种饲料添加剂,随机投放市场,作为生产猪饲料的原料,2010年10月,因添加了核心料的饲料被检出含有违禁成分,该饲料公司决定停止生产该核心料。后客户多次向该饲料公司总经理被告人蔡某提出购买已经停产的核心料,蔡某就是否重新生产核心料的相关事宜召公司会计黄某某、销售员甘某某开会。经商议,三被告人在明知核心料含有有毒有害违禁成分的情况下,仍决定由该饲料公司营养研发部重新生产该核心料投放市场。至案发前(2011年3月),该饲料公司共销售核心料3000公斤,销售金额163万元,非法获利20万元。经鉴定,该饲料公司销售的核心料中含有苯乙醇胺A(克伦巴胺),属于国家明确规定禁止在饲料和动物饮用水中添加的物质。
>
> 岳阳市云溪区人民法院判决认为,被告单位龙海市某某饲料预混有限公司违反国家规定,生产、销售国家明令禁止在饲料中添加的物质,销售金额达人民币163万元,已构成非法经营罪。被告人蔡某、黄某某、蔡某某、甘某某、郭某某作为其他直接责任人员应依法被追究刑事责任。法院依法以非法经营罪判处被告单位龙海市某某饲料预混有限公司罚金人民币100万元;判处被告人蔡某有期徒刑12年,剥夺政治权利2年,并处罚金人民币100万元;判处被告人黄某某有期徒刑6年,并处罚金人民币70万元;判处被告人蔡某某有期徒刑5年,并处罚金人民币60万元;判处被告人甘某某有期徒刑4年,并处罚金人民币50万元;追缴被告单位龙海市某某饲料预混有限公司违法所得163万元,上缴国库。①

(四) 犯罪故意与犯罪过失

犯罪主观方面,是指犯罪主体对自己行为及其危害社会的结果所抱的心理态度,分为犯罪故意和犯罪过失,又称罪过。罪过是确定刑事责任的主观依据,

---

① (2011)云刑初字第95号"被告单位龙海市某某饲料预混有限公司、被告人蔡某、黄某某、蔡某某、甘某某、郭某某犯非法经营一案"(岳阳市云溪区人民法院判决书)。

行为人在相对自由的意志和意识的支配下选择实施危害社会的犯罪行为,在客观上危害社会的同时,在主观上也产生了罪责,具备了对其追究刑事责任的合理性和必要性。若行为人没有罪过,即使发生危害社会的后果,也不能追究其刑事责任。

行为人明知自己的行为会发生危害社会的结果,并且希望或者放任这种结果发生,因而构成犯罪的,是故意犯罪。"明知"包括对行为本身的认识、对行为结果的认识、对与危害行为和危害结果相联系的其他犯罪构成要件事实的认识。如特定的犯罪对象、犯罪时间或地点的认识。"会发生"指必然发生或可能发生危害结果。"希望"即用行为追求结果的发生;"放任"即不阻止、也不追求危害结果发生。犯罪故意有两种表现形态,行为人明知自己的行为必然或者可能发生危害社会的结果,并且希望这种结果发生的心理态度,即"必然发生 + 希望发生"和"可能发生 + 希望发生",这是直接故意;行为人明知自己的行为可能发生危害社会的结果,并且放任这种结果发生的心理态度,即"可能发生 + 放任发生",是为间接故意。

行为人应当预见自己的行为可能发生危害社会的结果,因为疏忽大意而没有预见,或者已经预见而轻信能够避免的心理态度就是犯罪过失。"疏忽大意"是指行为人应当预见到自己的行为可能发生危害社会的结果,但因为疏忽大意而没有预见;"过于自信"是指行为人预见到自己的行为可能发生危害社会的结果,但轻信能够避免。

(五) 不可抗力与意外事件

我国《刑法》规定:"行为在客观上虽然造成了损害结果,但是不是出于故意或者过失,而是由于不能抗拒或者不能预见的原因所引起的,不是犯罪。"这就是不可抗力和意外事件。

不可抗力是指行为在客观上虽然造成了损害结果,但不是出于故意或过失,损害结果是由于不能抗拒的原因引起的。意外事件,是指行为在客观上虽然造成了损害结果,但不是出于故意或过失,损害结果是由于不能预见的原因引起的。属于不可抗力与意外事件的行为在客观上虽然造成了损害结果,行为人的行为也是造成损害结果的原因,但行为人主观上没有罪过。所谓不可抗力,是指行为人虽然认识到自己的行为会发生损害结果,但由于当时主客观条件的限制,不可能排除或防止结果的发生。意外事件的损害结果是由不能预见的原因引起的。根据行为人的认识能力和当时的情况,意外事件发生时行为人主观上不可能预见、不应当预见而没有预见到自己行为可能造成损害结果,因而不是犯罪。因此,根据行为人的实际能力和当时情况,结合法律、职业等要求考察行为人没有预见的原因,是区分意外事件与疏忽大意过失犯罪的关键。

> **【案例研究】**
>
> **是意外事件、过失杀人还是故意伤害**
>
> 2011年7月,王某、刘某等人在唐山市乐亭县火车站与孙某发生争执,王某遂用拳头击打孙某,致使其右太阳穴处及两只胳膊受伤;刘某等也上前拉扯、追赶孙某。孙某因身体遭受钝性打击,加之被追逐长距离奔跑,造成情绪激动,致使冠心病发作死亡。公诉机关认为,王某等"应当预见其打击、追逐老年人的行为可能造成其死亡的后果,但因疏忽大意而没有预见",造成被害人的死亡,其行为已触犯我国《刑法》第233条之规定,构成过失致人死亡罪。辩护人认为孙某的死亡不是由于被告人疏忽大意的过失行为引起的,而是由于患有严重心脏病这个不能预见的原因引起的,属意外事件。乐亭县人民法院认为,王某等人"主观上有伤害被害人孙某的故意,客观上实施了伤害行为,且造成受害人孙某死亡的危害后果,孙某死亡的危害结果与四被告人故意伤害行为有刑法上的因果关系",被害人死亡结果不是由于被告人的过失行为造成的,而是由于拉扯、击打、追逐等故意伤害行为造成的,法院最后判决王某等被告人犯故意伤害罪。①

(六)犯罪行为与危害结果

"无行为则无犯罪"是西方流传很久的谚语。犯罪行为是指行为人在自己意志支配下实施的危害社会的身体动静。具体表现为行为、结果、时间、地点、对象。犯罪行为在客观上是人的身体动静,单纯的思想犯已被排除在犯罪行为之外;行为受行为人意志支配,那些造成危害结果的无意识的身体动静(睡梦中的行为、精神错乱行为、不可抗力作用下的行为、身体受强制情况下的行为)不属于犯罪行为;犯罪行为的特征符合刑法规定的内容。就身体动静而言,有两种形式:作为与不作为。作为是指行为人以身体活动实施刑法所禁止的危害行为,即

---

① (1999)乐刑初字第216号"王某、刘某故意伤害罪刑事附带民事判决书"(唐山市乐亭县人民法院刑事判决书)。

"不当为而为之"。利用自己的身体、物质工具、自然力、动物、他人都可以实施作为。不作为是指行为人负有特定作为义务且能够履行该种义务而不履行的危害行为,即"应为而不为"。行为人负有实施特定积极行为的义务,这种义务或来源于法律明文规定,或因其职务与业务要求而产生,或因其先行行为而产生;行为人具备履行特定义务的可能性;行为人没有履行特定义务,造成或可能造成危害结果。在我国刑法中,绝大多数犯罪是由作为构成的,也有少数犯罪只能由不作为构成,有些犯罪则既可以作为的形式实施,也可以不作为的形式实施。

引起法定的危害结果是犯罪行为的另一重要特征。危害结果是指危害行为对犯罪直接客体造成的法定的实际损害或现实危险状态。犯罪行为发生后,引起的危害结果往往是多层次的。如入室盗窃行为,被盗窃人损失了一笔钱财,是直接结果;盗窃行为的发生同时使其邻居、小区居民感到不安,对治安状况产生担忧,有人还可能加大投资更换防盗设施,等等,则是间接结果。社会对犯罪的认识、评价,往往是通过对危害结果的感受、评价形成的。有些犯罪行为的性质也依其引发的结果不同而不同。如常见的聚众斗殴行为,若没有发生较严重的伤害结果,也没有影响公共秩序,可能不受关注;若发生了较严重的伤害结果,又影响了公共秩序,可能按照治安处罚条例加以处罚;若引起了严重的伤害后果,如致人严重残疾,则会形成伤害罪;若致人死亡,则会形成过失杀人或故意杀人罪。行为性质完全由其引起的结果来决定。随着犯罪行为的复杂化,有些行为不能等到犯罪结果出现再加以处罚,如分裂国家罪、颠覆国家政权罪,只要确认其行为是为了分裂国家、颠覆国家政权,就可以认定为犯罪行为而加以定罪处罚。因为此类行为若不加干涉,任其发展,必定会出现国家分裂、政权被颠覆的危害结果。为了防患于未然,需要在危害结果未形成时对此类行为定罪处罚。

危害行为与危害结果之间的因果关系,是指犯罪行为与危害结果之间存在的引起与被引起的关系。罪责自负原则要求,行为人只对自己的危害行为引起的危害结果承担刑事责任。因此,要确认行为人是否承担刑事责任,就必须查明危害行为与该结果之间是否有因果关系。这里的因果关系是行为与结果间的客观联系,与行为人的主观心理态度无关,而且原因一定先于结果而出现,时间顺序不能颠倒。行为与结果之间的因果关系是具体的、有条件的、复杂的,需要具体问题具体分析。确定行为与结果间的因果关系,是正确定罪、量刑的前提和基础,很多冤假错案的形成就是对行为与结果之间的因果关系认识出现失误造成。

【法学小知识】

贝卡利亚论"犯意、共犯、不予处罚"

法律不惩罚意向,但这并不是说,当犯罪刚开始以某些行动表露出实施犯罪的意向时不值得处以刑罚,即便是一种比实施该犯罪所受的要轻的刑罚。为了制止犯意,需要借助刑罚。但是对犯意的刑罚与对已遂犯罪的刑罚之间可以有一个区别,这样,针对已遂犯罪的较重刑罚就可以促使人们悔罪。

如果某一犯罪中有共犯多人,但并不都是犯罪的直接实施者,那么,对他们的刑罚也可以有区别,然而,道理则不同。当很多人去共同冒险的时候,所冒的危险越大,他们就越希望平均地承担它,因而,也就越难找出一个甘愿比其他同伙冒更大风险的实施者。只有当为那个实施者规定了一份酬劳时,才会出现例外。既然他获得了一份对他较大冒险的报酬,那么对他的刑罚也应当相应增加。这些观点在一些人看来太形而上学了,而他们却没有考虑到一条极为重要的原则:法律应尽少促成犯罪同伙之间可能的团结。

有些法庭对犯有严重罪行的罪犯,只要他揭发同伙,就不予处罚。这种办法有弊也有利。所谓"弊",就是国家认可了连罪犯都很憎恶的背叛行为。同勇敢的罪犯相比,卑下的罪犯对一个国家更为有害。因为,勇敢并不是多见的,只要有一种慈善的力量做引导,就能使罪犯为公共福利服务;而怯懦则是比较普遍的、流行的,并总是专门为己的。此外,法庭也暴露出自己的动摇,暴露出法律如此地软弱,以致需要恳求侵犯自己的人提供帮助。

(摘自〔意〕切萨雷·贝卡利亚著:《论犯罪与刑罚》,黄风译,北京大学出版社2008年版,第十四节)

(七) 正当行为

正当行为,是指客观上造成了一定损害结果,形式上符合某些犯罪的客观要件,但实质上既没有社会危害性,也不具备刑事违法性的行为。我国《刑法》规定正当防卫和紧急避险为正当行为。

1. 正当防卫

为了使国家、公共利益、本人或者他人的人身、财产和其他权利免受正在进行的不法侵害,而采取的制止不法侵害的行为,对不法侵害人造成损害的,属于正当防卫,不负刑事责任。正当防卫是法律赋予公民的一项合法权利,但行使权利不能超越一定的界限。对正当防卫行为,一般从五个方面加以判定。

第一,必须有实际的不法侵害存在。所谓不法侵害,是指违反法律并具有社会危害性的行为,包括构成犯罪的严重不法行为,也包括尚未构成犯罪的一般违法行为。"实际存在"指不法侵害是客观的、现实的,而非假想的。

第二,不法侵害必须正在进行。指不法侵害行为已经开始且尚未结束。不法侵害开始和存续期间就是行为人实施正当防卫的时间。但是,在财产性犯罪情况下,行为虽已完成,但在现场还来得及挽回损失的,也认定为不法侵害尚未结束,可以进行正当防卫。

第三,必须针对不法侵害人进行。正当防卫的目的在于制止正在进行的不法侵害,因而正当防卫的对象只能是不法侵害者本人,而不能是不法侵害人以外的第三人。

第四,防卫人必须具有正当防卫意图。正当防卫意图包括防卫认识和防卫目的两方面。防卫认识,即防卫人对正在进行的不法侵害的诸多事实因素的认识,包括对不法侵害行为存在、不法侵害正在进行、不法侵害者以及不法侵害紧迫性的认识。防卫目的,指防卫人通过防卫行为达到制止不法侵害、保护合法权益不受侵害的心理愿望。凡正当防卫的意图都必须以保护合法权益、制止不法侵害为目的。

第五,正当防卫不能明显超过必要限度造成重大损害。防卫是否明显超过必要限度而造成重大损害,是区分正当防卫与防卫过当的标准。明显超过必要限度而造成重大损害的,就是防卫过当,要负刑事责任。如防卫人过失造成不法侵害人重伤、死亡的,则分别定为过失致人重伤罪与过失致人死亡罪;如防卫人故意造成不法侵害人伤害、死亡的,则分别定为故意伤害罪与故意杀人罪。

对正在进行行凶、杀人、抢劫、强奸、绑架以及其他严重危及人身安全的暴力犯罪,采取防卫行为,造成不法侵害人伤亡的,不属于防卫过当,不负刑事责任。这是为了有效制止行凶、杀人、抢劫、强奸、绑架以及其他严重危及人身安全的暴力犯罪而做的规定。

2. 紧急避险

所谓紧急避险,是指为了使国家、公共利益、本人或他人的人身、财产和其他权利免受正在发生的危害,不得已而采取的损害另一较小合法权益的行为。世界各国的刑法都将紧急避险规定为正当行为。在多种合法权益或一种重大合法权益遇到现实危险,又只能保全其中之一的紧急状态下,为了保全较大合法权益而牺牲较小合法权益,虽然造成了较小合法权益的损害,但从整体上说,它是有益于维护社会秩序的行为,主观上也没有危害社会的罪过,因而被规定为合法行为。是否属于紧急避险行为,从四个方面加以判定。

第一,必须遭遇现实危险。是指危险已经出现而尚未结束,合法权益正处在威胁之中。如果不立即实行紧急避险,危险就会转化为现实的危害,有关的合法权益将遭受不可挽回的损失。

第二,必须是不损害某种合法权益就无法避免的危险。是指在合法权益面临正在发生的危险时,没有合理的其他办法可以排除危险,只有通过损害另一较小合法权益才能保护较大合法权益。由于危险的突发性和紧急性,行为人由于时间、条件、能力等的限制,往往难以准确判断其采用的方法是否最有效和最适当,没有采取可能采取的损害最小的方法实行了避险行为时,也成立紧急避险。

第三,必须出于保护合法权益的目的。行为人在损害某一合法权益实施紧急避险时,必须是出于避免合法权益或者较大的合法权益不受损失的正当目的。如犯罪嫌疑人为了躲避抓捕而打破他人门窗进入室内躲藏,因其目的的非正当性而不成立紧急避险。

第四,必须没有超过必要限度而造成不应有的损害。所谓必要限度,是指为有效避免危险而必须损失的合法权益的代价。必要限度主要根据危险的大小、危险对合法权益威胁的程度、避免危险的难易和损害的合法权益的性质等因素综合考虑。

当然,紧急避险并非适用于所有的人。那些职务上、业务上负有特定责任的人,在遇到不法侵害时,应该履行其职务、业务有关的义务,积极排除不法侵害造成的危险,而不能以紧急避险为理由而逃避面对危险的义务。否则,就会违背设立紧急避险制度的初衷。

【案例研究】

陈某紧急避险案

2008年7月19日下午,陈某因曾揭发他人违法行为,被两名加害人报复砍伤。陈某逃跑过程中,两加害人仍不罢休,持刀追赶陈。途中,陈某多次拦车欲乘,均遭出租车司机拒载。当两加害人即将追上时,适逢一中年妇女丁某骑摩托车(价值9000元)缓速行驶,陈某当即哀求丁某将自己带走,但也遭拒绝。眼见两加害人已经逼近,情急之下,陈某一手抓住摩托车,一手将丁某推下摩托车,丁某倒地。陈某骑车逃走。陈某骑车至安全地方,其家人通过派出所将摩托车归还丁某。法医鉴定:丁某膝盖、双手手掌多处擦伤,系轻伤。

陈某的行为符合紧急避险的成立条件,对丁某造成的是伤害轻微,故成立紧急避险。①

(八) 共同犯罪

《刑法》规定的罪状,都是以单个犯罪主体实施的犯罪为基础,实际上,很多犯罪行为都是两个以上的犯罪分子一起实施的。为了很好解决这一问题,各国《刑法》都规定了"共同犯罪"认定标准和处罚原则。共同犯罪简称共犯,是相对于单独犯罪的一种特殊形式。共同犯罪是指二人以上共同故意犯罪,即犯罪主体必须是两人以上,不论自然人还是单位,符合犯罪主体资格的,都可以成为共同犯罪主体。共同犯罪人通过彼此之间的意思联络,明知自己在和他人配合共同实施犯罪,并且认识到共同犯罪行为会发生某种危害社会的结果而希望或放任这种危害结果发生是确定共同犯罪重要条件。共同犯罪行为人的行为都指向同一目标,彼此联系、相互配合,结成一个有机的犯罪行为整体。

根据共同犯罪人在共同犯罪中的作用,我国《刑法》将共同犯罪人分为主犯、从犯、胁从犯与教唆犯四种。组织、领导犯罪集团进行犯罪活动的或者在共同犯罪中起主要作用的,是主犯。对主犯按照集团所犯的全部罪行处罚。在共同犯罪中起次要或者辅助作用的,是从犯。对于从犯,应当从轻、减轻处罚或者免除处罚。受到他人的暴力威胁或精神强制,被迫参加共同犯罪的是胁从犯,按照他的犯罪情节减轻处罚或者免除处罚。教唆犯是故意唆使没有犯罪故意的人产生犯罪故意进而实行犯罪的人。教唆他人犯罪的,应当按照他在共同犯罪中所起的作用处罚。教唆不满18周岁的人犯罪的,应当从重处罚。

【案例研究】
周云飞等亳州特大集团犯罪案

2011年8月15日上午,亳州市中级人民法院在蒙城县人民法院开庭审理周云飞等特大集团犯罪案。此次受审被告人共计36人,其中1名女性,共涉嫌

---

① 国家司法考试培训中心《刑法案例》第14,http://www.52sikao.com/sjhh_news_view.asp?d_id=2408&sort1=89,2014年5月9日访问。

> 8项罪名。公安机关查明,2007年,被告人周云飞在经营"蓝色沸点"茶座期间,与被告人杜国华、毕红磊先后结识。随着交往的日益亲密,三被告人即以"蓝色沸点"为依托,先后纠集、聚拢两劳回归人员、社会青年、辍学离校人员及在校学生,逐渐形成以被告人周云飞、毕红磊、杜国华为首要分子,以被告人姚壮壮、张星星、郭汉青、韩二磊、蔡洪亮、刘奎等为主要成员的犯罪集团,并准备了钢管、刀具、枪支等作案工具,在"蓝色沸点"茶座周边学校、娱乐场所等,以暴力、胁迫、滋扰等手段,有组织实施多种违法犯罪活动,对蒙城县城的部分学校及周边的社会秩序产生了重大影响。据检察机关指控,周云飞等36名被告人共涉嫌触犯8项罪名:强奸罪,寻衅滋事罪,聚众斗殴罪,敲诈勒索罪,故意伤害罪,窝藏、包庇罪,聚众淫乱罪,聚众扰乱公共场所秩序罪。其中涉嫌强奸犯罪14起,寻衅滋事犯罪29起,聚众斗殴犯罪3起,敲诈勒索犯罪1起,故意伤害犯罪2起,窝藏、包庇犯罪2起,聚众淫乱犯罪1起,聚众扰乱公共场所秩序罪1起。①

二、罪　　名

(一) 何谓罪名

罪名就是犯罪的名称。罪名有狭义与广义的区分。广义的罪名既包括具体犯罪的罪名,也包括刑法典分则条文中作为章节标题的类罪名。而狭义的罪名则仅指具体犯罪的罪名,即刑法分则中的罪刑条文所规定的具体犯罪的名称。罪名对具体犯罪的本质特征或者主要特征予以高度的概括,是对罪状中所描述的具体犯罪的提炼。准确界定和正确认定罪名,对于区分罪与非罪、此罪与彼罪的界限,正确地定罪和量刑具有重大的意义。

犯罪现象纷繁复杂,千姿百态。罪名将形形色色的犯罪进行概括,使人们能够了解刑法上规定了哪些犯罪,将具有不同特征的犯罪现象予以区分,而将具有相同本质和特征的犯罪现象概括在一起,便于识别和认定。罪名将刑法分则条文所描述的具体犯罪概括成一个简单的名称,便于人们记忆。不同的罪名所反映的犯罪行为的性质和特征不同,通过罪名所传递的信息,人们可以大致地区分

---

① 《亳州特大集团犯罪案开审》,载《安徽日报》2011年8月16日。

罪与非罪、此罪与彼罪的界限。

罪名不仅揭示犯罪的内容,同时还代表国家对危害社会行为给予法律上的否定评价与谴责。一般的公民也可以根据罪名来预测自己或者他人行为的性质以及法律对之的态度与认识。任何符合罪名规定的行为都要受到否定评价;不符合罪名规定的行为,都可以避免刑法的否定评价。

罪名是对具体犯罪本质的概括,包含在具体罪行条文的规定之中。对具体行为是否为犯罪的认定,要根据刑法分则条文有关具体犯罪的规定,结合刑法总则规定来进行。

(二) 罪名的类型

刑法的分则条文规定了具体的犯罪。这些具体犯罪虽然有着不同的名称,但是,具体犯罪的罪名却可能呈现出某些共同的特征。具体犯罪的罪名分为单一罪名和选择罪名。

单一罪名,是指所概括的犯罪构成的具体内容单一的罪名。如故意杀人罪、故意伤害罪等。单一罪名反映了一种犯罪行为的本质特征。在适用中,不能将单一罪名拆开。选择罪名,是指所概括的犯罪构成的具体内容复杂,如出售、购买、运输假币罪,伪造、变造金融票据罪等。选择罪名反映了多种具有近似特征、但在某方面不太一致的犯罪行为的共同特征。在适用中,选择罪名可以概括使用,也可以分解使用。

选择罪名中的"选择"包括主体的选择,行为的选择,对象的选择,行为与对象的选择,主体、行为与对象的选择等五种情形。(1) 主体的选择,是指罪名中有多种犯罪主体,而犯罪行为比较单一,需要根据具体的主体来确定罪名。如我国《刑法》第168条规定了国有公司、企业、事业单位人员失职罪。要看行为人的身份属于何种国有单位的人员来确定,国有事业单位人员失职的,认定为国有事业单位人员失职罪。(2) 行为的选择,是指罪名中有多种针对某个犯罪对象的犯罪行为,可以根据行为的实际情况来确定罪名。如我国《刑法》第294条规定的组织、领导、参加黑社会性质组织罪,行为人仅有组织行为的,就认定为组织黑社会性质组织罪;行为人有组织、领导行为的,就认定为组织、领导黑社会性质组织罪。(3) 对象的选择,是指罪名中行为方式单一,而犯罪对象有多种,可以根据行为所侵犯的实际对象来确定罪名。如我国《刑法》第240条规定的拐卖妇女、儿童罪,从罪名看,拐卖的对象有妇女、儿童两种,拐卖妇女的行为,认定为拐卖妇女罪;拐卖儿童的行为,认定为拐卖儿童罪;既拐卖妇女,又拐卖儿童的行为,认定为拐卖妇女、儿童罪。(4) 行为与对象的选择,是指罪名中行为与对象均有多个,不同的行为可以侵犯不同的对象,可以根据实际情况确定罪名。如我国《刑法》第253条第1款规定的私自开拆、隐匿、毁弃邮件、电报罪。(5) 主体、行为与对象的选择。如我国《刑法》第306条规定的辩护人、诉讼代理人毁灭证据、伪造证据、妨害作证罪。

(三) 罪名的确定

1. 罪名确定的形式

现代各国刑法确定罪名的形式主要有两种:一是在分则条文中明确规定罪名。其中,具体又可分为两种:(1) 标题明示,即在分则条文中以标题方式载明罪名;(2) 定义明示,即在分则条文中以下定义的方式揭示出罪名。二是包含式,即在分则条文中不载明罪名,也不下定义予以说明,只是规定罪状,将罪名包含在罪状中,在确定罪名时则需要分析、概括罪状的具体内容和具体犯罪的犯罪构成。

我国《刑法》分则条文主要采用了定义明示和包含式两种罪名确定方式,刑法条文中确定、明确的罪名并不多见。如我国《刑法》第382条规定:"国家工作人员利用职务上的便利,侵吞、窃取、骗取或者以其他手段非法占有公共财物的,是贪污罪。"这是采用定义方式来揭示罪名。除此之外,刑法分则条文中大多采用包容式,并不直接揭示罪名,这就需要根据罪状的叙述、形式以及具体犯罪的构成要件来确定罪名。由此也出现了实践中罪名确定不统一的情况。

2. 确定罪名的主体

具体犯罪的罪名,除了刑法分则条文明确规定的以外,都需要另行确定。有的是司法机关采取司法解释的方式确定的,有的则是理论研究中确定的。由立法机关在刑法分则条文中确定的罪名称为"立法罪名",如贪污罪、受贿罪、挪用公款罪、行贿罪等,这些罪名在司法实践中必须使用。司法机关采取司法解释的形式确定的罪名称为"司法罪名",典型者如最高人民法院1997年12月16日颁布的《关于执行中华人民共和国刑法确定罪名的规定》和最高人民检察院于同年12月25日颁布的《关于适用刑法分则规定的犯罪的罪名的意见》。2011年,最高人民法院和最高人民检察院先后联合颁布了《关于执行中华人民共和国刑法确定罪名的补充规定》。司法罪名对于司法机关办理刑事案件具有约束力。理论上根据刑法分则的有关规定针对具体犯罪所概括出的罪名,称为学理罪名。学理罪名没有法律效力,但对司法实践确定罪名有参考作用。

3. 确定罪名的原则

正确确定罪名,必须遵循合法性原则、概括性原则和科学性原则。

所谓合法性原则,是指确定罪名时必须严格根据刑法分则规定具体犯罪的罪状,既不得超出罪状的内容,也不能遗漏罪状的内容。既不能离开罪状确定罪名,也不能使用类罪名,必须根据最庄重最恰当的用语确定罪名,使之符合法条原意。所谓概括性原则,是指罪名的确定必须是对罪状的高度概括,表述力求简洁。科学性原则是指罪名要概括出犯罪最根本的特征以及此罪与彼罪的主要区别,防止歪曲行为性质,混淆罪与非罪、此罪与彼罪的区别。

(四) 我国刑法中的罪名

我国刑法分则规定了10类、四百多个具体罪名,统一应用于司法实践。

(1) 危害国家安全罪,是指故意危害中华人民共和国国家安全的行为。常见的罪名如背叛国家罪、分裂国家罪、煽动分裂国家罪、武装叛乱暴乱罪、投敌叛变罪、叛逃罪、间谍罪等。

(2) 危害公共安全罪,是指以过失或者故意实施危及不特定或多数人的生命、健康或者重大公私财产安全的行为。常见的罪名如放火罪、爆炸罪、以危险方法危害公共安全罪、投放危险物质罪、劫持航空器罪、交通肇事罪、危险驾驶罪、重大责任事故罪等。

(3) 破坏社会主义市场经济秩序罪,是指违反国家经济管理法规,在市场经济运行或经济管理过程中进行非法经济活动,严重破坏社会主义市场经济秩序的行为。常见的罪名如生产销售有毒有害食品罪、走私文物罪、伪造货币罪、非法吸收公众存款罪、洗钱罪、集资诈骗罪、保险诈骗罪、虚假广告罪、组织领导传销罪、非法经营罪、虚开发票罪、持有伪造的发票罪等。

(4) 侵犯公民人身权利、民主权利罪,是指故意或过失地侵犯公民的人身权利、民主权利以及与人身有直接关系的其他权利的行为。常见的罪名如故意杀人罪、故意伤害罪、强奸罪、非法拘禁罪、绑架罪、拐卖妇女儿童罪、组织出卖人体器官罪、诬告陷害罪、侮辱罪、诽谤罪、重婚罪、虐待罪、遗弃罪等。

(5) 侵犯财产罪,是指以非法占有为目的,侵占、挪用、毁坏公私财物的行为。常见的罪名如抢劫罪、盗窃罪、诈骗罪、抢夺罪、侵占罪、敲诈勒索罪、破坏生产经营罪、拒不支付劳动报酬罪等。

(6) 妨害社会管理秩序罪,是指妨害国家社会管理活动,破坏社会正常秩序,依法应当受到刑罚处罚的行为。常见的罪名如妨害公务罪、招摇撞骗罪、聚众扰乱社会秩序罪、聚众斗殴罪、寻衅滋事罪、参加黑社会性质组织罪、聚众淫乱罪、赌博罪、伪证罪、偷越国(边)境罪、倒卖文物罪、医疗事故罪、非法行医罪、非法持有毒品罪、环境污染罪、组织卖淫罪、传播淫秽物品罪等。

(7)危害国防利益罪,是指违反国防法律、法规、拒绝或者逃避履行国防义务,危害作战或军事行动,危害国防物质基础和国防建设活动,妨害国防管理秩序,损害部队声誉,依法应该受到刑罚处罚的行为。常见的罪名如阻碍军人执行职务罪、阻碍军事行动罪、聚众冲击军事禁区罪、聚众扰乱军事管理区秩序罪、冒充军人招摇撞骗罪、战时造谣扰乱军心罪等。

(8)贪污贿赂罪,是指国家工作人员利用职务上的便利,贪污、受贿,或者拥有不能说明与合法收入差距巨大的财产或者支出的合法来源,或者私分国有资产,以及介绍行贿的行为。常见的罪名如贪污罪、挪用公款罪、受贿罪、单位受贿罪、利用影响力受贿罪、行贿罪、巨额财产来源不明罪、隐瞒境外存款罪、私分国有资产罪等。

(9)渎职罪,是指国家机关工作人员在公务活动中滥用职权、玩忽职守、徇私舞弊,妨害国家管理活动,致使公共财产或者国家与人民利益遭受重大损失的行为。常见的罪名如滥用职权罪、玩忽职守罪、故意泄露国家秘密罪、徇私枉法罪、枉法裁判罪、传染病防治失职罪、放纵走私罪、食品监管渎职罪等。

(10)军人违反职责罪,是指军人违反职责,严重危害国家军事利益的行为。常见的罪名如战时违抗命令罪、投降罪、战时临阵脱逃罪、军人叛逃罪、故意泄露军事秘密罪、战时自伤罪、逃离部队罪、虐待部属罪、遗弃伤病军人罪、私放俘虏罪、虐待俘虏罪等。

【法学小知识】

刑法罪名变迁——口袋罪的消失

1979年以前,我国没有制定统一的刑法典,罪名由审判人员自己确定,许多罪名前都加上了"反革命"字样,有过把偷看女知青洗澡定为"反革命偷看青春罪"的笑话。1979年《刑法》由于历史惯性,仍然带有较强的政治色彩,被称为"一部闪耀着毛泽东思想光辉的刑法",最为典型的就是分则第一章中的"反革命罪","以反革命为目的"作为构成犯罪的条件,在实践中很难认定,也不适应形势的发展。1997年修订的《刑法》从国家体制和保卫国家整体利益考虑,将危害国家的犯罪行为规定为危害国家安全罪,"反革命罪"被取消。

> 1979年《刑法》的第160条规定："聚众斗殴,寻衅滋事,侮辱妇女或者进行其他流氓活动,破坏公共秩序,情节恶劣的,处7年以下有期徒刑、拘役或者管制。"这就是1979年《刑法》规定的流氓罪,是一个典型的"口袋罪",民间有"流氓罪是个筐,什么都可往里装"的说法。1997年修订的《刑法》将流氓罪分解为强制猥亵、侮辱妇女罪,猥亵儿童罪,聚众淫乱罪,聚众斗殴罪,寻衅滋事罪等。流氓罪作为一个独立罪名就成为了历史。
>
> 　　1979年《刑法》带有计划经济的历史痕迹,许多正常的市场经营活动都被规定为"投机倒把罪"。许多率先投入市场经营、发家致富的人都遭遇了牢狱之灾,罪名就是投机倒把,该罪名的设立不仅压抑了民间的创富激情,还造就了司法实践领域的"选择性执法"。1997年,"投机倒把罪"正式从《刑法》中隐退,被分解为非法经营罪,倒卖文物罪,非法转让、倒卖土地使用权罪等新罪名。

三、刑　　罚

（一）何谓刑罚

　　有犯罪,就有刑罚。刑罚是刑法规定的、由国家审判机关依法对犯罪人适用的限制或剥夺其某种权益的强制性制裁方法。一行为被评价为犯罪的直接后果就是要受到刑罚的处罚。中国古代对犯罪的处罚以残害身体为主,如砍头、腰斩、枭首、砍脚、断腿、截鼻、脸上刺字等;唐代以后,形成笞、杖、徒、流、死为主的五刑制度。同时,古代社会还存在范围不等的连坐制度,加重了刑法的残酷性。辛亥革命之后,形成了以死刑、徒刑为主的刑罚体系,废除了连坐制度,刑罚越来越趋于人道。在罪刑法定的背景之下,我国《刑法》对处罚罪犯的方式做了严格规定。

　　国家创制、适用与执行刑罚对社会产生的积极效应被称作刑罚的功能。对犯罪人而言,刑罚具有剥夺功能,对于罪大恶极的罪犯,依法判处死刑,剥夺生命,使其无法再犯罪;大量使用的罚金刑,在一定程度上限制了罪犯犯罪的经济条件;刑罚还具有惩罚功能,刑法的适用不仅是使犯罪分子因为丧失某种权益而感受到生理上的痛苦,而且因为受到政治上、道义上的否定评价和严厉谴责在心理上感受到莫大的耻辱;刑法具有教育改造功能,在刑罚执行的过程中,通过对犯罪人的感化教育,使其洗心革面、痛改前非,转变成为自食其力、遵纪守法的公民。

刑罚对被害人及其亲友而言则有安抚功能。犯罪行为的实施,不仅侵害了被害人的身体、财产或名誉,而且破坏了被害人的家属、亲友的心理平衡,使他们感到痛苦、愤怒。国家通过对犯罪人及时追究刑事责任,依法给予必要的惩罚,使被害人的家属、亲友感受到法律对自己权利的维护和保护,使其受伤害的心灵得到抚慰,满足他们本能的复仇需要,避免报复行为发生。近年来,对犯罪分子判处刑罚的同时,还要求犯罪分子对被害人或其家属承担民事赔偿责任,这种做法也体现了对被害人及其家属的物质补偿功能。此外,刑罚不仅能使犯罪分子感到痛苦,还能够震慑、威吓意图实施犯罪的人,使他们不敢以身试法。如将醉酒驾驶机动车的行为确定为犯罪,就是为了震慑醉驾行为。同时,对犯罪分子适用刑罚,还可以提高公民的法律意识和法制观念,教育公民自觉遵纪守法,维护法制,与犯罪行为作斗争,体现了刑罚的教育鼓励功能。

国家制订、适用和执行刑罚所追求的效果被称为刑罚的目的。刑罚目的包括特殊预防与一般预防。特殊预防是指通过对犯罪分子适用刑罚,惩罚改造犯罪分子,防止他们重新犯罪;一般预防是指通过对犯罪分子适用刑罚,威慑、警戒潜在的犯罪者,防止他们走上犯罪道路。

(二) 我国有哪些刑罚类型

1. 刑罚的体系

刑罚体系是由刑法依照一定标准对各种刑罚方法进行排列而形成的刑罚序列。刑罚体系的基本要素是刑种,其内容由刑法明文规定。我国刑罚体系由主刑和附加刑组成。要素齐全、结构严谨、宽严相济、衔接紧凑、内容合理、方法人道是我国刑罚体系的基本特点。

2. 主刑

主刑是对犯罪分子适用的主要刑罚方法。主刑只能独立适用,不能附加适用;对一个犯罪只能适用一种主刑,不能适用两种以上主刑。主刑作为一类刑罚方法,具体包括管制、拘役、有期徒刑、无期徒刑和死刑五种。

(1) 管制

管制是指对犯罪分子不予关押,但限制其一定自由,由公安机关予以执行和群众监督改造的刑罚方法。管制是我国独创的一种刑罚方法,适用于罪行较轻、不需要关押的犯罪分子。管制的期限为3个月以上2年以下,数罪并罚时管制期限不得超过3年。被判处管制的犯罪分子,仍留在原工作单位或居住地工作或劳动。管制的惩罚性表现在管制期间对罪犯自由的限制,被判处管制的犯分子在执行期间,应当遵守相关规定并接受社区矫正。管制期满,公安机关应向犯罪分子本人和其所在单位或居住地群众宣布解除管制。

(2) 拘役

拘役是短期剥夺犯罪人的自由,并实行劳动改造的刑罚方法。拘役意味着剥夺人身自由,因而比管制严厉;但拘役又是短期剥夺人身自由,所以比有期徒刑轻。拘役适用于那些犯罪较轻但仍需短期关押的犯罪分子,拘役的刑期为1个月以上6个月以下,数罪并罚时最高不能超过1年;拘役由公安机关就近执行;执行期间被判处拘役的犯罪分子每月可以回家1-2天;执行期间参加劳动的,可以酌量发给报酬。

(3) 有期徒刑

有期徒刑是剥夺犯罪分子一定期限的人身自由,强迫其劳动并接受教育和改造的刑罚方法。有期徒刑是我国刑法中适用范围最为广泛的刑种,我国《刑法》分则条文中凡规定了法定刑的,都规定了有期徒刑(《刑法》第133条之一规定的危险驾驶罪除外)。有期徒刑的期限为6个月以上15年以下;数罪并罚时,有期徒刑总和刑期不满35年的,最高不能超过20年,总和刑期在35年以上的,最高不能超过25年。在监狱或者少年犯管教所执行;强迫罪犯参加劳动,接受教育和改造。

(4) 无期徒刑

无期徒刑是剥夺犯罪分子的终身自由,强迫其参加劳动并进行教育和改造的刑罚方法。无期徒刑是剥夺自由刑中最严厉的刑罚方法,其程度仅次于死刑,只适用于那些罪行非常严重但不必判处死刑而又需要与社会永久隔离的犯罪分子。无期徒刑剥夺犯罪分子的终身自由,同时附加剥夺政治权利终身。被判处无期徒刑的犯罪分子,除丧失劳动能力者外,要强迫其参加劳动,接受教育改造,可以依法获得减刑或假释。

(5) 死刑

死刑是剥夺犯罪分子生命的一种刑罚方法,又称生命刑;死刑属于最严厉的处罚,故又称极刑。死刑的执行方式包括死刑立即执行和死刑缓期执行两种。

我国《刑法》规定:"对于应当判处死刑的犯罪分子,如果不是必须立即执行的,可以判处死刑同时宣告缓期2年执行。"死缓不是独立的刑种,而是死刑的一种执行方式。随着《刑法修正案(八)》的正式实施,我国《刑法》涉及死刑的罪名由68个减至55个。

死缓的适用对象是应当判处死刑而又不是必须立即执行的犯罪分子。死缓的考察期为 2 年。在死缓执行期间,如果没有故意犯罪,2 年期满后减为无期徒刑;如果确有重大立功表现,2 年期满后减为 25 年有期徒刑;如果故意犯罪,查证属实的,由最高人民法院核准,执行死刑。

死刑的判决和执行有严格的限制。死刑作为一种最严厉的刑种,只适用于罪行极其严重的犯罪分子;对犯罪时不满 18 周岁的人和审判时怀孕的妇女不适用死刑,审判时年满 75 周岁的人一般不适用死刑;对应该判处死刑又不是必须立即执行的可以判处死刑同时宣告缓期 2 年执行;死刑案件必须由最高人民法院核准。死刑缓期执行的,可以由高级人民法院判决或核准。

3. 附加刑

附加刑,又称从刑,是补充主刑适用的刑罚方法。我国附加刑有罚金、剥夺政治权利和没收财产三种,驱逐出境则是专门适用于外国人的特殊附加刑。

罚金是人民法院判处犯罪分子向国家交纳一定金钱的刑罚方法。刑法关于罚金数额的规定,有比例制,即根据犯罪数额的一定比例确定罚金的数额;倍数制,即根据犯罪数额的一定倍数确定罚金数额;比例兼倍数制,即根据犯罪数额的一定比例和倍数确定罚金数额;特定数额制,即明确规定罚金的数额;抽象罚金制,即只抽象规定判处罚金。

对于不能全部缴纳罚金的,人民法院在任何时候发现被执行人有可以执行的财产的,应当随时追缴。如果由于遭遇不能抗拒的灾祸缴纳确实有困难的,可以酌情减少或者免除。根据具体情况,可以适用单处罚金、选处罚金、并处罚金、并处或者单处罚金等执行方式。

剥夺政治权利是剥夺犯罪分子参加国家管理和政治活动权利的刑罚方法。剥夺政治权利的内容包括:选举权和被选举权;言论、出版、集会、结社、游行、示威自由的权利;担任国家机关职务的权利;担任国有公司、企业、事业单位和人民团体领导职务的权利。剥夺政治权利可以附加适用,也可以独立适用,附加适用时,主要适用于重罪。对于危害国家安全的犯罪分子应当附加剥夺政治权利;对于故意杀人、强奸、放火、爆炸、投放危险物质、抢劫等严重破坏社会秩序的犯罪分子,可以附加剥夺政治权利。剥夺政治权利独立适用时,主要适用于情节较轻的犯罪。剥夺政治权利由公安机关执行,在执行期间犯罪分子应当遵守法律、行政法规和国务院公安部门有关监督管理的规定,服从监督。不得行使《刑法》规定剥夺的各项权利。

对被判处死刑、无期徒刑的犯罪分子,应当剥夺政治权利终身。在死刑缓期执行减为有期徒刑或无期徒刑减为有期徒刑时,应当把剥夺政治权利的期限改为3年以上10年以下。判处有期徒刑、拘役附加剥夺政治权利的,期限为1年以上5年以下,刑期从徒刑、拘役执行完毕之日或者从假释之日起计算,但剥夺政治权利的效力当然及于主刑执行期间。判处管制附加剥夺政治权利的,剥夺政治权利的期限与管制的期限相同,同时执行。独立适用剥夺政治权利的,期限为1年以上5年以下,从判决执行之日起计算。

没收财产是将犯罪分子个人所有财产的一部或全部强制无偿地收归国有的刑罚方法。它是我国附加刑中较重的一种。没收财产是没收犯罪分子个人所有财产的一部或者全部。没收全部财产的,应当对犯罪分子个人及其扶养的家属保留必需的生活费用。在判处没收财产的时候,不得没收属于犯罪分子家属所有或者应有的财产。没收财产以前犯罪分子所负的正当债务,需要以没收的财产偿还的,经债权人请求,应当偿还。

对于犯罪的外国人,可以独立适用或者附加适用驱逐出境。驱逐出境,是指强迫犯罪的外国人离开中国国(边)境的刑罚方法。它是一种专门适用于犯罪的外国人的特殊附加刑。

(三) 何谓累犯

在现代社会,以犯罪为职业、连续、多次犯罪的犯罪分子对社会的危害远远大于偶然犯罪的危害。为了打击此类犯罪,各国刑法都设置了累犯制度。所谓累犯,是指因犯罪受过一定的刑罚处罚,刑罚执行完毕或者赦免以后,在法定期限内又犯一定之罪的犯罪人。累犯分为普通累犯和特别累犯。被判处有期徒刑以上刑罚的犯罪分子,刑罚执行完毕或者赦免以后,在5年以内再犯应当判处有期徒刑以上刑罚之罪的,是累犯,应当从重处罚,但是过失犯罪和犯罪时不满18周岁的人除外,这是普通累犯。犯危害国家安全罪、恐怖活动犯罪、黑社会性质的组织犯罪的犯罪分子在刑罚执行完毕或者赦免以后,在任何时候再犯上述任何一类罪的,都以累犯论处,这就是特别累犯。对于累犯,应当从重处罚,并不得适用缓刑与假释。

(四) 何谓自首、立功

自首,是指犯罪分子在犯罪之后自动投案,如实供述自己罪行的行为。被采取强制措施的犯罪嫌疑人、被告人和正在服刑的罪犯,如实供述司法机关还未掌握的本人其他罪行的,以自首论。自动投案是指犯罪分子在犯罪之后,在未受到讯问、未被施以强制措施之前,出于本人的意志而向有关机关或个人承认自己的犯罪事实,并自愿置于有关机关或个人的控制之下,等待进一步交待犯罪事实的行为。根据我国《刑法》的规定,被采取强制措施的犯罪嫌疑人、被告人和正在服刑的罪犯,如实供述司法机关还未掌握的本人其他罪行的,以自首论,刑法理论称之为特别自首。对于自首的犯罪分子,可以从轻或者减轻处罚。其中,犯罪较轻的,可以免除处罚。犯罪分子虽未自动投案或者如实供述司法机关还未掌握的本人其他罪行,但是如实供述自己罪行的,可以从轻处罚;因其如实供述自己罪行,避免特别严重后果发生的,可以减轻处罚。

立功是指犯罪分子检举、揭发他人的犯罪行为,查证属实的,或者提供重要线索,从而得以侦破其他案件的,或者阻止他人的犯罪活动,或者协助司法机关抓捕其他犯罪嫌疑人,或者有其他有利于国家和社会的突出表现或重大贡献的行为。犯罪分子有立功表现的,可以从轻或减轻处罚;有重大立功表现的,可以减轻或免除处罚。

(五) 数罪并罚

数罪并罚,是指人民法院对行为人在法定时间界限内所犯数罪分别定罪量刑后,按照法定的并罚原则及刑期计算方法决定其应执行之刑罚的制度。

数罪并罚原则有:(1) 并科原则,亦称相加原则,是指将一人所犯数罪分别宣告的刑罚绝对相加、合并执行的处罚原则;(2) 吸收原则,是指对一人所犯数罪采用重罪之刑吸收轻罪之刑的合并处罚原则;(3) 限制加重原则,亦称限制并科原则,是指以一人所犯数罪中应当判处或者已经判处的最重刑罚为基础,再在一定限度之内对其予以加重作为执行刑罚的合并处罚原则;(4) 折中原则,亦称混合原则,即根据不同情况以某一并科原则为主,兼采其他原则,一般是根据法定的刑罚性质及特点,兼采并科原则、吸收原则或限制加重原则,将其分别适用于不同刑种或刑罚结构的数罪并罚原则。

数罪中有判处死刑、无期徒刑的,采取吸收原则,即只执行死刑或无期徒刑,不执行其他主刑。数罪均被判处有期徒刑、拘役或管制的,采取限制加重原则,即在数刑总和刑期以下、数刑中最高刑期以上,酌情决定执行刑期;但管制最高不能超过3年,拘役最高不能超过1年,有期徒刑总和刑期不满35年的,最高不能超过20年,总和刑期在35年以上的,最高不能超过25年。数罪既判处主刑,又判处附加刑的,采用并科原则,即对主刑按照一定的原则并罚时,附加刑仍须执行。

【案例研究】

王立军的四宗罪

在王立军一案中,公诉人指控,被告人王立军身为重庆市公安局局长,徇私枉法,明知薄谷开来有故意杀人重大嫌疑而故意包庇使其不受追诉,情节特别严重,其行为已触犯《中华人民共和国刑法》第399条第1款之规定;被告人王立军作为掌握国家秘密的国家机关工作人员,在履行公务期间,擅离岗位,叛逃外国驻华领馆,情节严重,其行为已触犯《中华人民共和国刑法》第109条之规定;被告人王立军滥用职权,未经批准或者伪造批准手续,先后对多人使用技术侦察措施,严重破坏了社会主义法制,侵犯了公民的合法权益,其行为已触犯《中华人民共和国刑法》第397条第1款之规定;被告人王立军作为国家工作人员,利用职务上的便利,非法收受他人财物共计折合人民币305万余元,为他人谋取利益,其行为已触犯《中华人民共和国刑法》第385条之规定。成都市中级人民法院2012年9月24日审判后宣布,对王立军以徇私枉法罪判刑7年;以叛逃罪判刑2年,剥夺政治权利1年;以滥用职权罪判刑2年;以受贿罪判刑9年,数罪并罚,决定执行有期徒刑15年,剥夺政治权利1年。[①]

(六) 缓刑

缓刑制度起源于英国,美国波士顿在1870年首先采用。各国刑法所规定的缓刑主要有:(1)刑罚暂缓宣告,也称"宣告犹豫";(2)刑罚暂缓执行,也称"执行犹豫";(3)缓于起诉,也称"起诉犹豫"。我国刑法所规定的缓刑,属于刑罚暂缓执行,即对原判刑罚附条件不执行的一种刑罚制度。分为一般缓刑和战时缓刑。一般缓刑是指人民法院对于被判处拘役、3年以下有期徒刑的犯罪分子,根据其犯罪情节和悔罪表现,认为暂缓执行原判刑罚确实不致再危害社会的,规定一定的考验期,在此期间如没有发生法定的撤销缓刑原因,原判刑罚就不再执行的刑罚制度。所谓战时缓刑,是指在战时对判处3年以下有期徒刑没有现实危险的犯罪军人,暂缓执行刑罚,允许其戴罪立功,确有立功表现时,可以撤销原判刑罚,不以犯罪论处的制度。缓刑并非刑种,而是刑罚适用、裁量制度的重要内容之一。

适用缓刑必须具备以下条件:(1)适用缓刑的对象必须是被判处3年以下

[①] (2012)成刑初字第207号"王立军案刑事判决书"(四川省成都市中级人民法院刑事判决书)。

有期徒刑或拘役的犯罪人;(2) 缓刑只能适用于犯罪情节较轻、有悔罪表现、没有再犯罪的危险、宣告缓刑对所居住的社区没有重大不良影响的犯罪人。宣告缓刑可以根据犯罪情况,同时禁止犯罪分子在缓刑考验期限内从事特定活动,进入特定区域、场所,接触特定的人。(3) 缓刑不能适用于累犯。

缓刑的考验期,是指对被宣告缓刑的犯罪人进行考察的一定期限。《刑法》规定,拘役的缓刑考验期为原判刑期以上1年以下,但是不能少于2个月;有期徒刑的缓刑考验期为原判刑期以上5年以下,但是不能少于1年。被宣告缓刑的犯罪人,在缓刑考验期内应遵守法律、行政法规,服从监督;按照考察机关的规定报告自己的活动状况;遵守考察机关关于会客的规定;离开所居住的市、县或者迁居,应当报经考察机关批准。

被宣告缓刑的犯罪分子,在缓刑考验期限内,由公安机关考察,所在单位或者基层组织予以配合。被宣告缓刑的犯罪分子,在缓刑考验期限内犯新罪或者发现判决宣告以前还有其他罪没有判决的,应当撤销缓刑,对新犯的罪或者新发现的罪作出判决,实行数罪并罚。如果没有刑法规定的相关情形,缓刑考验期满,原判的刑罚就不再执行,并公开予以宣告。

缓刑有助于避免短期自由刑的弊端,最优化地发挥刑罚的功能,避免犯罪人因为监禁而带来的与社会隔绝后重返社会的困难,符合刑法经济的要求;执行缓刑,在以自律为主的社会生活中,也有助于自觉约束自己的行为,实现预防犯罪人重新犯罪的目的。

【案例研究】

张剑故意伤害案

张剑是本溪市明山区东兴街道办事处长青社区22组居民,28岁,失业。2005年4月,本溪市政府把长青社区列为采煤沉陷区治理择址建设用地,本溪市华厦房地产开发公司获取了长青社区所在土地的开发权,盖起了名为"山水人家"的豪华别墅群。包括张剑家在内的15户长青社区居民认为在自己世代生活的土地上盖起的是天价别墅,并非公共事业,要求得到一笔合理补偿后才答应拆迁。5月14日上午8时许,王维臣、周孟财、赵君、王伟等华厦公司工作人员进入张剑家居室内,张剑以为王维臣等人来强行拆房,让妻子信艳抱孩子离开,信艳欲出屋时遭王维臣阻拦,张剑被其余华厦公司工作人员摁住并被殴打,混乱之中张剑拿起一把尖刀朝赵君臀部、胸部、腹部等部位连刺数刀后逃离现场,赵君数日后不治身亡。王维臣随后调用挖掘机将张剑家房屋全部拆除。2008年6月16日,张剑到北京市宣武区陶然亭派出所投案自首。2009年3月底,本溪市中级人民法院以故意伤害罪,判处张剑有期徒刑3年,缓刑5年。①

(七) 减刑与假释

1. 减刑

减刑,是指被判处管制、拘役、有期徒刑、无期徒刑的犯罪分子,根据其在刑罚执行期间的悔改或立功表现,将其原判刑罚予以适当减轻的一种刑罚执行制度。一般减刑不包括死刑缓期二年后减为无期或者有期徒刑的减刑。减刑可以是刑种的减轻,也可以是刑期的减轻。减刑有弹性减刑和硬性减刑两种。弹性减刑是指在刑罚执行期间,犯罪分子认真遵守监规、接受教育改造,确有悔改或立功表现的,可以减刑。硬性减刑是指犯罪分子阻止他人重大犯罪活动的;检举监狱内外重大犯罪活动,经查证属实的;有发明创造或者重大技术革新的;在日常生产、生活中舍己救人的;在抗御自然灾害或者排除重大事故中,有突出表现的;对国家和社会有其他重大贡献的,必须减刑。

减刑后实际执行的刑期,判处管制、拘役、有期徒刑的,不能少于原判刑期的二分之一;判处无期徒性的,不能少于13年;判处死刑缓期执行的罪犯,2年缓刑期满后依法减为无期徒刑的,不能少于25年,依法减为25年有期徒刑的,不能少于20年。减刑制度既有利于节省法制资源,也有利于对犯罪人的改造。对减刑期限作出限制,在维护法院判决严肃性的同时,兼顾了对罪犯改造的灵活性。

2. 假释

假释是对被判处有期徒刑、无期徒刑的犯罪分子,在执行一定的刑期之后,因其认真遵守监规,接受教育改造,确有悔改表现,不致再危害社会,而附条件地予以提前释放的刑罚制度。适用假释必须遵守以下条件:

(1) 假释的对象限于被判处有期徒刑、无期徒刑的犯罪分子;对累犯以及因故意杀人、强奸、抢劫、绑架、放火、爆炸、投放危险物质或者有组织的暴力性犯罪被判处10年以上有期徒刑、无期徒刑的犯罪分子,不得假释。

---

① (2009)本刑一初字第17号"张剑杀人案判决书"(辽宁省本溪市中级人民法院刑事判决书)。

(2) 假释只适用于已经执行一部分刑罚的犯罪分子。即被判处有期徒刑的犯罪分子,执行原判刑期二分之一以上,或者被判处无期徒刑的犯罪分子,实际执行 13 年以上的,可适用假释。

(3) 只对在执行期间认真遵守监规,接受教育改造,确有悔改表现,假释后不致再危害社会的犯罪分子,可适用假释。

(4) 对犯罪分子决定假释时,应当考虑其假释后对所居住社区的影响。若假释犯罪分子对所居住社区成员的安全感影响不大,可以假释。

假释是对犯罪分子有条件的提前释放,放到社会上进行改造,同时保留对其继续执行未执行的刑罚的可能性。故而要设立一定的考验期限,以便对被假释罪犯继续进行监督改造。有期徒刑的假释考验期限,为没有执行完毕的刑期;无期徒刑的假释考验期限为 10 年。在假释考验期限内,由公安机关对罪犯予以监督。

假释是附条件的予以提前释放,如果在假释考验期内犯新罪的,则撤销假释,并依《刑法》规定实行数罪并罚;在假释考验期内,发现被假释的犯罪分子在判决宣告以前还有其他罪没有判决的,撤销假释,依照规定实行数罪并罚;在假释考验期内,有违反法律、行政法规或有关假释的监督管理规定的行为,尚未构成新的犯罪的,应当依照法定程序撤销假释,收监执行未执行完毕的刑罚;假释考验期满,没有上述情况的,应认为原判刑罚已经执行完毕,并公开予以宣告。

(八) 刑罚消灭

刑罚消灭,是指由于法定的或事实的原因,致使司法机关不能对犯罪人行使具体的刑罚权。导致刑罚消灭的法定原因主要有:(1) 超过追诉时效;(2) 赦免;(3) 告诉才处理的犯罪,没有告诉或撤回告诉;(4) 被判处罚金的犯罪人由于遭遇不能抗拒的灾祸确有困难的,可酌情减少或免除。刑罚消灭制度是刑法的重要制度,我国刑法对追诉时效和赦免这两种刑罚消灭制度作了严格规定。

刑法中的时效主要为追诉时效,是指按刑法规定追究犯罪分子刑事责任的有效期限。犯罪分子的犯罪行为已经超过刑法规定的追诉时效期限的,不再追究刑事责任。如果已经追究了刑事责任,该案件应当予以撤销。

我国刑法规定,犯罪经过下列期限不再追诉:法定最高刑为不满 5 年有期徒刑的,经过 5 年;法定最高刑为 5 年以上不满 10 年有期徒刑的,经过 10 年;法定最高刑为 10 年以上有期徒刑的,经过 15 年;法定最高刑为无期徒刑、死刑的,经过20年。如果20年以后认为必须追诉的,须报请最高人民检察院核准。两种情况不受追诉时效限制:(1)在人民检察院、公安机关、国家安全机关立案侦查或人民法院受理案件以后,逃避侦查或审判的,不受追诉期限的限制;(2)被害人在追诉期限内提出控告,人民法院、人民检察院、公安机关应当立案而未予立案的,不受追诉期限的限制。犯罪超过了诉讼时效,人民法院就不再受理。

刑罚关于追诉时效的规定,符合我国刑罚预防犯罪的目的,在一定时期内不再犯罪,说明犯罪人的社会危害性已经消除,已经达到了刑罚所要达到的目的。可以不再追究。同时也节省了人力物力,可以集中精力办理大案要案。那些超过追诉时效的犯罪人及其家属也可以安心过正常生活,有利于社会稳定。

赦免,是国家宣告对于犯罪人免除其罪、免除其刑的法律制度。赦免分为大赦和特赦。大赦,是指国家对某一时期内犯有一定罪行的犯罪人免于追诉和免于刑罚处罚的制度,其效力及于罪与刑两方面,既免其刑、亦免其罪。特赦,是指国家对特定的犯罪人免除执行全部或部分刑罚的制度,只免其刑,不免其罪。我国法律只规定了特赦,特赦由全国人民代表大会常务委员会决定,并由国家主席发布特赦令。我国从1959年以来,先后实行七次特赦,其对象主要是经过长期关押的战争罪犯,被赦免的战争罪犯在长期关押中确有改恶从善的表现,经过严格的程序,得到特赦。

关键概念

犯罪 犯罪主体 行为 结果 刑事责任 主刑 死缓 附加刑 共同犯罪 数罪并罚 自首 立功 赦免

思考题

1. 什么是犯罪?
2. 什么是罪刑法定?
3. 什么是罪名?
4. 主刑有哪些?
5. 什么是累犯?

拓展阅读

汽车撞人案

被告人刘某,男,32岁,个体出租司机,家住江西省吉安市。2013年5月10日8时许,酒后驾驶跃进141货车,因违章停车被吉安市某交警大队警察纠察时,不服管理驾车逃跑。交通民警驾车追赶,当交通民警赶上并试图超车时,被告突然左打方向,用其所驾驶的货车的侧头将民警的桑塔纳警车右后门撞坏,并急速转入众人聚集的一中学北街,接连撞伤3名中学生,撞伤1名骑车的行人。然后,刘某又驾车向郊区逃窜,与追赶的民警周旋,途中闯岗亭与指挥的民警擦身而过,最后因车辆损坏,车停在郊区某村庄。刘某下车逃跑时被抓获,上述事实有证人证明,刘某本人亦供认不讳。经查,刘某系酒后驾车,违章驾车伤害4人,其中1人轻伤,轻微伤3人。

运用犯罪行为、故意与过失、行为与结果关系理论分析,刘某是否构成犯罪?是否承担刑事责任?

第九讲　法律与纠纷

本讲导读

人们在生活中会产生各种法律纠纷,这些纠纷可分为民事纠纷、行政纠纷、刑事纠纷。如何解决这些纠纷,对维护当事人合法权益和维护社会稳定、和谐具有重要意义。解决民事纠纷的方式主要有协商、调解、仲裁、诉讼;解决行政纠纷的方式主要有行政复议、行政诉讼;而解决刑事纠纷的方式则主要是刑事诉讼。当事人为维护自己的合法权益,必须了解并掌握如何解决法律纠纷。

导入案例

被害人黄某于2003年4月与姚某恋爱,但是好景不长,同年11月两人便分道扬镳。此后,姚某与安某某建立感情。案发当日22时30分许,安某某及姚某的母亲先后接到黄某打来的电话,约定晚23时与其见面,黄某约定与他们会面的目的,是想要回与姚某恋爱时为其花费的6万元钱。23时20分,安某某与女友姚某来到约定地点,发现黄某正在与姚某的母亲交谈。见到黄某情绪很是激动,二人急忙走上前去了解具体情况。后由于双方言语不和,黄某与安某某发生争执并扭打在一起。其间,安某某捡起地上一根木棍用力击中黄某颈部,木棍当即折断,而黄某也不甘示弱,将安某某扑倒压在身下,对其拳脚相向。此刻,安某某掏出匕首向黄某左肩、背部等处扎去,导致黄某死亡。

一、纠纷是如何产生的

(一) 什么是法律纠纷

只要是有人类存在的地方就一定会有矛盾,就会存在纠纷甚至战争。从家庭成员之间到国家之间,从鸡毛蒜皮的小事到人命关天的大事,从宗教信仰问题到纯粹的科学问题等都存在纷争。至于导入案例中黄某因为恋爱不成，与安某某打斗导致自己死亡，其根本原因在于没有善加利用法律维护自己的权利。

在众多纠纷中，只有法律纠纷才能根据法律规定的解决争议的方式进行解决。所以，当事人首要要弄清楚什么样的纠纷才算是法律纠纷。我们认为，所谓法律纠纷就是指权利义务纠纷，它与其他纠纷的区别在于，法律纠纷具有可诉性。纠纷的可诉性，是指纠纷发生后，纠纷主体可以将其诉诸司法的属性。

纠纷是否具有可诉性，从以下几点来加以判断：

第一，当事人的权利与义务在法律上有明确的规定，如果法律上并未明确规定当事人的权利与义务，则该纠纷就不属于法律纠纷。

第二，纠纷的内容属于法院的受理范围，也就是说如果当事人起诉到法院，法院进行受理，并依法判决，这样的纠纷就是法律纠纷，如果法院不予受理，则不属于法律纠纷。当然纠纷可诉性并不排斥当事人通过非诉讼的纠纷解决机制来解决纠纷，法律纠纷是复杂多样的，有的纠纷由诉讼外的纠纷解决机制解决也许更为适宜，优点更为明显，当事人完全可以选择替代诉讼的纠纷解决机制。

（二）纠纷产生的原因

当事人之所以产生法律纠纷，其原因当然非常复杂，但概括起来主要包括以下几种情形：

（1）当事人因违反协议而产生的纠纷。这种纠纷发生的前提是，当事人事前达成协议。在协议中约定了双方的权利与义务，如果当事人都能按照协议履行各自的义务，这样自然不会产生法律纠纷。但是如果当事人一方或双方均未按协议的约定履行，纠纷就产生了。

（2）当事人违反法律规定的义务而产生的纠纷。当事人在社会生活中往往会形成各种各样的法律关系，在这众多的法律关系中，当事人之间的权利、义务有时直接来自于法律的规定，从而在当事人之间存在法定的权利、义务关系。如果当事人未履行其应尽的义务，则必然产生法律纠纷。如在家庭关系中，父母有抚养未成年子女的义务，成年子女有赡养父母的义务，如果当事人违反这些义务，则必然会引起法律争议，形成法律纠纷。

（3）当事人因侵犯他人权利而产生的法律纠纷。在本书前几讲中，我们知道法律主体享有各种各样法律规定的权利，如人身权、财产权等。这些权利均受到法律的保护，如果有人侵害了这些权利，则在当事人之间就会产生法律纠纷。

比如说发生一起交通事故,由于甲的肇事,致使乙的交通工具及人身受到伤害,则甲的行为就属于侵权行为,侵害了乙的人身权和财产权,于是在甲、乙之间就产生了法律纠纷。

(三) 纠纷的种类

虽然法律纠纷众多,但基于当事人在纠纷中权利、义务的性质不同,根据法律规定,法律纠纷可以分为民事纠纷、行政纠纷和刑事纠纷。

(1) 民事纠纷。是指平等主体之间发生的,以民事权利义务为内容的社会纠纷。民事纠纷分为两大类:一类是财产关系方面的民事纠纷,另一类是人身关系的民事纠纷。如当事人之间达成一房屋买卖合同,后因合同履行而发生纠纷,这个纠纷就是民事纠纷中的财产纠纷。另如当事人双方是夫妻关系,现因离婚发生纠纷,这个纠纷就属于民事纠纷中的人身关系纠纷。

(2) 行政纠纷。是指国家行政机关之间或国家行政机关同企事业单位、社会团体以及公民之间由于行政管理而引起的纠纷。包括行政争议和行政案件形式,也就是"民与官"的纠纷。如某当事人因违反交通规则被交警处以罚款,而该当事人不服该行政处罚而发生的纠纷就属于行政纠纷。

(3) 刑事纠纷。是指加害人与被害人之间由于利益、情感等方面的原因并通过犯罪这一特殊的外在形式表现出来的不协调的关系。如当事人甲与乙之间素有积怨,乙有一日借机把甲打成重伤,乙被逮捕,后经判决而被处以刑罚。则甲与乙之间的纠纷主要为刑事纠纷。

二、谁来解决纠纷

当事人发生纠纷后,如何解决,是至关重要的问题,否则一个小的民事纠纷、行政纠纷会酿成大的刑事纠纷,一个小的治安案件会酿成大的社会事件,从而影响当事人的正常生活,也会影响社会的安定团结。

(一) 当事人自己解决纠纷

一般说来,民事纠纷可以由当事人自己来解决。根据法律规定,民事纠纷的主体可以对民事纠纷的内容按照其意愿进行自由处置。但是刑事纠纷和行政纠纷由于具有较强的公益色彩,涉及社会公共利益与社会公共秩序,所以对这些纠纷,国家往往通过法院严格依法加以解决。民事纠纷中由自己解决纠纷的方式主有协商和调解：

1. 协商

所谓协商，是指当事人双方在平等自愿的基础上，抱着公平、合理解决问题的态度和诚意，通过摆明事实，交换意见，取得沟通，从而找出解决问题、解决争议办法的一种方式。协商解决纠纷有许多好处：

其一，保密性强。纠纷发生后，波及的范围越广，便越难解决，给纠纷主体带来的损害或负面影响便越大。为了防止纠纷的扩大化，纠纷主体首先寻求自我解决，就可以将纠纷的影响或波及效应限定在纠纷主体之间，而不致越此范围，造成不必要的损害或影响。

其二，自愿性强。在自我解决纠纷的过程中，由于纠纷主体没有受到任何外在因素的影响，也没有任何人知道其纠纷的发生，不会给纠纷主体带来思想上的顾虑和负担，因而其解决完全是在自我意志的作用下进行的，比较纯粹，也比较真实，其行动的结果完全符合纠纷主体内在的想法、愿望和意志、情感。由于自愿性强，因而纠纷的解决结果容易兑现，而不致发生出尔反尔的反悔现象，不会因此而使纠纷重新复发。

其三，彻底性。正是由于协商具有自愿性强的特点，因而纠纷的化解比较彻底。纠纷既然已经得到了彻底解决，一般情况下，纠纷不会死灰复燃，纠纷主体可以在更高的层面上继续合作和交往。这种纠纷的解决往往会反过来推动、促进纠纷主体形成良好的新型关系。

其四，成本低。解决纠纷是一种需要付出一定成本和代价的风险负担，自我解决纠纷会使化解纠纷的交易成本保持在最低的限度和水平上。因为纠纷主体自我解决纠纷，涉及面窄，牵涉的人少，花费的精力、财力和时间都相对较少，这样就节省了成本。自我解决纠纷则可以大幅度地减少成本，是一种最为经济实惠的解决纠纷的方法和机制。

2. 调解

所谓调解，是指纠纷主体双方在中立的第三者的主持下，互谅互让，和平协商，自愿解决其纠纷的活动。从定义上可以看出，调解与协商区别不大：它们都是通过双方协商的方法解决其纠纷的，都以自愿原则为基础，没有任何人强迫纠纷主体接受解决纠纷的方案；纠纷解决的结果都表现为表达共同意志的协议，该协议都没有法律上的强制性和拘束力，都依赖当事人的自觉履行，如果有任何一方无故不履行调解或和解协议，另一方当事人都可以向法院提起诉讼，将纠纷交由法院作出最终的解决。但协商与调解毕竟有所区别：调解是当事人在无法和解的情况下所寻找的又一个解决纠纷的方式,在纠纷主体将纠纷交由特定的第三主体进行调解之时,实际上已决心将该纠纷社会化了,也就是矛盾升级了,纠纷的范围有所扩大了。

(二) 以诉讼的方式解决纠纷

通过诉讼来解决纠纷的活动和过程,俗称"打官司"。从上述法律纠纷的性质可以看出,凡是法律纠纷,往往都可以通过诉讼来解决,也就是说民事、行政、刑事纠纷均可以通过诉讼来解决,这就是我们通常所说的民事诉讼、行政诉讼和刑事诉讼。

诉讼是一种特殊的解决纠纷的活动和方法,它是由法院在当事人的申请和参与下,行使国家审判权对纠纷加以强制性解决的法律机制。诉讼解决纠纷与其他方法解决纠纷相比,有着自己明显的特点:

第一,诉讼具有特定的空间性。从空间或场所来看,诉讼是在法院所进行的解决纠纷的活动。

第二,诉讼具有严格的规范性。诉讼是法院代表国家出面来解决纠纷的,这本来就是一件非常严肃的事情,因而它进行的每一步都要有相应的法律规范加以调节,而不得任意进行。法院正是通过严格依循各种规范行使其审判权,来获得其化解纠纷的合法性和正当性。

第三,诉讼具有鲜明的强制性。诉讼往往是当事人可以选择的最后一种解决纠纷的方式和途径。只要是法院依正当程序得出的诉讼结果,当事人无论是否理解或者满意,都必须无条件地接受。否则,享有权利的主体便可以向法院申请对义务主体实施强制性的措施,在违背其意愿的情形下强制实现裁判的结果。

(三) 以其他方式解决纠纷

除上述解决争议的方式外,在行政纠纷中还可以用行政复议的方式来解决纠纷,在部分民事纠纷中可以用仲裁来解决纠纷。

1. 行政复议

行政复议,通常是指当事人不服行政主体的某些行政行为,提出申请,请求重新审查并纠正原行政行为,行政复议机关据此对原行政行为是否合法与适当进行审查并作出决定的法律制度,其特征主要有:(1) 提出行政复议的人,必须是认为行政机关行使职权的行为侵犯其合法权益的法人和其他组织。(2) 当事人提出行政复议,必须是在行政机关已经作出行政决定之后,如果行政机关尚未作出决定,则不存在复议问题。复议的任务是解决行政争议,而不是解决民事或其他争议。(3)当事人对行政机关的行政决定不服,可按法律规定,向有行政复议权的行政机关申请复议。(4)行政复议,以书面审查为主,以不调解为原则。只要法律未规定复议决定为终局裁决的,当事人对复议决定不服的,仍可以按行政诉讼法的规定,向人民法院提起诉讼。否则,行政复议的决定便产生法律效力。

2. 仲裁

仲裁是指纠纷主体达成进行仲裁的合意(仲裁协议),将纠纷交由民间的第三方进行裁决的纠纷解决机制或制度。仲裁这种纠纷解决方式历史悠久,早在古希腊、古罗马时代就很盛行。近现代以来,仲裁成为处理国际贸易和商事纠纷的惯用方法,在当代又被扩展到更为广泛的领域,成为民事纠纷解决机制的重要组成部分。

仲裁制度的特点在于:(1)仲裁者具有民间性。仲裁中的第三方是民间组织或社团法人,而不是国家机关。(2)仲裁所能解决的民事纠纷有限。在我国,平等主体的公民、法人和其他组织之间发生的合同纠纷和其他财产权益纠纷,可以仲裁;婚姻、收养、监护、扶养、继承纠纷,依法应当由行政机关处理的行政争议不能仲裁。(3)仲裁具有较高的自治性。首要的是,是否采用仲裁必须以当事人之间达成的仲裁协议为前提。(4)仲裁的规范性较强。在程序上,仲裁一般要先后经过订立仲裁协议、仲裁的申请和受理、选任仲裁员、开庭审理、裁决等几个环节,而各个仲裁机构也都相应制定了自己的仲裁规则来规范仲裁程序。同时,仲裁的进行和裁决也要遵循实体法的规定。(5)仲裁裁决具有终局的拘束力。当事人一旦同意通过仲裁解决纠纷,就不得拒绝接受仲裁裁决。仲裁实行一裁终局,仲裁裁决与法院作出的生效判决具有同等效力,可以向法院申请强制执行。

综上所述,当事人解决争议的方式存在多种,尤其是民事纠纷包括协商、调解、仲裁、诉讼等纠纷解决方式可供选择。当事人可以根据纠纷的实际情况具体选择何种方式,但毫无疑问,诉讼所花费的人力、物力、财力是最高的。通常当其他方式解决不了纠纷时,才会采用,所以诉讼往往被称为"权利救济的最后方式"。

三、当事人如何解决纠纷

当事人在生活中难免会遇到包括民事、行政、刑事在内的各种各样的法律纠纷。当面临这些法律纠纷时,当事人如何采取措施来化解纠纷,维护自身合法权益就显得格外重要。

(一) 如何解决民事纠纷

相对而言,当事人面临最多的纠纷就是民事纠纷。如前所述,民事纠纷最好是采用协商与调解的方式解决,其次采用仲裁与诉讼。由于民事诉讼是最重要的解决民事纠纷的方式,故下面主要阐述如何进行民事诉讼。

1. 委托其他公民(律师)作为其代理人

前面提到,诉讼是"权利救济的最后方式",也就是说到了诉讼阶段,当事人必须接受法院的裁判结果,不能再有寻求其他解决方式的途径了。所以,当事人必须高度重视诉讼,毕其功于一役,为诉讼作好充分准备。一般来说,民事纠纷主要包括人身纠纷、财产纠纷、合同纠纷、劳动纠纷等,应当说,这些纠纷都带有较强的专业性,相关的法律规定都涉及较多的专业术语,没有受过法律专业学习和训练的人,往往很难对其有全面和充分的理解。另外,民事诉讼程序复杂、证据规则晦涩难懂,所以,当事人须委托懂得相应专业知识的公民(律师)作为代理人来解决纠纷,这样才能更好地维护自身的权益。

【法学小知识】

律师制度

律师制度起源于西方商品经济的兴起、民主与法制的进步和人权保障、实现司法正义的法治思想,故而律师职业价值显然也源于商品经济、民主与法律制度和法治思想。在西方国家,律师职业价值的核心精神体现为两个方面,一是忠诚原则,强调的是律师的忠诚义务,体现的是律师的诚实观念;另一是正义原则(公益原则),强调的是律师的保障人权、维护社会正义的公益义务,体现的是律师的正义观念。这是西方律师文化之源,是律师职业伦理的核心精神,也是律师职业的"精髓"。在国外,律师是一个很古老的服务行业,律师也是一个很受尊重的职业。

2. 向法院提起诉讼

根据我国《民事诉讼法》的规定,起诉应当以书面方式提出,即向人民法院提交起诉状,只有在特殊情况下,才可以口头提出诉讼。另外,起诉还必须满足下列条件:

(1) 除公益诉讼外,原告是与本案有直接利害关系的公民、法人和其他组织。通俗地说，当事人(原告)必须是为自己的利益"打官司"，如果为他人的利益，则不能以原告的身份提起诉讼。

所谓公益诉讼，是指特定的国家机关和相关的团体和个人，根据法律的授权，对侵犯国家利益、社会公共利益或不特定的他人利益的行为，向法院起诉，由法院依法追究相对人法律责任的诉讼活动。我国《民事诉讼法》规定，对污染环境、侵害众多消费者合法权益等损害社会公共利益的行为，法律规定的机关和有关组织可以向人民法院提起诉讼。可见，在环境污染及侵害消费者权益纠纷中，原告(国家机关、组织，但不包括个人)即使与本案无直接利害关系，也可以行使诉讼的权利，要求侵权人承担民事法律责任，从而避免了侵权人侵害社会公共利益却不承担民事责任的情形大量发生。

（2）有明确的被告。也就是说当事人必须有明确的、具体的起诉对象。一般来说，对象也必须是具体的公民、法人和其他组织。因为只有这样，原告胜诉后，由被告来履行义务，使原告的权益得到保护，否则，原告即使胜诉，也没有实际意义。

（3）有具体的诉讼请求和事实、理由。当事人起诉时，必须标明其起诉的理由是什么，目的是什么。因为只有这样，人民法院才能根据其理由和目的来作出是否支持或部分支持的判决。否则，人民法院的判决就失去依据。比如在离婚案件中，原告提出的诉讼请求必然是请求离婚，如果双方之间有未成年的子女和共有财产，则请求中就会增加关于抚养子女、分割共有财产的请求。

（4）属于人民法院受理民事诉讼的范围和受诉人民法院管辖。当事人的纠纷必须属于民事纠纷，人民法院才会受理。另外我国的法院众多，根据《民事诉讼法》的规定，存在地域管辖和级别管辖问题，所以当事人要根据纠纷的具体情况选择有管辖权的人民法院提起诉讼。

由于提起诉讼是专业性很强的法律事务，将会直接影响人民法院的判决，所以，当事人最好要求由代理人来起草起诉状。

【案例研究】

兰州市自来水污染案

2014年4月，兰州市的多位市民向媒体反映，其家中的自来水有一股浓烈的气味。2014年4月10日，兰州市经过威立雅水务公司检测，发现其出厂的水中苯含量超过《中华人民共和国生活饮用水卫生标准》达20倍。随后，兰州市政府便宣布,在此之后的 24 小时内兰州市的自来水皆不宜饮用。11 日,兰州市自来水一水厂和二水厂之间的自流沟苯超标检测值最高为 200 微克/升,个别居民水龙头饮用水检测值最高为 78 微克/升。兰州市已采取切断自流沟及二水厂供水系统,采用一水厂供水系统降压供水,同时采用活性炭吸附等措施最大限度降低苯含量浓度。4 月 13 日,兰州市政府通报,此次水污染事故的直接原因自来水厂的自流沟中出现含油的污水。而这种污水会出现在自流沟的原因是,自流沟附近的中国石油兰州石化在此前曾经发生过泄漏事故,事故处理后有一些渣油以及消防污水便渗入地下。

4 月 15 日,兰州数位公民向兰州市中级人民法院提起民事诉讼,要求兰州威立雅水务集团有限公司对自来水苯污染超标事故进行民事赔偿并公开道歉。对此,兰州市中级人民法院立案庭工作人员最终拒绝接受他们的任何起诉材料,理由是"不符合《中华人民共和国民事诉讼法》第 55 条规定",即公益诉讼起诉公民个人不具备诉讼主体资格。[①]

3. 应当在法律规定的期间内向人民法院提起诉讼

我国法律规定了诉讼时效法律制度。所谓诉讼时效是指权利人在法定期间内不行使权利,使其丧失在诉讼中的胜诉权的法律制度。也就是说,超过诉讼时效后,权利人到法院提起诉讼以主张权利,但人民法院不再予以保护,不会判其胜诉。该制度的主要意义在于,督促权利人及时行使权利,对怠于行使权利者进行制裁,从而使权利义务关系确定化。若权利人能行使权利而长期不行使,义务人的法律地位将长期处于不确定状态,将导致当事人之间的社会关系的事实状态和法律状态长期不一致,不利于当事人建立新的社会关系。另一方面,如果权利人长时间不行使权利,证据也会湮灭,会增加法院查明案件的难度,势必会影响正确审案。

根据我国法律规定,普通诉讼时效为两年。特别诉讼时效为 4 年和 1 年。也就是说绝大部分法律纠纷,在当事人知道或应当知道权利被侵害时起两年内应当举张权利,如果超过两年,人民法院将不再保护。

4. 注重证据的保存与搜集

"以事实为根据,以法律为准绳",是人民法院司法的准则,但作为人民法院

---

① 《兰州 5 居民起诉威立雅水厂再被拒》,载《中国青年报》2014 年 4 月 16 日。

的法官,他并没有亲眼目睹当事人之间纠纷的形成过程,他所了解的事实都是由当事人提供的证据来证实的。所以,从某种意义上说,当事人胜诉与否,关键在于证据。

根据我国法律规定,证据的种类主要有:(1)书证。书证是指以文字、符号、图表所记载或表示的内容、含义来证明案件事实的证据。(2)物证。物证是指以其外部特征和物质属性,即以其存在、形状、质量等证明案件事实的物品。(3)视听资料。视听资料是指利用录音带、录像带、光盘等反映的图像和音响以及电脑储存的资料来证明案件事实的证据。(4)证人证言。证人证言是证人向法院所作的能够证明案件情况的陈述。(5)当事人陈述。当事人陈述指当事人就案件事实向法院所作的陈述。(6)鉴定意见。鉴定意见是指鉴定人运用自己的专门知识,根据所提供的案件材料,对案件中的专门性问题进行分析、鉴别后作出的意见。(7)勘验笔录。勘验笔录是指法院为查明案件事实对有关现场和物品进行勘查检验所作的记录。

根据我国相关法律规定,在民事诉讼中,举证的一般原则为"谁主张,谁举证"。"谁主张,谁举证"就是指当事人对自己提出的主张提供证据并加以证明,例如甲认为乙欠了自己的钱,就要提出乙欠钱的证据(欠条等),如果乙反过来说钱已经还了,也要提出自己的证据。由于民事诉讼是原告发起的诉讼,向被告提出诉讼请求,所以原告负有较重的举证义务,当然如果被告否认原告的请求,最有效的手段就是举出否认原告请求的证据。当事人在进行法律活动时,为防止发生纠纷或为防止发生法律纠纷时处于不利地位,一定要注意保存证据,并搜集对自己有利的证据,从而做到有备无患。但是,证据是不能够长期存在的,比如证人证言,随着时间的流逝,证人可能会有所遗忘,记得不那么清楚,内容似是而非,这样其证明力无疑会大打折扣。另外,像书证、物证也可能因时间过长,其证明力也将会减弱,甚至不能再作为证据,这样证据就会湮灭。如遇到这种情形,当事人可以在提起诉讼之前或在诉讼中,向人民法院提起证据保全的请求。证据保全是指在证据可能灭失或者以后难以取得的情况下,当事人可以向人民法院申请保全证据,人民法院也可以主动采取保全措施。

【案例研究】

李甲诉王某给付抚养费案

2006年7月,原告李甲的母亲李乙从乡下到新余市区打工,认识了王某,相互爱慕并同居生活。同居一年后,由于双方性格存在差异不欢而散,但此时李乙已有身孕。李乙多次找到王某要求与其结婚,或者一次性给付小孩抚养费,但都被王某拒绝。

2008年4月,李乙生下女儿李甲,办理了出生证明,继续找王某讨要女儿的抚养费,王某却以李甲不是自己亲生为由拒不支付费用。2008年7月,李乙以李甲的名义起诉,要求王某支付抚养费,并申请进行亲子鉴定。江西新余市渝水区法院受案后,多次找到王某,希望他能配合做亲子鉴定,以查明事实,却屡遭王某拒绝。后法院判决:被告王某是孩子的父亲,每月向李甲支付抚养费200元。① 问,法院为何作出如此判决?

5. 行使上诉的权利与申请再审的权利

我国《民事诉讼法》规定,除一审终局的外,绝大多数民事诉讼实行二审终审制。其含义是指一个案件经过两级人民法院审判即告终结的制度,对于第二审人民法院作出的终审判决、裁定,当事人等不得再提出上诉,人民检察院不得按照上诉审程序抗诉。当然由于我国法院分为最高人民法院、高级人民法院、中级人民法院、基层人民法院四级,除最高人民法院作为一审法院,其判决为终审判决外,其他法院作出的一审判决,当事人可以在收到判决书时起15日内提出上诉。所以上诉是我国法律赋予我国公民的一项权利,在一审案件中的原告、被告对一审判决不服的,均可以提起上诉。但作为当事人,也应当理智地对待一审法院的判决,不要盲目地行使上诉权,否则会给自己带来更大的损失。基层人民法院和它派出的法庭审理事实清楚、权利义务关系明确、争议不大的简单的民事案件,标的额为各省、自治区、直辖市上年度就业人员年平均工资30%以下的,实行一审终审。

基于有错必改、有错必纠原则,我国《民事诉讼法》还规定了再审制度,赋予了当事人申请再审的权利。法律规定,当事人对已发生效力的判决(生效不得超过两年)可以向上一级人民法院申请再审。所以当事人确实认为判决错误的,还可以向上级法院申请再审来维护自己的合法权益。

6. 诉讼义务的承担

当事人通过诉讼维护其合法权益,是我国法律赋予给每个公民的权利,不容

---

① 杨立新:《2008年典型民事纠纷案件回顾》,http://www.legaldaily.com.cn/zmbm/content/2009-01/01/content_1011983.htm,2011年5月5日访问。

剥夺。但基于权利、义务一致性原则,当事人在行使诉讼权利的同时也应遵守如下一些义务:

(1) 按照规定缴纳案件受理费等诉讼费用。按照我国法律规定,当事人向人民法院提起民事诉讼时,应预交一定的诉讼费用,诉讼终结后,往往由败诉方最终承担诉讼费用。诉讼费用的多少与案件的性质、民事纠纷中所涉的财产多少有关。相对于人民法院办案所花费的大量人力、物力、财力,诉讼费用显得微不足道。但是收取一定数额的诉讼费用,可以防止当事人滥用提起诉讼的权利,作为原告如果其诉讼请求得不到法院的全面支持,其也要承担相应的诉讼费用;对被告而言,如及时满足原告的正当请求,则不必通过诉讼来解决纠纷,所以当被告败诉时,其必须承担诉讼费用也是对被告的惩罚,可以起到督促被告履行义务的作用。

(2) 遵守诉讼秩序的义务。人民法院是国家的司法机关,代表国家行使审判权,其权威性不容置疑,良好的诉讼秩序是保证人民法院审判活动顺利进行的前提,当事人必须依法遵守。不得有下列妨害民事诉讼秩序的行为:依法必须到庭的被告经两次传票传唤,无正当理由拒不到庭;违反法庭规则,扰乱法庭秩序;妨害诉讼证据的收集、调查和阻拦、干扰诉讼的行为;有义务协助调查、执行的单位或组织拒不履行协助义务。对实施了以上妨害民事诉讼的行为的,根据行为的性质和对诉讼的妨害程度,人民法院可以采取相应的强制措施。可以依法实施的强制措施有:拘传、训诫、责令退出法庭、罚款或者拘留。也可以并用上述几项强制措施。

(3) 主动履行发生法律效力的判决书、裁定书、调解书的义务。对于生效的法律裁判文书,当事人必须予以执行,以维护法律的尊严。当事人一方不履行的,另一方当事人可以向人民法院提出执行申请,由人民法院强制执行。当事人确实没有履行能力的,人民法院中止执行,待有履行能力再予以执行。

(二) 如何解决行政纠纷

如前所述,当事人遇到行政纠纷时,主要可以采取行政复议和行政诉讼的方式来解决争议。但两者之间的关系如何,当事人应该选择哪一种呢?一般说来,行政复议属于行政内救济,而行政诉讼属于司法救济,相比而言,行政内救济应当处于优先地位。当事人在行政纠纷发生后,一般习惯于先申请行政机关解决,这样就可以将行政争议消灭在行政复议阶段。但同时,有些行政行为在下级行政机关实施前,一般都请示过上级机关,再经复议意义不大。因此,在两者的关系上,以当事人选择为主,除法律法规规定必须向行政机关申请复议的、法律法规规定行政复议为终局裁决的之外,对行政复议不服的还可以提起行政诉讼。

1. 如何提起行政复议

(1) 谁可以提出行政复议？有权提起行政复议的申请人是指认为行政机关的行政行为侵犯其合法权益的人,包括公民、法人、其他组织。由于行政复议也是一项专业的法律活动,当事人可以委托懂得法律专业知识的公民、律师作为代理人,参与行政复议,以更好地维护自己的合法权益。

(2) 谁是被申请人？被申请人就是申请人指控的对象,这是申请人在提出行政复议时必须确定下来的,否则行政复议机关不予受理。一般说来,被申请人就是作出行政行为的行政机关,但是在下列情况下例外:行政机关委托的组织作出的行政行为,委托的行政机关是被申请人;两个或两个以上以共同名义作出行政行为的行政机关为共同被申请人;作出行政行为的行政机关被撤销的,继续行使其职权的行政机关是被申请人。

(3) 谁是行政复议机关？行政复议机关是依照行政复议法的规定履行行政复议职责的行政机关。申请人只有到有权受理的行政复议机关提起行政复议,行政纠纷才会得到迅速解决。根据我国《行政复议法》的规定,有管辖权的行政复议机关的确定主要包括以下两个方面:第一,由当事人选择管辖。申请人对县级以上的各级人民政府工作部门的行政行为不服的,可以向该部门的本级人民政府申请行政复议,也可以向上一级主管部门申请行政复议。第二,由上级行政机关管辖。申请人对海关、金融、外汇、国家安全机关、地方各级人民政府的行政行为不服的,应向上一级行政主管部门(上一级人民政府)提出行政复议。

(4) 如何提出、何时提出申请？发生行政纠纷后,申请人应及时地向行政复议机关以书面的或者口头的方式提出行政复议。根据我国《行政复议法》规定,申请人认为行政行为侵犯其合法权益的,可以自知道该行政行为之日起60日内提出行政复议申请,但是法律规定的申请期限超过60日的除外,因出现不可抗力或者其他正当理由的,申请期限自障碍消除之日起继续计算。由此可见申请人应当按照法律规定的期限提出行政复议。

(5) 行政复议决定的执行。一般情况下,行政复议机关应当自收到申请之日起60日内作出行政复议决定。对于行政复议机关作出的行政复议决定,被申请人不履行的,行政复议机关或者上级机关应当责令其限期履行。申请人如果不服行政复议机关作出的行政复议决定,可以依法向人民法院提起行政诉讼。但是,如果行政复议机关的决定是终局决定,或者申请人不提起行政诉讼的,申请人应当履行行政复议机关的决定,否则被申请人可以申请人民法院强制执行。

【案例研究】

张某非法行医行政复议案

行政复议申请人,王某,男,45岁,系A省A市A区居民。被申请人,A市卫生局。申请人王某于2003年4月30日在A市市立医院做骨外科手术失败。实施手术者为张某。张某,2001年大学毕业后到A市市立医院骨外科工作,2002年9月参加了全国医师资格考试,成绩合格,2002年12月1日获得执业医师资格,2003年底领到执业医师资格证书,但未进行医师注册。王某多次要求A市市立医院及张某进行人身损害赔偿未果。2004年6月7日王某向被申请人A市卫生局请求认定张某诊疗行为为非法行医。A市卫生局于2004年7月15日给予书面答复,认为张某直到2003年底才拿到执业医师资格证书是因为证件制作、上报验印有个过程,因此不能认定张某的诊疗行为为非法行医。王某不服,于2004年7月20日向A省卫生厅提出行政复议申请,以张某没有医师执业证书,不能单独实施医疗手术为由,请求撤销A市卫生局作出的不能认定张某的诊疗行为为非法行医的答复。

A省卫生厅接到申请人王某的行政复议申请以后,经过审查,于2004年7月23日受理了此案,向王某寄发了受理通知书,同时向A市卫生局寄发了提出答复通知书,要求A市卫生局在接到通知书之日起10日内提交书面答辩,并提交当初作出具体行政行为的证据、依据。A市卫生局于2004年8月5日向A省卫生厅提交了书面答复意见及相关证据材料,认为张某未能向卫生行政部门申请执业注册是因为当时正处于"非典"的特殊时期,属于不可抗力。张某实施手术有上级医师台下指导,不属于单独执业。

A省卫生厅经过书面审理,于2004年9月22日作出行政复议决定,撤销A市卫生局作出的不能认定张某诊疗行为为非法行医的答复。①

2. 如何提起行政诉讼

行政诉讼的原告是被管理者,而被告是作为国家行政机关的管理者,两者之间存在领导与被领导、管理与被管理的关系。所以,行政诉讼被形象地称为"民

---

① 卫生部政策法规司编:《卫生行政复议典型案例评析》,法律出版社2010年版,第210页。

告官"。以行政诉讼这种方式来解决行政纠纷在以往"官本位"的社会中是不可想象的,但在现代民主、法治社会里成为一种现实,体现出司法机关对行政权进行司法监督,以维护当事人合法权益的本质。

行政诉讼中的原告与被告的确定,同前面所述的行政复议中的申请人与被申请人相同。在如何诉讼方面,除举证问题与民事诉讼不同之外,其他也与民事诉讼大同小异,所以这里主要讲述行政诉讼中举证责任的承担。

谁来承担举证责任,是行政诉讼中至关重要的问题。行政诉讼与民事诉讼在举证责任上存在很大不同,民事诉讼以"谁主张,谁举证"为原则,而行政诉讼主要采用"举证责任倒置"的原则,即举证责任主要由被告承担。行政诉讼法规定,被告对其作出的行政行为负有举证责任,应当提供作出该行政行为的证据和所依据的规范性文件。但是,原告并非没有举证责任。根据法律规定,行政诉讼中的原告应承担如下举证责任:证明被诉行政行为的存在(在一般情况下,原告对具体行政行为的存在即被告曾作出了对其不利的行政行为应负举证责任,如行政机关作出的书面决定或者有关收据、证人证言);证明被告适格;证明行政行为所造成的后果客观存在。在有关民事的问题上,仍然遵循"谁主张,谁举证"的原则,如在行政赔偿案件中原告对被告行政行为造成损害的事实、损害状况应负主要的举证责任。

【案例研究】

常某诉淇县公安局案

2002年3月16日早晨,淇县庙口乡史庄村许某和其子常甲到常乙家院中,想看看自己家的狗是否跑到与常乙一墙之隔的邻居常某家。其子常甲从常乙家羊圈上,下到常某家院内。这时常某在屋内听见院内有动静,出来与常甲发生争执,双方发生吵骂和撕拽,被常某之母拉开。其间,许某不知什么原因受伤,并经法医鉴定为轻微伤,花去医药费656元,误工费18元,共计674元。事后,淇县公安局以常某殴打他人造成轻微伤害,依据《治安管理处罚条例》,对其作出行政拘留10天及赔偿损失、承担医疗费674元的裁决。常某不服淇县公安局的裁决,向鹤壁市公安局申请复议,市公安局于2002年5月31日作出维持淇县公安局作出的治安管理处罚裁决书和赔偿损失、负担医疗费用裁决书的复议结论。常某不服鹤壁市公安局的复议结论,于2002年6月13日起诉到淇县法院,认为淇县公安局认定事实不清,证据不足,许某身上的伤是自己慌乱中不小心碰到常某家的街门上造成的,而在淇县公安局取证过程中,许某找了与自己有利害关系的亲妹妹及其丈夫之叔作证;因此请求人民法院依法撤销淇县公安局作出的裁决。

淇县人民法院经审理认为,被告淇县公安局以与第三人许某有利害关系且对第三人有利的证人的证言,认定原告殴打第三人许某并致轻微伤,属事实不清,证据不足。法院依据我国《行政诉讼法》判决撤销了淇县公安局作出的治安管理处罚和赔偿损失、负担医疗费用裁决书。①

(三) 如何解决刑事纠纷

一般发生有具体被害人的刑事案件后,就产生了如下的刑事纠纷:一是被害人与被告人(或称为犯罪嫌疑人)的纠纷,二是被告人与国家侦查机关、公诉机关、审判机关的纠纷,这些纠纷往往是通过刑事诉讼来解决的。下面,我们就当事人在刑事诉讼程序中,如何维护其合法权益进行阐述。

1. 如何保障被害人的权益

被害人因被告人的犯罪行为受到伤害,从而产生刑事纠纷,被害人的权益如何才能得到保障,是解决刑事纠纷的前提。

(1) 及时向国家公安机关报案。我国法律规定,除国家工作人员职务犯罪外,由公安机关负责对刑事案件的侦查、拘留、执行逮捕、预审,由检察机关批准逮捕、提起公诉,人民法院负责审判。所以被害人在其权利受到侵害后,应及时向公安部门报案,并保护好犯罪现场,以便公安部门及时侦查并破案,从而保护自己的合法权益。

(2) 可以自己到人民法院提起刑事诉讼。在刑事诉讼中,往往是由检察机关提起公诉,但是有些案件属于自诉案件。所谓自诉案件是指由被害人自己或被害人的亲属向人民法院提起刑事诉讼的案件。根据我国法律规定,侮辱、诽谤犯罪、暴力干涉婚姻自由罪、虐待罪、侵占罪等犯罪如果情节不严重,未造成严重后果,必须由当事人自己到人民法院告诉,否则人民法院采取"不告不理"的原则。另外像轻微刑事案件,公安机关或检察机关不予追究被告人的刑事责任的案件,被害人也可以亲自向人民法院提起诉讼,由人民法院来予以裁判。

---

① 徐爱民:《处罚取证不扎实 行政机关吃官司》,http://www.chinacourt.org/article/detail/2003/03/id/47951.shtml,2014年4月17日访问。

（3）可以提起附带民事诉讼。所谓附带民事诉讼，是指公安、司法机关在刑事诉讼过程中，在解决被告人刑事责任的同时，附带解决由遭受物质损失的被害人提起的，由于被告人的犯罪行为所引起的物质损失而提起的刑事诉讼。也就是说，被告人犯罪对被害人造成物质损害的，被告人在承担刑事责任的同时，还要承担民事责任，要对被害人的物质损害承担赔偿的义务。换句话说，被害人可以通过附带民事诉讼向被告人索赔，以保障自己的合法权益。

2. 如何维护被告人的合法权益

被告人犯罪后理应承担责任，但其合法权益也应得到维护，这是公民权利的体现。通常说来，一个国家人权保护的水平如何，往往可以从犯罪嫌疑人的权利得到保护的程度体现出来。

（1）不得强迫犯罪嫌疑人自证其罪。所谓自证其罪是指任何人不得以暴力、威胁、利诱和其他方法迫使犯罪嫌疑人、被告人作出有罪供述。之所以要禁止强迫一个人自证其罪，根本的原因在于，刑事诉讼说到底是法院通过对案件的审理来判决被告人是否有罪，这里的"原告"就是手握国家公权力的国家检察机关。检察机关应该凭借手中的证据对作为"被告"的嫌疑人展开公诉，而不能凭借自己的强势地位迫使"被告"作为证人反对他自己或者提供反对他自己的证据。否则，国家侦查机关就会以刑讯逼供的方式来迫使犯罪嫌疑人认罪，这样就会造成大量的冤假错案，被告人的权益也就无法予以保障。虽然，我国在现行法律上还没有明确赋予被告人"不被强迫自证其罪"这一权利，但是，我国《刑事诉讼法》明确规定："严禁刑讯逼供和以威胁、引诱、欺骗以及其他非法的方法收集证据。"

【案例研究】

赵作海故意杀人案

1998年2月15日，河南省商丘市柘城县老王集乡赵楼村赵振晌的侄子赵作亮到公安机关报案，其叔父赵振晌于1997年10月30日离家后已失踪4个多月，怀疑被同村的赵作海杀害。公安机关进行了相关调查。1999年5月8日，赵楼村在挖井时发现一具高度腐烂的无头、膝关节以下缺失的无名尸体，公安机关遂把赵作海作为重大嫌疑人于5月9日刑拘。1999年5月10日至6月18日，赵作海做了9次有罪供述，但事后，赵作海称其曾遭刑讯逼供。2002年10月22日，商丘市人民检察院以被告人赵作海犯故意杀人罪向商丘市中级人民法院提起公诉。2002年12月5日商丘市中级人民法院作出一审判决,以故意杀人罪判处被告人赵作海死刑,缓期两年执行,剥夺政治权利终身。省高级人民法院经复核,于2003年2月13日作出裁定,核准商丘市中级人民法院上述判决。

2010年4月30日,赵振晌回到赵楼村。商丘市中级人民法院在得知赵振晌在本村出现后,立即会同检察人员赶赴赵楼村,经与村干部座谈、询问赵振晌本人及赵振晌的姐姐、外甥女等,了解到:1997年10月30日晚,赵振晌对赵作海到杜某某家比较生气,就携自家菜刀在杜某某家中照赵作海头上砍了一下,怕赵作海报复,也怕把赵作海砍死,就收拾东西于10月31日凌晨骑自行车,带400元钱和被子、身份证等外出,以捡废品为生。因去年得偏瘫无钱医治,才回到了村里。

2010年5月5日下午,省法院在听取了商丘市中级人民法院关于赵作海案件情况汇报后,决定启动再审程序。认为赵作海故意杀人一案是一起明显的错案。审判委员会决定:(1)撤销省法院(2003)豫法刑一复字第13号刑事裁定和商丘市中级人民法院(2002)商刑初字第84号刑事判决,宣告赵作海无罪。(2)省法院连夜制作法律文书,派员立即送达判决书,并和监狱管理机关联系放人。(3)安排好赵作海出狱后的生活,并启动国家赔偿程序。[①]

【法学小知识】

米兰达规则

沉默权制度起源于1639年英国的李尔本案。在该案中,李尔本以"自己不能控告自己为由"反对星座法院(也称星宫法院)法官要求的纠问宣誓,并拒绝回答"无礼的"提问,被星座法院以藐视法庭罪判刑。后该判决被英国议会裁决撤销,并规定禁止在刑事案件中使用这种誓言。美国1789年《宪法修正案》第5条明确了反对强迫自我归罪的特权,规定"任何人都不得被强迫在任何刑事案件中自证有罪"。

1966年美国最高法院判决的"米兰达诉亚利桑那州"一案,对于沉默权制度的最终确立具有里程碑意义,该案创设了著名的"米兰达规则",即侦查人员讯问嫌疑人时必须要告诉被讯问人:(1)有权保持沉默;(2)如果选择回答,那

[①] 沈开付:《从赵作海案谈我国刑法法律制度改革》,载《法制与社会》2011年第23期。

么所说的一切都可能作为对其不利的证据;(3)有权在审讯时要求律师在场;(4)如果没有钱请律师,法庭有义务为其指定律师,否则,被讯问人的供述一律不得作为证据使用。

也是1966年,第21届联大通过的《公民权利和政治权利国际公约》(我国政府已于1998年10月签署加入)第14条第3项规定:"任何人不被强迫作不利于他自己的证言或强迫承认犯罪。"此后,不被强迫自证其罪的权利逐渐成为国际上公认的在刑事诉讼中最低限度的人权标准。

(2)被告人享有辩护的权利。辩护权是指法律赋予犯罪嫌疑人、被告人针对指控进行辩解,以维护自己合法权益的一种诉讼权利。在犯罪嫌疑人、被告人的各项权利中,居于核心地位。根据我国法律规定,被告人可以自行辩护,也可以委托律师、亲友进行辩护。辩护是围绕被告人无罪、罪轻来进行的。另外,根据我国相关法律规定,犯罪嫌疑人在第一次被采取强制措施时起就可以委托律师,接受律师的帮助。在我国,很多人由于法治观念还不强,出于对犯罪嫌疑人的憎恨,很不理解律师怎么能为罪大恶极的人提供辩护,并因此对辩护律师横加指责。事实上,在一个法治社会里,任何一个犯罪嫌疑人在未接受法院公正审判前都不得认为其有罪,任何一个被告人都有辩护的权利。

(3)被告人享有上诉的权利。同民事诉讼、行政诉讼一样,我国刑事诉讼也是实行两审终审的制度。也就是说被告人对一审的判决不服,有权在法定期限内向上级法院提出上诉。根据我国《刑事诉讼法》规定,被告人在接到一审法院判决后次日起10日内可以以书面、口头形式向上级法院提出上诉。被告人如果认为一审对自己的裁判不公,可以行使上诉的权利,由二审法院重新审理并作出判决。被告人无须担心的是,二审法院不会因为被告人不服从一审判决反而会加重对被告的刑罚。根据我国法律规定,实行上诉不加刑原则。所谓上诉不加刑是指二审法院审理只有被告人一方提出上诉的案件,不得以任何理由加重被告人的刑罚。显然,这一原则对保障被告人的辩护权、上诉权有重大意义。

【法学小知识】

中国共产党十八届三中全会关于司法工作的论述

确保依法独立公正行使审判权、检察权。改革司法管理体制,推动省以下地方法院、检察院人财物统一管理,探索建立与行政区划适当分离的司法管辖制度,保证国家法律统一正确实施。建立符合职业特点的司法人员管理制度,健全法官、检察官、人民警察统一招录、有序交流、逐级遴选机制,完善司法人员分类管理制度,健全法官、检察官、人民警察职业保障制度。

健全司法权力运行机制。优化司法职权配置,健全司法权力分工负责、互相配合、互相制约机制,加强和规范对司法活动的法律监督和社会监督。改革审判委员会制度,完善主审法官、合议庭办案责任制,让审理者裁判、由裁判者负责。明确各级法院职能定位,规范上下级法院审级监督关系。推进审判公开、检务公开,录制并保留全程庭审资料。增强法律文书说理性,推动公开法院生效裁判文书。严格规范减刑、假释、保外就医程序,强化监督制度。广泛实行人民陪审员、人民监督员制度,拓宽人民群众有序参与司法的渠道。

完善人权司法保障制度。国家尊重和保障人权。进一步规范查封、扣押、冻结、处理涉案财物的司法程序。健全错案防止、纠正、责任追究机制,严禁刑讯逼供、体罚虐待,严格实行非法证据排除规则。逐步减少适用死刑罪名。废止劳动教养制度,完善对违法犯罪行为的惩治和矫正法律,健全社区矫正制度。健全国家司法救助制度,完善法律援助制度。完善律师执业权利保障机制和违法违规执业惩戒制度,加强职业道德建设,发挥律师在依法维护公民和法人合法权益方面的重要作用。

关 键 概 念

民事纠纷　行政纠纷　刑事纠纷　协商　调解　仲裁　诉讼　行政复议

思 考 题

1. 法律纠纷产生的原因是什么？法律纠纷的表现形式有哪些？
2. 当事人自己可以解决纠纷吗？协商、调解解决纠纷有哪些特点？
3. 诉讼的特点是什么？仲裁与诉讼相比有哪些区别？
4. 当事人如何提起民事诉讼？
5. 当事人如何进行行政复议、行政诉讼？
6. 刑事纠纷中,被害人如何保障自己的权益？
7. 刑事纠纷中,被告人如何维护自己的权利？

拓展阅读

2005年11月21日,江西省弋阳县叶伏年家耕牛被盗,后获悉耕牛可能被卖到浙江省金华市牲畜市场。后证实同村村民叶冬平于2005年11月21日上午将一水牛运到该市场出售。叶冬平的父亲知情后与叶伏年协商,赔偿其3.1万元整。12月5日晚,弋阳县公安局以叶伏年涉嫌敲诈勒索为由没收了该笔款项,将其中3000元作为损失欲退给叶伏年。叶伏年提起行政诉讼,请求确认公安局的没收行为违法,并返还3.1万元,江西省弋阳县人民法院在裁判书中认为,被告弋阳县公安局以原告叶伏年涉嫌敲诈勒索犯罪为由,没收原告叶伏年的财产行为不属于刑事司法行为,而是治安处罚行为。被告对该具体行政行为未提供证明其合法性的证据和规范文件,系滥用职权侵犯公民合法权益的违法行为,应当返还违法没收的财产。

结合上述案例分析当事人发生法律纠纷后,可不可以自己解决争议?在行政诉讼中,谁负有举证责任?

21 世纪法学系列教材书目

"21世纪法学系列教材"是北京大学出版社继"面向21世纪课程教材"(即"大红皮"系列)之后,出版的又一精品法学系列教科书。本系列丛书以白色为封面底色,并冠以"未名·法律"的图标,因此也被称为"大白皮"系列教材。"大白皮"系列是法学全系列教材,目前有15个子系列。本系列教材延续"大红皮"图书的精良品质,皆由国内各大法学院优秀学者撰写,既有理论深度又贴合教学实践,是国内法学专业开展全系列课程教学的最佳选择。

- **法学基础理论系列**

英美法概论:法律文化与法律传统	彭 勃
法律方法论	陈金钊
法社会学	何珊君

- **法律史系列**

中国法制史	赵昆坡
中国法制史	朱苏人
中国法律思想史(第二版)	李贵连 李启成
外国法制史(第三版)	由 嵘
西方法律思想史(第三版)	徐爱国 李桂林
外国法制史	李秀清

- **民商法系列**

民法学	申卫星
民法总论(第三版)	刘凯湘
债法总论	刘凯湘
物权法论	郑云瑞
侵权责任法	李显冬
英美侵权行为法学	徐爱国
商法学——原理·图解·实例(第三版)	朱羿锟
商法学	郭 瑜
保险法(第三版)	陈 欣
保险法	樊启荣
海商法教程(第二版)	郭 瑜
票据法教程(第二版)	王小能
票据法学	吕来明

物权法原理与案例研究　　　　　　　　　王连合
　　破产法（待出）　　　　　　　　　　　　许德风

- **知识产权法系列**

　　知识产权法学（第六版）　　　　　　　　吴汉东
　　商标法　　　　　　　　　　　　　　　　杜　颖
　　著作权法（待出）　　　　　　　　　　　刘春田
　　专利法（待出）　　　　　　　　　　　　郭　禾
　　电子商务法　　　　　　　　　　李双元　王海浪

- **宪法行政法系列**

　　宪法学（第三版）　　　　　甘超英　傅思明　魏定仁
　　行政法学（第三版）　　　　　　　罗豪才　湛中乐
　　外国宪法（待出）　　　　　　　　　　　甘超英
　　国家赔偿法学（第二版）　　　　　房绍坤　毕可志

- **刑事法系列**

　　刑法总论　　　　　　　　　　　　　　　黄明儒
　　刑法分论　　　　　　　　　　　　　　　黄明儒
　　中国刑法论（第五版）　　　杨春洗　杨敦先　郭自力
　　现代刑法学（总论）　　　　　　　　　　王世洲
　　外国刑法学概论　　　　　　　　　李春雷　张鸿巍
　　犯罪学（第三版）　　　　　　　　康树华　张小虎
　　犯罪预防理论与实务　　　　　　　李春雷　靳高风
　　监狱法学（第二版）　　　　　　　　　　杨殿升
　　刑事执行法学　　　　　　　　　　　　　赵国玲
　　刑法学各论（第二版）　　　　　　　　　刘艳红
　　刑法学总论（第二版）　　　　　　　　　刘艳红
　　刑事侦查学　　　　　　　　　　　　　　张玉镶
　　刑事政策学　　　　　　　　　　　　　　李卫红
　　国际刑事实体法原论　　　　　　　　　　王　新
　　美国刑法（第四版）　　　　　　　储槐植　江　溯

- **经济法系列**

　　经济法学（第六版）　　　　　　　杨紫烜　徐　杰
　　经济法学原理（第四版）　　　　　　　　刘瑞复

经济法概论(第七版)	刘隆亨
企业法学通论	刘瑞复
商事组织法	董学立
金融法概论(第五版)	吴志攀
银行金融法学(第六版)	刘隆亨
证券法学(第三版)	朱锦清
金融监管学原理	丁邦开 周仲飞
会计法(第二版)	刘　燕
劳动法学(第二版)	贾俊玲
反垄断法	孟雁北
中国证券法精要:原理与案例	刘新民

● **财税法系列**

财政法学	刘剑文
税法学(第四版)	刘剑文
国际税法学(第三版)	刘剑文
财税法专题研究(第二版)	刘剑文
财税法成案研究	刘剑文　等

● **国际法系列**

国际法(第二版)	白桂梅
国际私法学(第三版)	李双元
国际贸易法	冯大同
国际贸易法	王贵国
国际贸易法	郭　瑜
国际贸易法原理	王　慧
国际投资法	王贵国
国际货币金融法(第二版)	王贵国
国际经济组织法教程(第二版)	饶戈平

● **诉讼法系列**

民事诉讼法(第二版)	汤维建
刑事诉讼法学(第五版)	王国枢
外国刑事诉讼法教程(新编本)	王以真 宋英辉
民事执行法学(第二版)	谭秋桂
仲裁法学(第二版)	蔡　虹

外国刑事诉讼法	宋英辉　孙长永　朴宗根
律师法学	马宏俊
公证法学	马宏俊

- **特色课系列**

世界遗产法	刘红婴
医事法学	古津贤　强美英
法律语言学(第二版)	刘红婴
民族法学	熊文钊

- **双语系列**

普通法系合同法与侵权法导论　　张新娟
Learning Anglo-American Law: A Thematic
　　Introduction(英美法导论)(第二版)　李国利

- **专业通选课系列**

法律英语(第二版)	郭义贵
法律文献检索(第二版)	于丽英
英美法入门——法学资料与研究方法	杨　桢

模拟审判:原理、剧本与技巧(第二版)
　　　　　　　廖永安　唐东楚　陈文曲

- **通选课系列**

法学通识九讲(第二版)	吕忠梅
法学概论(第三版)	张云秀
法律基础教程(第三版)(待出)	夏利民
经济法理论与实务(第三版)	於向平　邱　艳　赵敏燕
人权法学	白桂梅

- **原理与案例系列**

| 国家赔偿法:原理与案例 | 沈　岿 |
| 专利法:案例、学说和原理 | 崔国斌 |

2014 年 8 月更新

教师反馈及教材、课件申请表

尊敬的老师：

您好！感谢您一直以来对北大出版社图书的关爱。北京大学出版社以"教材优先、学术为本"为宗旨，主要为广大高等院校师生服务。为了更有针对性地为广大教师服务，满足教师的教学需要、提升教学质量，在您确认将本书作为教学用书后，请您填好以下表格并经系主任签字盖章后寄回，我们将免费向您提供相关的教材、思考练习题答案及教学课件。在您教学过程中，若有任何建议也都可以和我们联系。

书号/书名	
所需要的教材及教学课件	
您的姓名	
系	
院校	
您所主授课程的名称	
每学期学生人数	学时
您目前采用的教材	书名_____ 作者_____ 出版社_____
您的联系地址	
联系电话	
E-mail	
您对北大出版社及本书的建议：	系主任签字 盖章

我们的联系方式：

北京大学出版社法律事业部

地　　址：北京市海淀区成府路205号　　　联系人：李铎
电　　话：010-62752027　　　　　　　　　传　真：010-62556201
电子邮件：bjdxcbs1979@163.com
网　　址：http://www.pup.cn
北大出版社市场营销中心网站：www.pupbook.com